商务部国际贸易经济合作研究院与贵州
财经大学联合基金项目（2016SWBZD12）

喀斯特生态脆弱区
经济发展与生态环境保护研究

魏　媛　张再杰　吴长勇
周　赟　李儒童　王晓颖　著

科学出版社
北　京

内 容 简 介

本书围绕喀斯特生态脆弱区绿色低碳可持续发展这一主题，以可持续生计理论、低碳经济理论、绿色发展理论、生态经济学理论、协同发展理论等为指导，运用定性与定量相结合、理论与实证相结合及多学科交叉等研究方法，研究和探索了喀斯特生态脆弱区在五大发展理念的引领下如何培育绿色低碳与生态高效的经济发展模式和土地利用模式。针对喀斯特生态脆弱区经济发展、低碳发展、土地利用、可持续生计现状及其对生态环境的作用和影响，找出喀斯特生态脆弱区经济社会发展与土地利用在绿色低碳高效过程中存在的问题，重点研究了如何实现喀斯特生态脆弱区经济发展的绿色低碳化和生态高效化。针对喀斯特生态脆弱区的具体实际，探寻促进喀斯特生态脆弱区经济和生态环境向绿色低碳化和生态高效化发展的思路、途径及需要采取的措施，以实现经济发展与生态环境保护"双赢"的发展模式，为喀斯特生态脆弱区乃至全国培育绿色低碳和生态高效的经济发展模式提供理论指导和决策参考。

本书可供管理学、生态经济学及相关专业的教师及研究生参阅，也可为政府相关部门的决策和同行专家的研究提供参考。

图书在版编目(CIP)数据

喀斯特生态脆弱区经济发展与生态环境保护研究 / 魏媛等著 . —北京：科学出版社，2019.6
ISBN 978-7-03-061267-0

Ⅰ. ①喀… Ⅱ. ①魏… Ⅲ. ①喀斯特地区-区域经济发展-研究-贵州 ②喀斯特地区生态环境保护-研究-贵州 Ⅳ. ①F127.73②X321.273

中国版本图书馆 CIP 数据核字（2019）第 094642 号

责任编辑：李　敏　杨逢渤 / 责任校对：樊雅琼
责任印制：吴兆东 / 封面设计：无极书装

科学出版社 出版
北京东黄城根北街 16 号
邮政编码：100717
http://www.sciencep.com

北京建宏印刷有限公司 印刷
科学出版社发行　各地新华书店经销

*

2019 年 6 月第 一 版　开本：720×1000　B5
2019 年 6 月第一次印刷　印张：18 1/2
字数：380 000
定价：228.00 元
（如有印装质量问题，我社负责调换）

前　言

绿色发展已成为新时期学术界关注的热点话题之一。党的十八大报告提出，我国在2020年实现全面建成小康社会的奋斗目标，把生态文明建设放在事关全面建成小康社会的更加突出的战略地位。党的十九大报告强调，坚持人与自然和谐共生，必须树立和践行"绿水青山就是金山银山"的理念，坚持节约资源和保护环境的基本国策，像对待生命一样对待生态环境。绿色发展、循环发展、低碳发展既是党的十八大、十八届五中全会以及"十三五"期间对我国经济发展的基本要求，也是未来经济发展的方向和目标。喀斯特生态脆弱区由于地理位置、自然环境和历史文化等方面的原因，经济欠发达、贫困程度深、贫困面广，其经济社会发展水平与全国其他地区相比存在较大的差距。在新的历史时期，喀斯特生态脆弱区面临着经济快速发展和绿色可持续发展这两大艰巨的重大任务，既要考虑增长速度，又要考虑与环境相互协调。在新一轮西部大开发中，喀斯特生态脆弱区采取怎样的经济发展方式，采用何种土地利用模式，才能达到集经济效益、生态效益和社会效益于一体，确保2020年贫困人口全部脱贫宏伟目标的实现，是值得全面深入研究和认真思考的重大问题。

本书以低碳绿色发展和可持续发展思想为指导，运用绿色发展理论、生态经济学理论、低碳经济理论、协同发展理论、可持续发展理论等，结合喀斯特生态脆弱区经济发展、低碳发展、土地利用、可持续生计与生态保护的自然生态条件和发展现状，探讨研究区在五大发展理念的引领下如何培育绿色低碳和生态高效的经济发展模式及土地利用模式等问题。通过对研究区经济发展、低碳发展、土地利用、可持续生计与生态保护耦合协调发展的理论和实证研究，重点研究实现喀斯特生态脆弱区经济发展的绿色低碳化和高效生态化的路径，以期实现经济发展与生态环境保护"双赢"的发展模式。

本书研究的主要内容包括：①系统地梳理和研究喀斯特生态脆弱区经济发展、低碳发展、土地利用、可持续生计与生态耦合协调发展评价的相关理论；详细介绍喀斯特生态脆弱区经济发展和土地利用的特征、变化规律，以及不合理经济发展方式和土地利用方式对生态环境的影响；论证了在经济社会发展和土地利用过程中，按生态经济学原理对其进行结构调理和功能优化，可以作为实现绿色低碳高效的经济发展和土地利用模式的重要路径。②在系统调研的基础上，对喀斯特生态脆弱区经济发展、低碳发展、土地利用、可持续生计与生态保护耦合协调发展评价进行了实证分析；从绿色低碳生态化的视角，探索如何优化经济结构和土地利用结构，降低经济社会发展及土地利用过程中的碳排放，提高生态承载力、经济发展效率及土地资源利用效率，探索在经济社会发展和土地资源开发利用的同时，实现生态环境保护的路径。③深入分析和探讨促进喀斯特生态脆弱区实现绿色低碳化和生态高效化，寻求绿色可持续发展的对策建议；在理论和实证研究的基础上，提出了促进喀斯特生态脆弱区经济发展、低碳发展、土地利用、可持续生计与生态保护耦合协调发展的对策建议，为低碳绿色的经济社会发展模式和土地利用模式的培育、喀斯特生态脆弱区的绿色脱贫和可持续发展的实现提供一定的参考依据。

通过上述研究，本书形成了以下观点：喀斯特生态脆弱区贫困落后与生态脆弱并存，发展面临经济效益和生态效益双低的问题。绿色发展、循环发展、低碳发展既能实现经济快速发展，又能很好地保护生态环境，是最佳的经济发展模式。在经济发展过程中，应大力推进供给侧改革、促进产业结构转型升级；完善生态补偿激励机制，协调经济发展与环境保护的关系；加大环保资金投入，着力保护生态环境；建立生态工业园区，促进经济绿色发展；完善自然资源负债表编制、严守生态保护红线；倡导绿色消费模式，推动生活方式绿色化；创新经济驱动发展，大力发展特色产业；大力发展生态农业，着力提高农业环境质量及加大教育投入，提高人口素质等能够集经济效益和生态效益于一体；加强高生态用地牧草地和林地的数量、质量监测力度；严格控制建设用地的扩张，减少碳排放；严格把控水域安全，合理增加园地、林地面积；合理开发利用土地，实现土地的集约和低碳利用；保护土地生态环境，提升土地低碳集约利用度，能够提高土地生态系统固碳、减排功能，推进土地低碳绿色利用，协调土地利用与生态环境保护之间的关系，喀斯特生态脆弱区在土地开发利用过程中集经济效益、生态效益和社会效益于一体，促进低碳绿色土地发展模式快速培养；实施生态环境综合治理，发展循环经济，大力推行清洁生产，发挥土地利用总体规划在生态环境保护中的作用，构建生态环境友好型土地利用模式，能够促进土地利用与生态环境耦合协调发展水平的提高；通过加大生态保护补偿力度，运用环保资金投入推动产业结构调整，完善自然资源资产核算制度、严守生态保护红线、加大教育投入，提高环保意识，能够促进喀斯特生态脆弱区可持续生计与生态环境的协调可持续发展。

本书以一种全新的思维构架来审视喀斯特生态脆弱区的经济发展、低碳发展、土地利用、可持续生计与生态保护之间的关系，对政府实施绿色发展战略、培育新型的生态经济发展模式以及制定绿色发展、循环发展、低碳发展相关的支持政策具有一定的理论意义和参考价值。研究的开展能够促进喀斯特生态脆弱区实现经济效益与生态效益的有机统一，对区域经济发展的低碳化、绿色化、高效化和生态化具有启示作用和推动意义。

作　者

2019 年 5 月

目　　录

第一篇　绪　　论

第1章　导论 ··· 2
　1.1　选题背景及研究意义 ··· 2
　1.2　相关研究进展及文献评述 ·· 4
　1.3　研究的主要内容、基本思路和方法 ·· 20
　1.4　主要创新点 ·· 25
第2章　相关概念的界定及理论基础 ·· 27
　2.1　相关概念的界定 ··· 27
　2.2　理论基础 ··· 30
　2.3　本章小结 ··· 42

第二篇　贵州省经济发展与生态环境耦合协调发展研究

第3章　贵州省经济发展与生态环境现状、特征 ·································· 44
　3.1　贵州省经济发展现状 ·· 44
　3.2　生态环境现状 ·· 47
　3.3　本章小结 ··· 55
第4章　贵州省经济发展与生态环境耦合协调发展机理研究 ················· 57
　4.1　贵州省经济发展与生态环境相互作用关系 ······························ 57
　4.2　贵州省经济发展与生态环境的耦合发展机理研究 ··················· 58
　4.3　本章小结 ··· 66
第5章　贵州省经济发展与生态环境耦合协调发展响应机制研究 ········· 68
　5.1　评价指标的构建 ··· 68
　5.2　指标数据来源及标准化 ·· 70
　5.3　指标权重的确定及计算 ·· 71
　5.4　模型构建与计算 ··· 73
　5.5　耦合度协调发展评价 ·· 76
　5.6　本章小结 ··· 79

第6章　贵州省经济发展与生态环境耦合协调发展实证研究
　　　——以毕节试验区为例 ································ 80
　　6.1　研究区概况 ······································· 80
　　6.2　研究方法与数据来源 ································· 81
　　6.3　毕节试验区经济发展与生态环境质量现状 ················· 82
　　6.4　毕节试验区经济发展与生态环境耦合协调发展评价 ·········· 84
　　6.5　本章小结 ··· 92

第7章　研究结论与对策建议 ··································· 93
　　7.1　研究结论 ··· 93
　　7.2　对策建议 ··· 95
　　7.3　本篇小结 ··· 98

第三篇　喀斯特生态脆弱区低碳经济与环境系统发展研究

第8章　贵州省低碳经济与环境系统耦合协调发展研究 ················ 100
　　8.1　研究背景及意义 ···································· 100
　　8.2　研究进展 ··· 100
　　8.3　评价指标体系构建 ·································· 101
　　8.4　低碳经济与环境系统耦合协调性评价 ····················· 104
　　8.5　研究结论与对策建议 ································· 108
　　8.6　本章小结 ··· 111

第9章　贵州省土地利用变化及其碳排放现状 ······················ 112
　　9.1　研究区自然地理和社会经济状况 ························· 112
　　9.2　土地利用动态变化分析 ································ 114
　　9.3　土地利用碳排量动态变化分析 ··························· 116
　　9.4　本章小结 ··· 122

第10章　贵州省土地利用变化与碳排放量的关系分析 ················ 123
　　10.1　灰色关联模型构建 ·································· 123
　　10.2　贵州省土地利用与碳排放量的关系 ······················ 125
　　10.3　结果与分析 ······································· 131
　　10.4　本章小结 ··· 132

第11章　低碳经济视角下贵州省土地集约利用评价 ·················· 134
　　11.1　评价指标体系的构建 ································ 134
　　11.2　土地低碳集约利用评价 ······························ 137
　　11.3　障碍因子诊断和协调度分析 ··························· 141

11.4　本章小结 ··· 146
第12章　研究结论与对策建议 ··· 148
　　12.1　研究结论 ··· 148
　　12.2　对策建议 ··· 150
　　12.3　本篇小结 ··· 153

第四篇　贵州省土地利用与生态环境耦合关系研究

第13章　贵州省土地利用与生态环境耦合发展机理研究 ················ 157
　　13.1　贵州省驱动力、压力和状态分析 ································· 157
　　13.2　贵州省土地利用与生态环境的耦合发展机理构建 ··········· 162
　　13.3　本章小结 ··· 170
第14章　贵州省土地利用与生态环境耦合关系的时间演变 ············ 172
　　14.1　构建评价指标体系 ·· 172
　　14.2　数据来源与处理 ··· 174
　　14.3　贵州省土地利用与生态环境耦合关系的时间演变分析 ···· 177
　　14.4　贵州省土地利用与生态环境耦合发展趋势的预测 ·········· 183
　　14.5　本章小结 ··· 188
第15章　贵州省土地利用与生态环境耦合关系空间差异分析 ········ 190
　　15.1　土地利用与生态环境空间耦合度和耦合协调度测算 ······· 190
　　15.2　贵州省土地利用与生态环境空间耦合发展评价 ············· 194
　　15.3　贵州省土地利用与生态环境耦合关系的空间分异评价 ··· 196
　　15.4　本章小结 ··· 196
第16章　研究结论与对策建议 ··· 198
　　16.1　研究结论 ··· 198
　　16.2　对策建议 ··· 199
　　16.3　本篇小结 ··· 202

第五篇　贵州省生态脆弱区可持续生计 与生态环境耦合协调发展研究

第17章　贵州省可持续生计与生态环境的现状、特征 ················· 206
　　17.1　贵州省可持续生计现状 ··· 206
　　17.2　生态环境现状 ·· 210
　　17.3　本章小结 ··· 219
第18章　贵州省可持续生计与生态环境耦合协调发展机理研究 ···· 221
　　18.1　可持续生计与生态环境 ··· 221

    18.2 贵州省可持续生计与生态环境的耦合发展机理研究 ········· 222
    18.3 本章小结 ··· 229
第19章 贵州省可持续生计与生态环境耦合协调发展研究 ············ 231
    19.1 可持续生计与生态环境耦合协调发展评价 ················· 231
    19.2 系统耦合度协调发展评价 ······························· 239
    19.3 本章小结 ··· 240
第20章 贵州省可持续生计与生态环境耦合协调发展实证研究
        ——以毕节试验区为例 ···································· 242
    20.1 数据来源及处理方法 ···································· 242
    20.2 毕节试验区可持续生计与生态环境质量现状 ··············· 243
    20.3 毕节试验区可持续生计与生态环境耦合协调发展评价 ······· 245
    20.4 本章小结 ··· 253
第21章 研究结论与对策建议 ······································ 254
    21.1 研究结论 ··· 254
    21.2 对策建议 ··· 257
    21.3 本篇小结 ··· 258

第六篇 总 论

第22章 总结与展望 ·· 262
    22.1 研究的主要内容和成果 ·································· 262
    22.2 研究的创新和价值 ······································ 266
    22.3 研究的深入与展望 ······································ 269

参考文献 ··· 274
后记 ··· 285

第一篇

绪 论

第 1 章 导 论

喀斯特贫困山区人口密度大、经济欠发达，是我国西部典型的生态脆弱区。当 2020 年贫困人口全面脱贫宏伟目标实现后，喀斯特生态脆弱区如何协调经济发展、土地利用、可持续生计与生态环境的关系，如何在经济社会发展的过程中既考虑增长速度，又考虑与生态环境相互协调，确保经济发展、土地利用、可持续生计与生态环境的协调，实现绿色可持续发展，是值得全面深入研究的前瞻性问题。

1.1 选题背景及研究意义

喀斯特贫困山区生态环境脆弱、经济欠发达的特征决定了其在经济发展过程中必须走绿色低碳发展的道路，因此，协调喀斯特生态脆弱区经济发展、土地利用、可持续生计与生态环境保护之间的关系，培育绿色低碳经济发展模式，确保经济社会可持续发展成为一个非常有价值和意义的选题。

1.1.1 问题的提出与研究背景

改革开放以来，我国经济一直持续高速发展，取得了令世界瞩目的成绩。但经济高速发展的同时，伴随而来的是资源过度消耗、环境破坏严重，贫困程度深，地区发展不平衡等问题。喀斯特贫困山区位于我国西南部，石漠化严重，经济一直欠发达，且生态环境脆弱，贫困人口众多，是我国西部典型的生态脆弱区。因此，该区发展经济不仅要考虑增长速度，而且要和环境相互协调，最终实现绿色发展、循环发展、低碳发展。而绿色发展、循环发展、低碳发展既是党的十八大、十八届五中全会以及"十三五"期间对我国经济发展的基本要求，也是未来经济发展的方向和目标。党的十九大进一步强调，必须树立和践行绿水青山就是金山银山的理念，坚持节约资源和保护环境的基本国策，像对待生命一样对待生态环境。对于喀斯特生态脆弱区来说，绿色低碳发展既是解决经济增长与生态环境矛盾冲突的路径，也是突破资源环境瓶颈制约、调整经济结构、转变发展方式、实现可持续发展的必然选择。

经济发展、土地利用、可持续生计与生态环境耦合协调发展与民生福祉紧紧相连，要在现行标准下农村贫困人口实现脱贫，贫困县全部"摘帽"，解决区域性整体贫困的目标，加快经济和社会发展丝毫不能放松，但在生态环境约束和经济新常态背景下，必须摒弃高投入、高消耗、高污染的传统发展方式。因此，急需根据区域的生态环境和资源禀赋特点，充分利用区域内生优势资源，探索一条适合的可持续发展道路，扎实推进生态环境保护，让良好的生态环境成为人民生活质量的增长点。

1.1.2 研究目的

经济发展、土地利用、可持续生计目前已成为全球环境变化研究的热点领域，正日益发展为可持续性科学的重要研究范式之一，交叉学科的综合集成研究将成为可持续生计研究的新热点。探寻研究区经济发展、土地利用、可持续生计与生态环境耦合协调发展响应机制也是坚持贯彻绿色发展理念不可或缺的部分，是实现绿色惠民的关键，是实现绿色富国的基石，是落实绿色承诺的保证。本书在系统研究典型喀斯特生态脆弱区贵州省经济发展、土地利用、可持续生计与生态环境基本特征和耦合协调发展理论的基础上，对研究区经济发展、土地利用、可持续生计与生态环境耦合协调发展机理、评价指标体系、理论模型构建、响应机制进行全面深入的研究，并以毕节试验区为例进行实证检验与应用研究，探讨并提出实现喀斯特生态脆弱区经济绿色低碳可持续发展的对策建议，旨在解决喀斯特生态脆弱区在新一轮西部大开发中经济社会的绿色化、低碳化、高效化及生态化等问题，培育绿色低碳高效的经济发展模式，真正保障绿色低碳经济发展的实现，为喀斯特生态脆弱区绿色脱贫和可持续发展提供理论与实证支持。

1.1.3 研究意义

喀斯特贫困山区生态环境脆弱，经济欠发达，随着社会经济的飞速发展，人们对资源的需求量日益增加，却忽视了对生态环境的保护。过度开发和利用自然资源，最终导致其濒临耗竭，严重破坏了地球生态环境，威胁人类的生存与发展。因此，研究经济发展、土地利用、可持续生计与生态环境的协调具有重要的理论意义和现实意义。

(1) 理论意义

根据研究区的经济发展、土地利用、可持续生计与生态环境基本特征，构建有效评价指标体系和评价理论模型，建立其耦合协调发展的响应机制，推动研究区经济发展、土地利用、可持续生计与生态环境耦合协调发展，实现绿色脱贫。具体实践需要科学的理论和方法来指导，因此研究经济发展、土地利用、可持续生计与生态环境耦合协调发展的机理及其响应机制，是当前需要积极展开理论研究与学术探索的重要领域。本书从理论研究的视角出发，以经济发展、土地利用、可持续生计与生态环境耦合协调发展理论的总结和梳理为基础，结合研究区经济发展、土地利用、可持续生计与生态环境基本特征的分析，从驱动力、压力、状态、影响、响应5个维度构建一套具有喀斯特生态脆弱区特征的经济发展、土地利用、可持续生计与生态环境耦合协调发展评价指标体系和评价理论模型，探索经济发展、土地利用、可持续生计与生态环境耦合协调发展的内在机理和协调响应机制，更加客观地反映研究区经济发展、土地利用、可持续生计与生态环境耦合协调发展内在联系，拓展可持续发展理论、协调发展理论的理论空间，赋予喀斯特生态脆弱区绿色脱贫和可持续发展新的学术内涵。

(2) 现实意义

在以绿色发展为主流的新时代，喀斯特生态脆弱区的经济发展、土地利用、可持续生计与生态环境的相互关系将成为可持续生计研究的新热点。经济发展、土地利用、可持续生计与生态环境耦合协调发展的演化机理、响应机制等相关理论研究成果，具有普遍性指导意义与实际应用价值。科学有效地运用喀斯特生态脆弱区经济发展、土地利用、可持续生计与生态环境耦合协调发展的理论研究成果，在典型的生态脆弱区进行系统的实证研究与应用检验，探索喀斯特生态脆弱区两者耦合协调发展响应机制与对策措施。研究的开展对促进区域产业发展及实现绿色脱贫和可持续发展提供有效途径与对策措施，为政府部门制定绿色低碳可持续发展相关政策措施提供理论和实证支持。

1.2 相关研究进展及文献评述

生态环境保护与区域经济发展、土地利用、可持续生计的冲突是生态文明建设的一个重要瓶颈。需要协调两者的关系，实现区域可持续发展。目前对经济发展、土地利用、可持续生计与生态环境耦合协调关系的研究比较多，获取数据的路径可靠，但对喀斯特生态脆弱区经济发展、土地利用、可持续生计与生态环境耦合协调关系的研究尚未见报道，且生态环境的自净能力随着时间的变化而变化，需要加深理论和实践方面的研究。

1.2.1 相关研究进展

(1) 经济发展研究

经济发展是指一个国家或者地区按人口平均的实际福利增长过程,它不仅是财富和经济体的量的增加和扩张,也是其质的方面的变化,即经济结构、社会结构的创新,社会生活质量和投入产出效益的提高。简而言之,经济发展就是在经济增长的基础上,一个国家或地区经济结构和社会结构持续高级化的创新过程或变化过程,即一个国家经济、政治、社会文化、自然环境和结构变化等方面的均衡、持续和协调地发展。经济发展不仅意味着国民经济规模的扩大,更意味着经济和社会生活素质的提高。一般来说,经济发展包括三层含义:第一,经济体量的增长,即一个国家或地区产品和劳务的增加,它构成了经济发展的物质基础;第二,经济结构的改进和优化,即一个国家或地区的技术结构、产业结构、收入分配结构、消费结构以及人口结构等经济结构的变化;第三,经济质量的改善和提高,即一个国家和地区经济效益的提高、经济稳定程度、卫生健康状况的改善、自然环境和生态平衡以及政治、文化和人的现代化进程。经济发展通过经济结构的改进和优化、经济质量的改善和提高达到经济体量的增长。

对经济发展理论的最初研究是从马克思开始的,马克思是第一位明确地研究经济发展理论的人(文华,2011)。而古典经济学的奠基人威廉·配第也对经济增长和经济发展的问题做了大量研究。1912年,约瑟夫·熊彼得开创了经济发展理论,在强调经济发展的动力是创新的同时,阐述了商业周期也是经济发展的影响因素。一般认为,亚当·斯密在1773年发表的《国富论》是最早探讨经济发展的著作。20世纪30年代凯恩斯革命的到来,西方学者进一步对经济发展进行研究,但当时环境问题不突出,仍主张以经济增长为先导,人们关注的仅仅是如何快速发展经济。20世纪中叶第三次工业革命到来之前,西方经济学家关心的主题都是如何推进工业化进程,不断促进经济增长,而不顾环境污染与破坏,典型的环境污染事件就是30~60年代相继出现的"八大公害事件",为西方各国乃至全世界人民敲响关注环境问题、保护环境的警钟(况卫东,2009)。1962年《寂静的春天》一书轰动了欧美各国,书中形象地描述了传统的经济增长对生态环境带来的可怕影响,人们开始意识到在人类社会发展进程中环境污染的严重性、长期性及全面性。1966年经济学家肯尼斯·鲍尔丁在其《一门科学——生态经济学》中正式提出"生态经济学"的概念,将经济学和生态学进行有机结合,运用系统分析方法分析经济与生态环境的相关性,提出福利型、休养生息型、储备型的经济发展模式(Boulding,1996)。1972年罗马俱乐部发表著名的研究报告《增长的极限》，以世界人口、资源、环境与经济发展之间的联系为主要研究内容，指出人口、工业发展、粮食生产、环境污染与资源消耗之间的变动和联系。

（2）低碳经济研究

低碳经济最早是在2003年英国能源白皮书《我们能源的未来：创建低碳经济》里被正式使用，这也是首次对其做出明确的定义：低碳经济是通过更少的自然资源消耗和更少的环境污染，获得更多的经济产出。早在1972年英国政府就提出了低碳经济的概念，随后在1992年的《联合国气候变化框架公约》（简称《公约》）中被再次提及，1997年在以《公约》为基础的《京都议定书》中被一再强调（杨丹辉和李伟，2010）；2006年发表的《斯特恩报告》，指出温室效应在人类活动下不断加剧，这种发展态势必然会对全球经济的发展产生恶劣的影响，人类必须高度关注气候的变化并努力寻求解决方案（陈迎和潘家华，2008）。

联合国政府间气候变化专门委员会（Intergovernmental Panel on Climate Change，IPCC）是由世界气象组织（World Meteorological Organization，WMO）和联合国环境规划署（United Nations Environment Programme，UNEP）在1988年联合成立的，其主要职责是对气候变化及其产生的经济、生态和社会影响进行分析并提出应对措施。在IPCC进行的第四次气候变化评估报告中显示，全球气候会因人类活动而产生变化，且二氧化碳大多是由化石燃料燃烧和土地利用结构变化而产生的，这导致全球气温明显升高，并预见未来全球变暖所带来的恶劣影响，低碳经济已成为国内外学者和政府关注的重点。

关于低碳经济的研究可以分为低碳经济发展模式和政策制度。例如，有基于物理能源和二氧化碳排放的发展模式（Johnson et al.，2005），有以低碳技术为基础的发展模式（Sunikka，2006），低碳经济长期发展的情景模式（Shimada et al.，2007），以及基于生态系统、技术、制度、商业策略和用户实践的共同进化的发展模式（Foxon，2011）。以上几种发展模式的研究大多以国家或某一区域为研究对象，以实证研究证明他们提出的低碳经济发展模式适合该国家或区域的经济发展。

2006年斯特恩将气候变化的学术讨论上升到制定经济政策的政治层面上来，认为要制定应对气候变化的政策关键在于三个方面：要有明确的定价机制、要制定相关的技术规范和要建立一个全球性的市场机制。一个全球性的碳市场，可以使更多的行业企业一起参与进来，更好地发展清洁发展机制，尤其是促进其在发展中国家的发展。《斯特恩报告》提出了全球减排政策的三要素：碳定价、低碳技术创新和消除能源消耗障碍（陈迎和潘家华，2008）。2006年以来，国外低碳经济的制度研究主要包括碳捕集与封存（carbon capture and storage，CCS）、碳税收、碳补偿和碳交易等方面（倪外和曾刚，2010）。CCS作为国外低碳经济政策制度的研究重点，有对其大规模实施存疑而进行多层次分析的（Groenenberg and Coninck，2008），还有对其新法规进行研究的（Kerr et al.，2009）；对碳税收的研究，有以企业为研究对象，研究相应碳税制度的，还有对碳税范围提出不同意见的（Tezuka et al.，2002），也有直接关注碳税对碳排放影响的（Bruvoll and Larsen，2004）；对碳补偿的研究，大多集中在碳补偿机制等方面，或是将重点放在《京都议定书》中提出的CDM上（Martina，2005）。Treffers等（2005）探讨了德国在1990年的基础上实行碳排放减少和经济增长的可行性，通过采取一系列政策措施，可以实现温室气体减少和经济社会增长的双赢。Rehan和Nehdi（2005）主要对水泥行业未来的低碳发展进行研究，认为目前该行业所排放的温室气体在所有行业中位于前列。若要实现行业的低碳发展，要通过CDM、联合履行和碳排放交易三种途径。对低碳城市的研究主要包括将生态现代化理论作为低碳城市发展的指导思想的学术探讨，运用情景分析法对低碳城市建设进行规划，城市中节能交通规则的制定等方面（常娴，2015）。英国皇家环境污染委员会在2007年公布的《城市环境污染报告》中指出，城市环境恶化是一个亟待解决的问题，需要运用可持续发展理念来对城市进行管理，降低城市发展和环境的相关性，提高人民的生活品质。碳交易的研究大多从碳市场的角度出发，关注碳市场的形成会对碳减排、碳融资产生怎样的影响（Blyth et al.，2009；Peace and Juliani，2009）。Henriques等（2010）运用情景分析法，分析了巴西2010~2030年工业部门通过能源结构的改变来降低二氧化碳的排放，并对采取的相关措施进行了可行性分析。Machado-Filho（2009）讨论了国际支援对国家层面低碳城市建设的重要性，并分析了巴西的城市交通规则对气候变化所带来的影响。在美国亚利桑那州东南部，由非政府组织发起的卡内洛计划，主要用来帮助贫困地区的人们建造房屋，使他们不再无家可归，从而达到减少碳足迹的目的，有效避免由于使用水泥材料带来的环境污染。2012年，欧洲的一些发达国家在本国征收碳税（周茜，2016）。

  国内研究低碳经济略晚。很多国内学者在研究低碳经济的内涵时会对低碳经济的实质与核心做出解释（庄贵阳，2005；鲍健强等，2008；李胜和陈晓春，2009），不同的学者对低碳经济的定义有着不同的看法。夏堃堡（2008）认为低碳经济就是发展低碳生产与消费；金乐琴和刘瑞（2009）却认为低碳经济与可持续发展、环境友好型社会发展态势一致；还有学者认为低碳经济是分阶段性的，认为发展阶段、资源禀赋、技术水平、消费模式是低碳经济发展的关键四要素（付加锋等，2010）；甚至有的学者对其他学者的定义有不同意见而就其正确性进行探讨（马靖忠，2011）。

  在国内，低碳经济发展研究的主要在于低碳经济概念及内涵、低碳经济发展模式内涵研究、低碳经济与产业结构调整、低碳经济发展战略政策（常娴，2015），以及低碳经济发展模式研究和政策制度的研究。

1）在低碳经济概念及内涵研究方面，庄贵阳（2007）认为，低碳经济的聚焦问题是提高能源效率和优化清洁能源结构，核心是进行低碳技术的研发和创新，近期目标是实现温室气体排放的减少，最终目标是实现人与自然的和谐相处。蔡林海（2009）研究发现，危机和机遇是并存的，危机爆发的背后都孕育着新的变革。走低碳经济发展之路是改善环境和刺激经济发展转型的双赢之路。

2）在低碳经济发展模式内涵研究方面，杨淑霞和汤润明（2010）首先对区域经济发展的概念和基本模式进行分析与研究，并对提出的每种模式的划分标准进行了系统描述，其次对天津市、河北省区域经济发展主要模式的选择进行了探讨，最后提出在选择区域低碳经济发展模式时，应综合考虑发展低碳经济的产业优化现状、一次能源消耗情况、资源禀赋、地理位置等因素。付允等（2008）将低碳经济的发展方向、发展路径和发展方法，从宏观、中观、微观三个不同的层次进行了分析，并提出中国实施低碳经济发展模式的政策措施。杨丹辉和李伟（2010）从低碳经济的内涵、特征和发展动因入手，重点整理了关于低碳经济发展模式、交易方式、全球机制以及低碳模式对中国经济增长的影响等方面的文献，认为随着碳交易体系和碳市场的发展完善，低碳产业和碳金融将成为未来研究的重点。

3）在低碳经济与产业结构调整研究方面，贾立江等（2013）运用通径分析方法，采用面板协整模型，分析了不同的行业发展与能源消费的相互关系。

4）在低碳经济发展模式研究和政策制度研究方面，低碳经济发展模式的研究大多是基于能源结构、消费观念和行为、技术创新等方面，不过侧重点不同，有以调整产业结构，发展低碳产业为核心的（鲍健强等，2008），也有以技术创新为核心的（付允等，2008），还有以转变消费观念和行为为核心的（陈晓春和张喜辉，2009）。随着对低碳经济研究的深入，提出了具体的发展模式，如技术带动型、项目带动型、资本推动型等（侯军岐，2010），碳基金模式（张玥等，2011），大量发展第三产业来加快低碳经济发展的模式（张志新等，2014）。

国内学者基本将政策制度的研究分为两大类：一类是研究低碳经济政策的现状，借此寻求适合中国发展低碳经济的政策（李艳芳和武奕成，2011；刘胜，2013）；另一类是对低碳经济政策中的重点政策进行分析（宋德勇和卢忠宝，2009；甘曦之，2016；张莉等，2016）。也有学者以政策链理论为研究基础，构建适合中国发展的低碳经济政策链（李武军和黄炳南，2010）。

(3) 生态环境研究

生态环境是指影响人类生存与发展的水资源、土地资源、生物资源以及气候资源数量与质量的总称，是关系到社会和经济持续发展的复合生态系统。生态环境对于不同研究主体有不同意义。以生物作为研究主体，生态环境指对生物生长、发育等行为及分布有影响的生存环境；以人类作为研究主体，生态环境则指以人类社会为中心的，支撑人类社会经济可持续发展的，由一定区域范围内大气、土壤、生物、水体、地质、地貌等在内的生态环境要素组成的整体环境综合系统。由于研究视角的不同，生态环境又有狭义和广义的意义：广义上的生态环境指对生物生长会产生影响的一系列环境因子的总和；狭义上的生态环境指与人类生活及经济活动关系最密切的部分（王长征和刘毅，2002；周刚和晏涵，2010）。

美国学者帕克创立了芝加哥学派，同时还是人类生态学和城市生态学的主要奠基人之一。他在1916年和1925年分别发表了一篇非常著名的文章，一篇是《城市环境中人类行为研究的几点建议》，另一篇是《城市》，这两篇文章的发表开启了城市生态学研究的新篇章（张凤荣，1996）。之后，出版的《城市和人类生态学》中，他把城市比作一个与植物群落相似的有机整体，引用了一些生物学的理论来探索城市的环境问题，进而使其自创的城市与人类生态学体系更加的完善。1950年前后，《人类生态学：社区结构理论》为城市生态学的发展起到了推动的作用。1960年以后，全球城市化的速度明显加快，出现了很多与生态相关的问题，因此，人类对城市生态影响的研究也开启了一个新篇章。1962年，发表的一篇文章——《寂静的春天》，其中揭露了很多城市生态系统遭到破坏的案例，一时间引起各界的大讨论，使人们开始广泛关注生态系统方面的问题，对此方面的研究产生了巨大的推动作用。以美国和日本为首的一些发达国家最早提出将城市作为一个生态系统来研究，广泛结合社会学、生态学、统计学等多个学科的知识进行研究（郑新奇和范纯增，2000）。当前，国外一些国家对城市生态系统的研究基本上都是相似的程序，基本包含内涵、特点、指标系统、发展理念、基本框架、目标以及步骤等。

2013年，党的十八大报告里面第一次系统性地提出了统筹推进生态文明建设的概念，并将其纳入社会主义现代化建设的总体布局中。对于生态环境的定义，我国从20世纪50年代就有了记载，然而当前的这一概念还没有统一的认识（刘承良等，2014）。通常来说，生态学上对于生态的定义是生物与生物间以及生物与四周环境间的彼此关联、彼此作用。环境的定义比较宽，一般来说指的是地理环境，大概分为自然、经济以及社会人文环境等。生态和环境都是独立的概念，然而因为长时间的彼此结合，两者变得密不可分（曲福田，2000；鲁敏和张月华，2002）。当前，我国对于生态环境的研究非常广泛，主要有以下几个方面：一是城市化与生态环境的关联；二是通过不同的方式对生态环境进行评价；三是城市生态环境面临的问题以及相应的测量研究。例如，林珍铭和夏斌（2013）通过对城市生态系统的构造以及机能的分析，将城市当作耗散构造体系的熵变进行剖析，构建了广州城市生态系统可持续发展能力评价的指标体系；Liu 和 Deng（2010）对城市化过程中对于景观格局的影响进行了归纳汇总，对城市景观格局演变过程中的一些效应进行了分析研究，指出了当前我国城市景观演变和生态环境效应探索中面临的问题和存在的缺陷。

（4）经济发展与生态环境耦合发展研究

国外对经济发展与生态环境耦合协调的研究起源较早。1962 年，出版的《寂静的春天》被认为是人类关心生态环境问题的开始，该书全方位地揭示了化学农药对环境的危害，并阐释了近代工业对自然生态环境的影响。1966 年，英国经济学家博尔丁将系统方法应用于经济与环境的相关分析中，并提出"宇宙飞船经济"模式，旨在呼吁人们保护环境并循环利用各种自然资源。随着经济发展与生态环境关系的不断演进，对于经济增长将如何对生态环境产生影响的讨论逐渐展开。Mishan（2011）认为，在经济发展的过程中带来了更多的污染物，导致环境质量下降，且在大多数西方发达国家满足基本生活需求后，进一步的经济增长会导致各方面的负效应。1972 年发表的《增长的极限》第一次向人们展示了在一个有限的星球上无止境地追求经济增长所带来的严重后果，并提出了"零增长"理论。而在 1981 年出版的《最后的资源》一书则对增长的极限论持反对态度，其对经济的增长持乐观性的态度。

被誉为"可持续发展先知"的英国经济学家舒马赫，主张建立具有自由、效率、创造性、持久性等特征的小型化经济发展模式，他认为小型分散的工业是保护环境资源的有效途径。1955 年 Kuznets 提出库兹涅茨曲线，以研究经济增长与环境污染的关系。研究表明，收入不均现象随着经济增长先升后降，呈现倒 U 形曲线关系。当一个国家经济发展水平较低的时候，环境污染的程度较轻，但是随着人均收入的增加，环境污染由低趋高，环境恶化程度随经济的增长而加剧；当经济发展达到一定水平后，也就是说，到达某个临界点或拐点以后，随着人均收入的进一步增加，环境污染又由高趋低，环境恶化程度逐渐减缓，环境质量逐渐得到改善。Grossman 和 Krueger（1995）针对北美自由贸易区谈判中，美国人担心自由贸易恶化墨西哥环境并影响美国本土环境问题，首次实证研究了环境质量与人均收入之间的关系，指出环境污染在低收入水平随人均 GDP 增加而上升，在高收入水平随人均 GDP 增长而下降。此外，大量学者又对库兹涅茨曲线进行了各种假设和验证，丰富了对库兹涅茨曲线的理论解释。进入 21 世纪以后，大量学者在前人研究的基础上进一步解释了经济与环境耦合协调发展的问题。而在实证研究中采用最多的研究方法是库兹涅茨曲线分析法。一些学者加入了新的变量，如国际贸易因素、环境需求因素、技术因素、政府政策因素、市场机制因素等，同时建立并解释了相关模型及库兹涅茨曲线的形成。

国内对经济发展与生态环境的研究起步较晚。目前，由于经济发展与生态环境的关系越来越密切，学术界也做了大量研究，主要是针对不同领域进行了细致的研究。在对经济发展与生态环境耦合协调关系的研究方面，刘红梅（2007）指出，只有实现经济发展与生态环境的协调，才能达到经济效益与生态效益相统一的双赢模式。秦艳（2008）通过研究天山北坡经济带经济发展与生态环境耦合关系，认为在经济发展过程中忽视生态环境保护将会引起生态环境资源的破坏与枯竭，进而影响经济的长久发展。盖美等（2013）认为在经济发展与环境压力下，长三角地区资源环境与经济增长呈现综合脱钩状态，要素之间存在时空差异，地区之间发展状况也呈现出差异化。钟世坚（2013）通过研究显示，珠海市土地资源与经济的协调发展度较高，但土地资源效益函数远远低于经济效益函数。周舟（2014）研究发现经济、生态和社会三者有明显的相关性，经济发展是促进社会和环境发展的推动力。

在经济发展与生态环境耦合协调发展的实证研究方面，游德才（2008）围绕环境库兹涅茨曲线的假设而展开，其研究内容主要包括跨国、跨地区的经济增长与环境质量之间是否存在EKC假设，以及对EKC的不同方面进行相关解释。饶斌（2010）运用主成分分析法、因子分析法和模糊隶属度函数对甘肃省及其各地级市（州）的生态环境质量和经济发展水平进行了综合评价。结果表明，甘肃省整体生态环境质量一般，而嘉峪关市的生态环境质量极差。张秀梅（2011）通过选取变异系数法、阈值法、基于压力-状态-响应模型和灰色系统GM(1,1)模型等新建生态环境与经济协调发展评价指标体系，研究了镇江市的生态环境与经济协调发展状况，表明2000～2008年镇江市生态环境综合指数和经济发展综合指数均呈上升趋势。王雪辉（2014）通过建立东北地区34个地市级的经济发展与生态环境指标体系，运用灰色关联分析法从市域、省域两个角度进行时空分析，得出东北地区经济发展与生态环境耦合关系密切，且耦合度时序变化呈现出一定的阶段性和波动性。李苒等（2014）运用耦合模型研究了榆林市的生态环境与经济发展，指出榆林市生态环境与经济综合发展水平整体呈下降趋势，类型为勉强协调发展类环境滞后型。

（5）经济发展与生态环境耦合协调性评价研究

国外在评价经济发展与生态环境耦合协调发展状况时大多采用指数法，首先建立评价指标体系，进而引入标准参照进行比对，或者运用统计学方法中的加权平均、综合核算等方法计算得到可比较的协调发展指数。

根据不同的指数计算方法进行分类：第一类是参照指数设定法，Roots等

（2004）在研究中引入标准参照——生态环境压力-状态-响应指标，该指标是由联合国可持续发展委员会（Commission on Sustainable Development，CSD）和经济合作与发展组织（Organization for Economic Cooperation and Development，OECD）建立的。第二类是核算综合价值的协调发展指数，Carey（1993）从生态环境角度出发，分别利用环境空间指数和生态足迹指数来衡量资源与环境的协调发展状态。Engellbert（1997）从社会发展角度阐述持续发展的经济社会综合福利。第三类是协调发展综合加成指数，Azar等（1996）通过选择包含多层次的资源类指标、生态类指标、经济类指标、环境类指标、社会类指标，利用加权平均等方法获得协调发展的综合指数，如绿色人文发展指数等。

国内在经济发展与生态环境耦合协调性评价研究方面，王丽红和贺可强（2010）通过对山东半岛城市群地区地质生态环境与经济发展要素分析，构建了两者协调性评价的指标体系；在此基础上根据协调性测度算法原理，对"十五"期间山东半岛城市群地区地质生态环境与经济发展协调度及其协调发展状况进行了分析评价。结果表明，为了实现山东半岛城市群地区地质生态环境与经济之间的协调、持续发展，应合理调整两者之间的互动关系。侯培（2014）以重庆市作为研究对象，新建经济发展与生态环境协调发展评价指标体系，通过耦合协调度评价模型实现了五大功能区经济发展与生态环境耦合协调发展的定量分析。研究表明，2008～2012年重庆市五大功能区生态环境综合指数和经济发展综合指数均呈上升态势。而社会经济综合指数上升速度大于生态环境综合指数，表明生态环境质量的提高速度还跟不上经济快速发展的步伐。王艳慧和李静怡（2015）通过选取国家划定的乌蒙片区、武陵片区等6个典型国家连片特困区为研究区，从生态环境的自然属性及生态贫困的视角出发，构建了连片特困区生态环境质量评价指标体系与评价模型，设计并实现了连片特困区生态环境质量与经济发展水平耦合协调性评价与分析模型，分别在片区—省—市—县不同尺度上对其生态环境质量与经济发展水平进行定量空间分异分析。结果表明，在连片特困区，一半左右的县可以达到协调发展，但大部分县生态环境质量与经济不能同步发展，山脉、河流等地理要素大致可以成为协调发展类型的分界线；国家级扶贫县生态环境质量与经济发展失调的现象更严重一些。

总之，生态-经济系统耦合协调发展是生态经济学研究热点领域之一，其方法、测度、驱动力、模式与机制研究成为各国学者的研究焦点（高群，2003）。从1930年起，国外已开始了对经济发展与生态环境协调发展的研究，凯恩斯的经济发展决定论被西方国家引荐。到20世纪60年代，英国经济学家博尔丁开始了经济与生态环境保护的研究（Boulding，1996）。国外学者先后采用投入产出模型对经济行为和生态环境关系进行了分析（Hettelingh，1985），有的学者通过构建模型对生态-经济系统中各子要素进行整合分析，探讨了生态-经济系统耦合协调的定量方法（Braat and Lierop，1986；Limburg et al.，2002）。Ostrom（2007）整合了政治学、生态学、经济学等多学科与多方法的理论体系，构建了社会-生态系统发展分析框架。部分发达国家出于对环境保护层面的考虑，建立了低碳经济示范区（Satterthwarte，2008）。国内最先开展生态-经济系统耦合研究的是任继周和贺达汉（1995），他们全面深入的阐述和分析了系统耦合的"耦合键"、内涵、支撑理论、研究意义、耦合类型及响应机制、调节路径等。张晓东和池天河（2000）从生态环境承载力、能源供需和经济效益三个方面构建指标体系，建立资源-生态-经济系统耦合模型，对区域产业结构调整与优化进行定量分析。生态-经济系统协调耦合的前提是要实现生态-经济系统子要素的协调共生（吴玉萍等，2002）。近年来，国内学者对经济区经济与环境耦合关联进行了分析（余凤鸣等，2012；关伟和王宁，2014），赵珊（2014）以天津市滨海新区为例，对其低碳经济与生态环境耦合机制进行了研究。一些学者对能源-经济-环境耦合协调度进行了研究（韩中合和孙青琳，2011；汪振双等，2015），为本研究提供有益的借鉴与参考。

（6）低碳经济与环境系统协调程度评价研究

20世纪70年代以来，经济学家将生态环境因素纳入经济增长的要素，应用经济增长理论模型来探讨经济增长与生态环境两者之间协调发展的条件。但低碳经济与环境系统协调程度之间的研究是近10年才兴起的。

低碳概念提出以后，出于环境保护，发达国家进行了一些大胆的尝试与创新。例如，Satterthwarte（2008）建立了低碳经济示范区，在英国有促进生活的环保与节能的贝丁顿零能耗社区。这些实践结果让低碳经济发展模式受到各国政府组织的广泛关注和青睐。在此之后，低碳经济这种发展模式成为世界经济发展的大趋势。国外学者开始渐渐关注低碳经济与环境系统的耦合协调发展，以求低碳经济与环境系统最高契合度。

庄贵阳（2007）对低碳经济的概念和内涵进行了研究。从2009年起，以庄贵阳为核心的中国社会科学院研究团队率先在国内开展了中国低碳城市指标体系研究。在对低碳经济概念进行界定的基础上，构建了以低碳产出、低碳消费、低碳资源和低碳政策为维度的衡量指标体系，形成综合评价体系。国内学者相继对低碳经济发展与生态环境保护进行了相应的研究，赵珊（2014）以天津市滨海新区为例，对其低碳经济与环境系统耦合机制进行了研究；马立平等（2016）将环境作为一种要素纳入生产函数，以2006~2013年的面板数据为样本建立分位数回归模型，研究了在低碳经济背景下要素禀赋对中国地区经济发展影响的差异，研究表明环境的过度投入并不利于经济长期可持续发展；蔡绍洪和魏媛（2018）

为诠释喀斯特生态脆弱区低碳经济与环境系统耦合协调状态变化趋势，协调两者之间的关系，以低碳经济与环境系统的协调性为切入点，综合运用极差变换、变异系数、耦合度和耦合协调度模型等方法，对两个子系统的耦合度、耦合协调度进行测度与分析。

（7）土地利用研究

国外针对土地利用方面的研究非常多，其中主要集中在以下几个方面：一是土地集约利用方面；二是土地利用计划方面；三是土地利用/覆盖改变方面等。本书所讨论的土地利用与生态环境之间协调发展的关系，从本质上来说就是土地是否能够可持续利用的问题。土地可持续利用评判是将可持续发展理念应用到土地科学上而得到的新名词，最早提出这一理念的时间为20世纪90年代初期的全球第一届土地可持续利用研讨会上（蔡宁，1998）。1993年，联合国粮食及农业组织（Food and Agriculture Organization of the United Nations，FAO）起草并颁发了《可持续土地利用评价纲要》，该纲要中对土地可持续利用的研究问题应该遵循的一些原则和流程进行了规定，并从经济发展、社会效应以及自然生态等方面入手，结合其他领域的一些现有探索成果对土地可持续利用研究中可能使用的一些指标进行了确定。随后的一段时间，国际上很多国家都以该纲要为依据开展相关研究，国外的一些学者从不同的角度来研究地区生态环境与土地使用情况的特点，对土地使用的可持续性做出了评价探索（Nurwanda et al.，2016）。

当前，国外对土地可持续使用的探索主要有以下两个方面：一是利用方面的指标；二是衡量方面的指标。一些学者提出土地自然质量等很多方面的因素都会对农业生产体系产生明显的影响，但是想要从经济方面对此进行评价还是存在较大的难度。对于可持续的衡量基准的视角来说，一些学者认为可以简单地通过目前的产量和最大潜在产量之间的差别来衡量一个土地的使用方法是不是可持续的；此外，一些学者则认为土地权利等一些经济和社会方面的原因在对土地可持续性进行评判的时候能够发挥关键作用（Wang，2015；Sun et al.，2016）。

伴随我国对土地利用问题研究的不断深化和推进，人们关注的核心问题发生了改变，从土地可持续利用的内涵、目标以及意义转为土地可持续利用的评判、指标体系以及评判方法等（郑华伟等，2012；张光宏和马艳，2014）。

土地可持续利用的概念研究，不同的学者给出的定义也是不尽相同的，释义的角度也存在差别。起初主要从经济学的视角解释，其定义为土地被持续的高效利用，对其进行延展则是在总数一定的情况下，得到尽可能多的收益，内涵上要尽可能地延长土地使用的周期，并且使土地使用的时间尽可能长（王俊岭等，2014）；从经济-社会-环境的视角而言，研究人员把土地可持续利用的概念定义为在生态层面具有适宜性，在经济上能够获得利益，在环境层面可以良性循环，在社会层面拥有公平和公正性；另外，也有研究人员从人地协调以及世代伦理等视角对其进行定义（黄会平等，2010；黄凤等，2012）。

土地开展可持续利用的评判研究，研究区域的选择基本上覆盖了我国的一些典型城市。刘芳和张红旗（2012）创建的指标体系以县为单位，综合分析了我国8个农产品主要产区在土地可持续利用方面的当前情况和动态。荀文会等（2014）从中观和微观的角度规划了一整套适合城乡接合部土地利用特征的指标系统，并以沈阳市的情况作为案例进行了分析研究。

评价指标体系的研究，在整个可持续研究系统中占有非常核心的地位，我国大量的专家和学者对其进行了广泛研究，主要的研究涵盖以下五个方面：一是生产力，二是安全性，三是保护性，四是经济性，五是社会性。他们不仅对各个指标的含义进行了明确的阐述，而且还对指标体系计算方面的侧重点建立了评价体系。另外，还有学者将生态学理论作为基础进行研究，创建了景观生产力、景观受威胁程度以及景观稳定性三个方面为切入点的土地可持续利用评价指标体系（李巍等，2006）。

土地资源的可持续利用评价的方法研究，除了上述研究之外，我国一些学者还对土地资源的可持续利用评价的方法进行了广泛深入的研究。当前，主要方法有以下几种：一是生态足迹法，二是PSR模型法，三是灰色关联分析法，四是熵权法。张锐等（2013）首先对耕地生态安全的含义进行了定义，其次根据定义创建了在PSR模型基础上的评价指标体系，最后通过物元分析以及改进的熵权法对我国的耕地生态安全开展了评价。鄢然等（2012）以哈尔滨市区为研究对象，创建了土地可持续利用评判指标系统，通过熵权法对指标的权重进行求解，通过灰色关联分析法对2001~2008年的土地可持续利用水平进行了计算。

（8）土地低碳集约利用研究

国外学者对土地低碳集约利用的研究最先是探究土地利用与碳排放之间的关系。2000年，Tate等认为土地覆盖是影响气候变化的重要因素，并为此对森林和草地进行了碳排放测算，结果证实土壤中的碳含量可以对气候变化产生影响；2000年Campbell等为测量土壤中的有机碳含量，建立了一个公式以测量动态变化的土壤有机含量，而通过这个公式计算，他们发现土地利用方式的改变对土壤有机碳含量会产生巨大的影响；随后，Houghton（2002）对陆地碳汇进行了深入的研究，认为植树造林和森林的可持续发展可以增加碳汇，而砍伐树木将会使CO_2向空气中排放。

研究表明，土地利用会对碳排放产生影响，且众多学者都认同森林属于碳汇，并认为为保证可持续发展应该加强对林地的保护，减少农用地和林地转变为建设用地。同时国外学者基于全球碳循环研究，将土地利用产生的碳排放计算的方法分为三种：模型估算法、样地清查法和遥感技术测量法（杜官印，2010；曾好，2015）。Houghton 和 Hackler 在 1999 年使用 "簿记"模型对 1850～1995 年土地利用变化产生的碳排放做出计算，Dixon 等在 1994 年使用样地清查法对全球范围内的森林植被和土壤进行了测算，结果表明，森林可能是未来碳汇的来源。

国外关于土地低碳集约利用的研究大多着眼于世界或国家，研究范围十分广阔，且对碳源、碳汇的研究较为深刻；但研究重点基本放在土地利用碳排放机理和测算，对国内研究城市土地集约利用的借鉴作用还需探讨。

国内关于土地低碳集约利用的研究起步虽晚，但与国外比起来也不肯多让，关于土地利用碳排放关系、政策、测算和评价的研究也十分深刻。有对不同地类碳储汇量功能进行比较的（吴建国等，2003；曲福田等，2011），有研究土地利用变化对碳排放造成影响的（杨庆媛，2010），有单独研究建设用地对碳排放影响的（杜官印，2010），还有研究土地利用变化对陆地生态系统碳储量影响的（杨景成等，2003）。国内学者对各类用地都进行了研究分析，虽然有关土地集约利用的研究还不够全面、规范，但已建立了以中国实际情况为基础的研究体系。如董祚继、肖主安、朱道林、李国敏和赵荣钦等学者都为我国的土地集约利用研究提供了宝贵的研究资料。国内外关于化石能源燃烧造成的碳排放计算方法，大体可以分为两类：第一类是基于质量守恒，据燃料的燃烧程度、数据类型而衍生各种测算公式，如 IPCC 各燃料碳排放系数法、标准煤消耗系数法；第二类是基于长期碳量变化监测的实测法和遥感地图碳储量估算法（王莉雯和卫亚星，2012）。

学者在对城市土地低碳集约利用进行评价时，通常先验证低碳经济与土地集约利用的关系，大多数学者采用灰色模型（曾好，2015）、耦合度分析（李欣欣，2015）等方法。城市土地低碳集约利用在构建评价指标时会用到很多方法，如网络层次分析法（黎孔清等，2013）、综合评价法、PSR 模型（孙雯雯等，2015）、驱动力-状态-响应模型等。

目前在对土地低碳集约利用进行评价研究中，主要集中于发达省市的土地集约利用评价、土地利用碳排放评价，将低碳经济与土地集约利用相结合的研究目前报道很少，且不同区域土地利用状况及其碳排放状况都有其相独特性，已有的评价指标与模型不能适用于每个区域，区域低碳土地集约利用综合评价有待于深入的探讨。因此，本书以"两欠"[①] 省份——贵州省为研究对象，对其经济发展过程中土地低碳集约利用进行全面深入研究，以期为实现贵州省土地资源集约高效低碳可持续利用提供参考。

---

① "两欠"指欠发达、欠开发。

(9) 土地利用与生态环境耦合关系研究

1865年，Marsh在《人与自然》杂志中发表文章，指出土地利用速度的加快使生态环境的改变具有更多的不确定性；这也是人类历史上第一次有人将土地利用和生态环境问题联系在一起讨论。然而，在19世纪还鲜有人关注此方面的问题，更不会将生态环境的改变与土地的使用联系在一起。直到20世纪初，人们才开始关注此方面的研究（陈英等，2012）。

1960年前后，全球范围的环境和能源危机爆发，世界各国都将环境问题作为热点加以研究，土地利用与环境的关系成为其中的热点研究课题之一；在同一时期，英国的一个经济学家博尔丁提出了一种储备型、休养生息的经济发展策略，这种新式提议引起了英国科学界的兴趣和研究。1970年以后，伴随对土地与环境问题研究的持续推进，气候的动态问题又引起人们的重视，世界性的环境变化成为科学研究领域的热点。研究发现，土地利用改变是导致世界性环境变化的两个主要因素（陈百明和张凤荣，2001）。1993年，国际科学联盟理事会和国际社会科学联合会一起创建了土地利用变化核心项目计划委员会。国际全球环境变化人文因素计划（International Human Dimensions Programme on Global Environmental Change，IHDP）与国际地圈-生物圈计划（International Geosphere-Biosphere Programme，IGBP）将土地利用与土地覆盖变化（land use and land cover change，LUCC）问题列入重点研究计划，并明确了LUCC变化方面的研究将成为此后研究的重点，之后，全球很多国家开始积极投入研究（John et al.，1994）。当前，国外一些国家对于土地利用方面的研究主要有以下几个方面：一是尺度存在差异的土地利用时空改变研究；二是动力机制研究和改变机制探索；三是LUCC的直接观察和测量以及诊断模型；四是LUCC的改变仿真以及预测等模型方面的探索；五是结合RS、GPS等先进的技术手段对LUCC进行监控、评判以及制度相关的研究。

国内学者对于土地利用与生态环境之间的探索比国外晚。一些学者在可持续发展这个概念的基础上，将土地利用对于生态环境造成的影响做了比较深入的研究，并且取得了较为满意的结果。通过对生态服务的机能进行剖析，进而对生态敏感区进行划分，从而推进相关领域研究的发展。当前，我国对于土地利用与生态环境之间的相互关系的探索主要集中在两个方面：一是指标体系的创建，二是方法与理论（卢远和华璀，2004）。

评价指标体系构建的研究，当前我国基本上使用两种体系：一种是PSR模型（喻立等，2014）；另一种是按照协同学原理来创建评判指标系统（雷洪成等，2017）。一些研究人员从产业构造的角度，创建经济发展与资源环境间的评判指标系统与耦合度模型，进而从最基础的方面论述了经济、环境与资源的矛盾；一些研究人员认为不同地区间在地理环境特征和社会发展状况方面存在较大差距，因此应该全方位的把握各个要素之间的协调度，在充分考虑各个地区的现实情况的前提下构建评价指标体系，进而使评价指标体系更加客观、科学。例如，余凤鸣等（2012）选取了陕西省10个地级市作为研究对象，综合使用各种方法对陕西省的经济发展情况与生态环境的耦合关系开展了分析，构建了与陕西省实际情况相适应的指标体系，从整体特点、区域特点两个方面对这10个地级市的经济发展与生态环境耦合的时空格局与内部差异进行了分析研究；王丽芳等（2013）使用耦合度模型，以山西省森林公园为研究目标，研究其开发与生态环境的现实状况，并且进行了评价。

相关理论与方法的研究，最为常见的是协同理论。协同发展模型是在其基础上建立起来的模型，随着研究的不断深入，这种模型也被持续改进和完善。此外，这种方法比较实用，在此基础上得出的结论比较客观合理、可靠度也值得肯定。伴随研究的不断推进，有关土地利用对环境影响相关的理论和方法的研究逐渐成熟起来。我国一些学者重点通过使用GIS、RS等先进科技手段研究了土地利用的改变对生态环境的影响。土地利用与生态经济的协调发展研究还不够全面，需要从区域经济协调发展的角度来看土地利用与生态经济的协调发展，从状态的角度来看，土地利用与生态环境的协调是指土地利用与生态环境相互影响，关系密切，各有各的职能，相互影响之下会产生相同的发展趋势。从过程的角度来看，土地利用与生态环境的协调目标是实现土地利用与生态环境的正向发展与良性循环（杨彦海，2015）。

（10）可持续生计研究

国外对可持续生计的研究最早可以追溯1990年Ostrom出版的名著《公共事物的治理之道——集体行动制度的演进》，是较早关注生计问题的文献。可持续生计概念最早见于20世纪80年代末至90年代的世界环境与发展委员会（World Commission on Environment and Development，WCED）的关于贫困问题的研究报告。1991年WCED的报告提出了"可持续生计"的概念；1992年，联合国环境与发展会议将"生计"概念引入行动议程，并制定了通过实现有保障的生计来消除贫困问题的目标。Scoones（2009）在《生计视角下的农村发展》一文成功地解释了"可持续生计"的概念。在这些研究基础上，国外学者及组织提出了生计可持续问题的分析框架。关于可持续生计研究两篇最新的关键文献为《太平洋地区用鱼类资源解决粮食安全的计划》和《埃塞俄比亚和南非适应气候变化：选项和约束》。苏芳等（2009）对国外可持续生计分析框架进行了系统阐述和理论总结；Ferrol-Schulte等（2014）对可持续生计分析方法在热带海岸和海洋社会-生态系统中的应用进行了系统回顾。

何仁伟等（2017）对中国农户可持续生计的研究内容、研究方法与技术手段以及未来重点研究趋势进行了系统梳理；苏永伟等（2015）从失地农户可持续生计的实证分析、实现失地农户生计可持续对策等方面对国内主要研究成果进行了梳理和评述；汤青（2015）重点从脆弱性背景、生计资产、政策机构与作用过程、生计策略与生计输出4个方面总结了国内可持续生计的研究进展。苏飞等（2016）对可持续生计研究热点与前沿的可视化进行了分析研究，研究结果表明可持续生计研究文献数量呈逐年上升趋势。近年来，可持续生计方法也被广泛用于贫困、脆弱性、土地利用/覆盖变化、气候变化适应以及对快速城市化及复杂的突发事件、冲突与灾难的响应等问题，虽然实证研究较多，但是理论层面未取得突破性进展（赵雪雁，2017）。陆继霞（2018）对土地流转农户的可持续生计进行了探析。一些学者以可持续生计框架理论为基础，运用调查数据分析易地扶贫搬迁后生态移民生计现状，提出易地扶贫搬迁生态移民实现可持续生计的政策建议，为研究区乃至全国易地扶贫搬迁生态移民实践提供经验借鉴和政策参考（张军以等，2015；徐锡广和申鹏，2018）。

（11）可持续生计与生态环境保护协调研究

对于可持续生计与生态环境保护协调研究方面，查阅国内外相关文献，基本没有发现关于可持续生计与生态环境保护协调方面的直接研究。仅有Grossman和Krueger（1995）对经济增长与环境之间的关系进行了研究；杨国安等（2010）基于脆弱性和可持续生计视角对黄土高原生态环境治理进行了研究；蔡葵和陈邦杰（2016）对生态保护语境下滇西北多民族聚居区社区可持续生计进行了研究；傅斌等（2017）对农户生计与生态系统服务耦合关系进行了研究。

1.2.2　研究述评

综上所述，国内外学者的研究具有以下特点：①国内外学者对经济发展、土地利用、可持续生计与生态环境耦合协调研究都经历了由简单到复杂的过程，研究内容都是由简单论述环境污染与经济发展之间的关系到对生态环境与经济发展进行定量描述。②国外学者的研究对象主要为发达国家，对发展中国家以及贫困地区的经济发展、土地利用、可持续生计与生态环境耦合协调研究较少，国内学者则是基于某一区域的研究，研究空间比较单一。③国外学者的研究方法主要基于倒U形曲线和内生经济增长等模型，而国内学者则偏重于概念的推演、阐释和对数据的统计分析。④国外学者缺少对经济发展、土地利用、可持续生计与生态环境耦合协调内在机理的实证研究，国内学者大多停滞于对经济发展、土地利用、可持续生计与生态环境耦合协调发展的测度研究，缺少对区域经济发展、土地利用、可持续生计与生态环境耦合协调性的评价。

纵观已有的研究，国内外对经济发展、土地利用与生态环境耦合协调发展的研究比较多，研究取得了丰硕的成果，对本书的撰写提供有益的借鉴与参考，但对喀斯特生态脆弱区经济发展、土地利用与生态环境耦合协调发展的研究，尤其是对可持续生计与生态环境耦合协调关系的研究尚未见报道，还存在尚待解决的问题与拓展空间，需要从以下几个方面进行拓展。

1）系统地认识喀斯特生态脆弱区经济发展、土地利用、可持续生计与生态环境耦合的时代特征，对其耦合协调发展的理论进行深入研究，从绿色发展的视角研究其耦合协调发展具有重要性和紧迫性。

2）对喀斯特生态脆弱区经济发展、土地利用、可持续生计与生态环境耦合协调发展机理、机制等理论进行实证检验与实践应用，评价分析其耦合协调发展现状、特征、存在的问题及成因，掌握其动态演化规律。

3）从驱动要素的识别评价、驱动路径、机理等方面重点探讨喀斯特生态脆弱区经济发展、土地利用、可持续生计与生态环境耦合协调发展的驱动响应机制、农业响应机制、工业响应机制和旅游业响应机制，从应用层面研究其耦合协调发展的对策和措施，从而更有效地推动喀斯特生态脆弱区经济发展、土地利用、可持续生计与生态环境耦合协调发展实践，从绿色可持续发展的视角和思维出发，使其耦合协调发展的研究实践效果得到有效和显著提升。

可见，已有的研究成果并没有系统研究喀斯特生态脆弱区经济发展、土地利用、可持续生计与生态环境耦合协调发展问题，但为本书的研究提供有益的借鉴与参考。本书将在已有研究及喀斯特生态脆弱区经济发展、土地利用、可持续生计与生态环境保护现状、特征的基础上，分析研究区经济发展、土地利用、可持续生计与生态环境耦合的理论基础，阐明经济发展、土地利用、可持续生计与生态环境耦合协调发展机理，揭示其耦合协调发展的影响因素，探讨其耦合协调响应机制与方法途径，研究协调其耦合发展操作应用的政策和措施等，从而更有效地推动喀斯特生态脆弱区经济发展、土地利用、可持续生计与生态环境耦合协调发展实践，从绿色发展的视角和思维出发使其与生态环境耦合协调发展的研究实践效果都得到有效和显著提升。

1.3　研究的主要内容、基本思路和方法

1.3.1　研究的主要内容

本书的研究内容分为五大部分。

（1）相关概念的界定和理论基础

一是对喀斯特、生态脆弱区、贫困山区、生计、可持续生计、耦合度、耦合协调性、耦合关系等相关概念进行界定；二是对可持续生计理论、低碳经济理论、绿色发展理论、生态经济学理论、协同发展理论、可持续发展理论、外部性理论、环境承载力理论、环境经济价值理论、人地协调理论等相关理论进行分析，在阐释这些理论的具体内涵及其对本研究的指导意义的基础上，着重阐明本书的研究与这些经典理论的结合视角，探索并弄清这些理论在本研究区域范围具体要求与运用方法，为本书提供科学的理论依据。

（2）喀斯特生态脆弱区经济发展与生态环境耦合协调发展研究

1）经济发展与生态环境保护现状、特征。一是对典型喀斯特生态脆弱区贵州省进行调研分析，总结提炼贵州省经济发展现状、影响因素以及特征。二是总结归纳贵州省生态环境保护现状、影响因素及特征，为研究贵州省经济发展与生态环境耦合协调发展提供实践背景依据和现实需求依据。

2）经济发展与生态环境耦合协调发展机理研究。一是构建经济发展与生态环境耦合协调发展的PSR模型。通过对经济发展与生态环境耦合协调发展内涵阐述，借鉴可持续发展中PSR框架，构建贵州省经济发展与生态环境耦合协调发展的PSR框架，构建PSR模型。二是重点分析经济发展与生态环境耦合协调发展机理，包括经济发展对生态环境的作用机理以及生态环境对经济发展的影响机理。

3）经济发展与生态环境耦合协调发展响应机制分析。一是构建经济发展与生态环境指标体系。根据经济发展与生态环境指标体系建立的指导思想及原则，设计指标体系的总体框架并进行相应指标的筛选，构建经济发展与生态环境指标体系。二是贵州省经济发展与生态环境耦合模型构建。在分析阐明经济发展与生态耦合理论的基础上，构建经济发展与生态环境耦合度模型和耦合协调度模型。三是贵州省经济发展与生态环境耦合协调响应机制研究。重点对状态–压力–演化驱动机制和目标–政策–响应响应机制进行分析。

4）经济发展与生态环境耦合协调发展实证研究。以毕节试验区为例，主要研究内容包括：一是毕节试验区经济发展与生态环境耦合现状、特征分析，在对经济发展与生态环境耦合状况分析的基础上，对毕节试验区经济发展与生态环境耦合的影响因素及特征进行分析和评价。二是构建毕节试验区经济发展与生态环境指标体系，在了解毕节试验区基本情况，并对其生态系统和经济系统发展现状进行分析的基础上，构建毕节试验区经济发展与生态环境指标体系。三是分析毕节试验区经济发展与生态环境的耦合度，运用耦合度模型对毕节试验区经济发展与生态环境的耦合度进行定量分析。四是分析毕节试验区经济发展与生态环境的耦合协调度，运用耦合协调度模型对毕节试验区经济发展与生态环境的耦合协调度发展状况进行分析。五是毕节试验区经济发展与生态环境的耦合协调发展响应机制,包括耦合协调发展的驱动响应机制、农业响应机制、工业响应机制和旅游业响应机制。

(3) 喀斯特生态脆弱区低碳经济与环境系统发展研究

1) 低碳经济与环境系统耦合协调发展研究。低碳经济与环境系统之间存在复杂的相互胁迫约束机制,两者在理论上存在耦合逻辑关系。主要研究内容包括:一是构建低碳经济发展与环境系统指标体系;二是喀斯特生态脆弱区低碳经济与环境系统耦合模型构建,在分析阐明低碳经济与环境系统耦合理论的基础上,构建低碳经济与环境系统耦合度模型和耦合度协调度模型;三是根据研究结果提出了进一步促进研究区低碳经济与环境系统协调发展的对策建议,以诠释喀斯特生态脆弱区低碳经济与环境系统耦合协调状态变化趋势,协调二者之间的关系,为实现喀斯生态脆弱区绿色低碳发展、绿色脱贫提供参考。

2) 土地利用变化及碳排放现状,在介绍贵州省经济、社会状况的同时分析贵州省的土地利用现状和碳排放状况,对 2005~2016 年贵州省的土地利用变化进行分析,然后利用 2006 年 IPCC 提供的碳排放计算公式对 2005~2016 年贵州省的不同土地利用类型的碳排放量、碳吸收量、净碳排放进行测算分析。

3) 土地利用结构与碳排放量的关系分析。采用灰色关联分析法,分析贵州省土地利用结构与碳排放相关性,从而奠定土地低碳集约化利用评价研究的基础。

4) 土地低碳集约利用评价的实证研究。将低碳经济与土地集约利用结合起来,在分析研究区土地利用结构与碳排放相关性的基础上,建立以低碳导向的土地集约利用评价指标体系,采用熵值法对 2005~2016 年贵州省的土地进行集约利用评价分析,并运用障碍度模型分析影响贵州省土地低碳集约利用的因子。对前文研究结果进行总结,针对研究区在土地低碳绿色、节约高效利用过程中存在的问题提出相应的解决对策。

(4) 喀斯特生态脆弱区土地利用与生态环境耦合关系研究

1) 土地利用与生态环境耦合协调发展机理研究。通过对土地利用与生态环境耦合协调发展内涵阐述,借鉴可持续发展中驱动力–压力–状态–影响–响应框架,通过查阅文献及统计年鉴数据分析贵州省 2004~2015 年土地利用与生态环境的动态变化分析情况,构建贵州省土地利用与生态环境耦合协调发展的 DPSIR 框架,构建 DPSIR 模型。重点分析贵州省土地利用与生态环境的耦合机理,土地利用对生态环境的作用机理,生态环境对土地利用的影响机理。

2) 土地利用与生态环境耦合关系时间演变分析。通过参考前人文献并结合贵州省自身情况筛选出一套相对完整的反映贵州省土地利用与生态环境耦合关系的动态变化趋势的指标体系,采用熵值法确定权重,对贵州省 2004~2015 年土地利用与生态环境耦合关系进行评价，并运用残差修正后的灰色系统预测模型对贵州省2016~2025年的土地利用与生态环境耦合关系进行预测，并对预测结果进行分析。

3）土地利用与生态环境耦合关系空间演变分析。运用耦合度模型和耦合协调度模型对贵州省的贵阳市、毕节市、黔东南苗族侗族自治州（简称黔东南州）三个地级市的土地利用与生态环境耦合度和耦合协调度进行评价分析。

4）存在的问题与对策研究。分析贵州省土地利用与生态环境耦合协调发展过程中存在的问题，并提出促进二者协调发展的对策建议。

(5) 喀斯特生态脆弱区可持续生计与生态环境耦合协调发展研究

1）可持续生计与生态环境现状、特征。通过调研分析，总结提炼出喀斯特生态脆弱区可持续生计现状，影响因素以及特征；总结归纳研究区生态环境发展现状、影响因素及特征。为研究区域可持续生计与生态环境耦合协调发展提供实践背景依据和现实需求依据。

2）可持续生计与生态环境耦合协调机理研究。主要研究内容包括：借鉴可持续发展中 DPSIR 框架，构建喀斯特生态脆弱区可持续生计与生态环境耦合协调发展的 DPSIR 模型；重点分析喀斯特生态脆弱区可持续生计与生态环境的耦合机理。可持续生计对生态环境的作用机理，生态环境对可持续生计的影响机理。

3）可持续生计与生态环境耦合协调发展研究。主要研究内容包括：在前人研究的基础上，结合研究区实际筛选出一套具有喀斯特生态脆弱区特点的可持续生计与生态环境耦合评价指标体系；结合喀斯特生态脆弱区的特征构建可持续生计与生态环境耦合度模型和耦合协调度模型；对喀斯特生态脆弱区可持续生计与生态环境耦合协调进行研究分析。

4）可持续生计与环境系统耦合协调的实证研究——以毕节试验区为例。毕节试验区属于典型喀斯特生态脆弱区，生态环境脆弱，课题组现已收集了丰富资料。主要研究内容包括：毕节试验区可持续生计与生态环境发展现状、特征；毕节试验区可持续生计与环境系统耦合协调发展评价；毕节试验区可持续生计与生态环境耦合协调现状、特征、问题及成因，探索喀斯特生态脆弱区二者耦合协调发展的对策措施。

1.3.2 研究的基本思路和方法

本书采取分篇次和章节的研究思路、系统科学的研究方法、多途并进的研究手段来对研究主题进行深入系统的研究。

(1) 研究的基本思路

根据研究目标、研究内容,本书按照理论研究—实证研究—对策建议研究的思路开展。具体研究思路如下:在归纳梳理国内外经济发展、低碳经济、土地利用、可持续生计与生态环境保护耦合协调发展文献的基础上,借鉴国内外研究方法、经验,对典型喀斯特生态脆弱区贵州省经济发展、土地利用、可持续生计与生态环境耦合评价的相关概念进行界定,同时对相关基础理论进行梳理;在此基础上,对研究区经济发展、土地利用、可持续生计与生态环境保护现状、特征进行分析,研究阐明经济发展、土地利用、可持续生计与生态环境耦合协调发展机理,揭示其耦合协调发展的有关条件与影响因素,探讨其耦合协调响应机制与方法途径;在充分了解贵州省经济发展、土地利用、可持续生计与生态环境耦合协调响应机理的基础上,以毕节试验区为例,对研究区经济发展、土地利用、可持续生计与生态环境耦合协调发展状况进行实证研究,探讨并提出实现喀斯特生态脆弱区经济绿色低碳可持续发展的对策建议,从而更有效地推动研究区经济发展、土地利用、可持续生计与生态环境耦合协调发展实践。从绿色发展的视角和思维出发,使经济发展、土地利用、可持续生计与生态环境耦合协调发展的研究实践效果都得到有效和显著提升。

(2) 研究方法和线路

根据本书的总体设计框架、研究目标、研究内容与拟解决的关键问题,拟采取如下主要研究方法。

1)文献梳理与归纳分析的研究方法。本书搜集大量经济发展、土地利用、可持续生计与生态环境耦合协调发展研究的文献及资料,系统梳理目前关于绿色经济和资源环境耦合研究评价的理论、方法及实践经验,协调贵州省经济发展与生态环境保护的耦合发展,为完成本书研究奠定坚实的基础。

2)多学科综合分析方法。研究对象涉及面广,需综合运用管理学、经济学、社会学、统计学、系统科学等多学科理论与方法等学科的理论、思维与方法手段,来开展本书的具体研究工作。

3)理论研究与实证研究相结合的方法。通过理论研究与论证分析,取得正确的理论与方法论思路,在此基础上,深入全面地进行有效的实证研究来验证理论研究,以保证理论指导具体实践,取得有效应用。在本书的具体研究工作中,重视总体研究思路框架下理论指导和实地调研与实证分析工作。

4)定性分析与定量研究相结合的方法。在进行文献梳理与归纳分析、逻辑论证等定性分析的基础上,对研究区经济发展、土地利用、可持续生计与生态环境保护的耦合度和耦合协调度等研究时,采用耦合度和耦合协调度模型等定量研究,并有利于提高研究成果的科学性、精确性。

1.3.3 研究的基本构架

本研究在理论基础和研究区实际的基础上，采用分层次的逻辑研究思路，章节安排遵循前后照应的逻辑关系。根据研究目标、研究内容、拟解决的关键问题与研究方法，本研究主要围绕以下几个逻辑层次渐进展开。

1）经济发展、土地利用、可持续生计与生态环境耦合协调发展的理论研究。通过构建经济发展、土地利用、可持续生计与生态环境耦合协调发展的 DPSIR 模型，对研究区经济发展、土地利用、可持续生计与生态环境耦合协调发展机理进行研究；通过构建经济发展、土地利用、可持续生计与生态环境耦合协调发展的评价指标体系和理论模型，对典型喀斯特生态脆弱区贵州省经济发展、土地利用、可持续生计与生态环境耦合协调发展响应机制进行研究。

2）经济发展、土地利用、可持续生计与生态环境耦合协调发展的实证研究。以毕节试验区为例，对贵州省经济发展、可持续生计与生态环境耦合协调发展理论进行实证研究；运用耦合度模型和耦合协调度模型对贵州省的贵阳市、毕节市、黔东南州三个地级市的土地利用与生态环境耦合度和耦合协调度进行评价分析。

3）经济发展、土地利用、可持续生计与生态环境耦合协调发展的对策建议研究。根据理论研究和实证研究相关结果，提出促进喀斯特生态脆弱区经济发展与生态环境耦合协调发展的对策建议。

根据本研究内容和逻辑思路，得出研究逻辑框架，如图 1-1 所示。

1.4 主要创新点

1）喀斯特生态脆弱区经济发展、低碳经济、土地利用、可持续生计与生态环境保护评价体系具有鲜明的独特性、融合性和导向性，本研究在评价框架上、指标选择，评价导向上均有所特色。

2）运用管理学、经济学、社会学、统计学、系统科学等多学科的思维与方法，结合喀斯特生态脆弱区经济发展、低碳经济、土地利用、可持续生计与生态环境保护的现状和基本特征，分析喀斯特生态脆弱区经济发展、低碳经济、土地利用、可持续生计与生态环境耦合协调响应机制。

3）从绿色发展的视角对贵州省喀斯特生态脆弱区经济发展、低碳经济、土地利用、可持续生计与生态环境耦合协调发展计量关系进行系统研究，并探讨喀斯特生态脆弱区低碳绿色可持续发展响应机制途径。

图 1-1 研究的逻辑框架

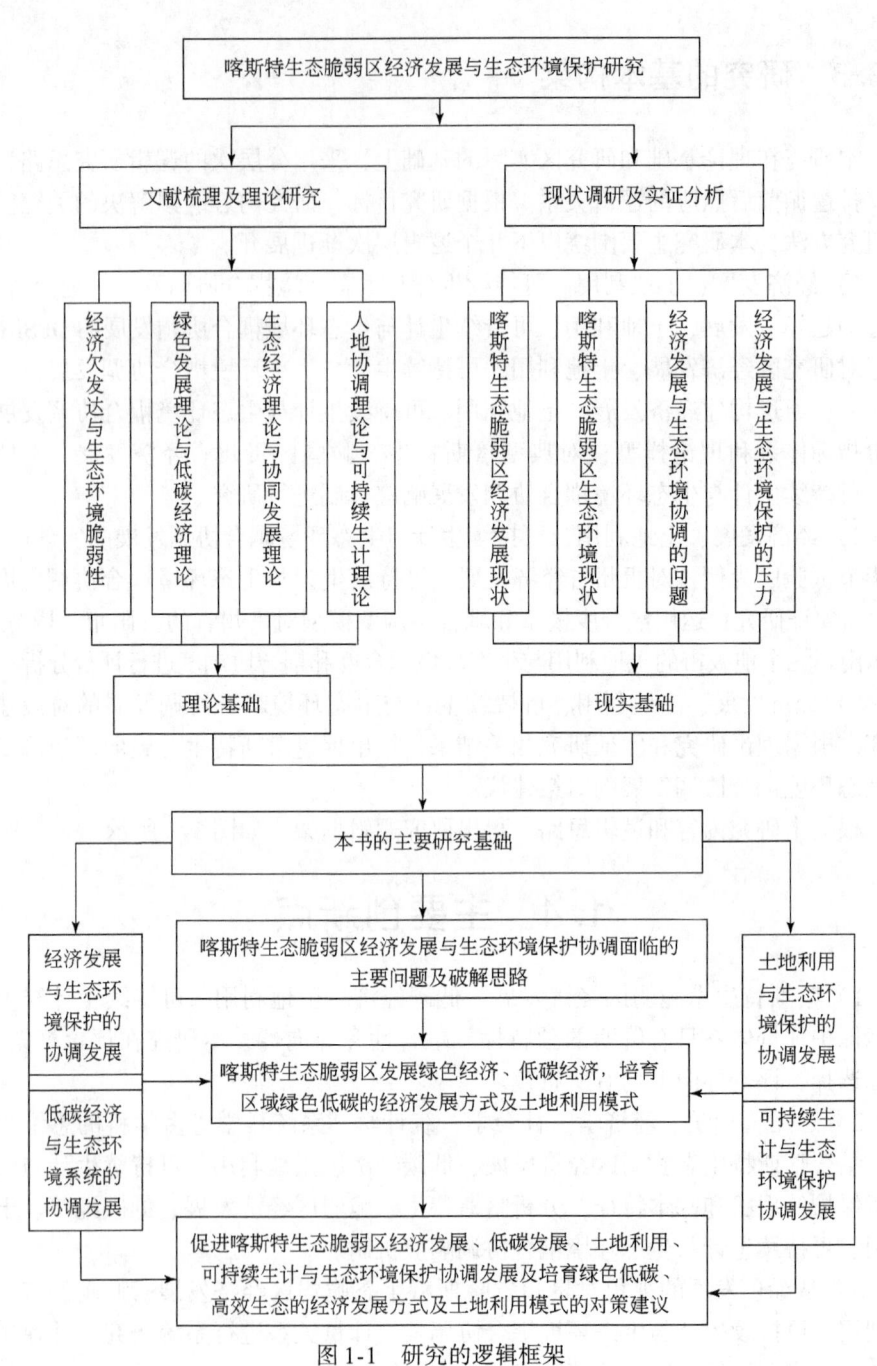

第 2 章　相关概念的界定及理论基础

相关概念的界定和基础理论的掌握，便于对研究主题进行更深入的研究。本章主要对涉及的一些核心概念进行界定，对主要运用到的基础理论进行归纳梳理。

2.1　相关概念的界定

核心概念的界定不仅对于研究内容的表述具有极为重要的意义，对实践的操作也有重要作用。本节主要对喀斯特、生态脆弱区、贫困山区、土地低碳集约利用、生计、可持续生计、耦合度、耦合协调度、耦合协调性、耦合关系、协调发展等主要概念进行界定。

2.1.1　喀斯特

"喀斯特"（karst）原是南斯拉夫西北部伊斯特拉半岛上的石灰岩高原的地名，那里有发育典型的岩溶地貌。喀斯特即岩溶，是水对可溶性岩石（碳酸盐岩、石膏、岩盐等）进行以化学溶蚀作用为主，流水的冲蚀、潜蚀和崩塌等机械作用为辅的地质作用，以及由这些作用所产生的现象的总称。由喀斯特作用所造成的地貌，称喀斯特地貌（岩溶地貌）。

2.1.2　生态脆弱区

生态脆弱区也称生态交错区，是指两种不同类型的生态系统的交界过渡区域。这些交界过渡区域的生态环境条件与两个不同生态系统的核心区域有明显的区别，是生态环境变化明显的区域，已成为生态环境保护的重要领域。生态脆弱区具有系统抗干扰能力弱、对全球气候变化敏感、时空波动性强、边缘效应显著和环境异质性高的基本特征。我国生态脆弱区主要分布于北方干旱半干旱区、南方丘陵区、西南山地区、青藏高原区及东部沿海水陆交接区，行政区涉及黑龙江、内蒙古、吉林、辽宁、河北、山西、陕西、宁夏、甘肃、青海、新疆、西藏、四川、云南、贵州、广西、重庆、湖北、湖南、江西、安徽 21 个省（自治区、直辖市）。

2.1.3　贫困山区

我国目前贫困地区多处于条件差的区域，主要在西北地区和西南地区，呈块状、片状分布在高原、山地、丘陵、沙漠、喀斯特等地区。贵州属于典型的喀斯特山区省份，地理环境复杂、生态环境脆弱、自然灾害频繁，土地资源、水资源等农业资源不足，农村交通、农田水利等农业条件差，农村教育、医疗、卫生等社会公共设施落后，农村市场发育不足，农村贫困人口自身素质较差，自我发展能力较弱，致贫因素复杂，并且因病或者因市场风险的返贫压力大。且该地区人地关系严重失衡，常陷入"人民贫困、生态恶化、人口膨胀"相互交织的恶性循环。贵州省有很大部分的地方属于贫困山区。

2.1.4　土地低碳集约利用

生态文明建设是中国发展的重要战略，如何控制、减少土地利用/覆盖变化产生的二氧化碳是研究的重点之一，土地低碳集约利用就是以土地资源可持续利用为根本目标，通过合理利用土地，优化土地资源配置，减少土地利用过程中的碳排放，减少碳源土地面积，提升土地的碳汇能力，以期达到一种高效率、低排放、低污染的土地利用模式，最终到达土地资源最优化、低碳化和集约化的目的。

2.1.5　生计

对生计概念的厘定是一个持续的过程，钱伯斯（Chambers）和康韦（Conway）认为，生计是一种谋生的方式，该谋生方式是建立在能力、资产（包括储备物、资源、要求权和享有权）和活动的基础上（黎洁等，2009）。一般认为，生计包括能力、资产以及生活方式所需要的活动。

2.1.6　可持续生计

1988 年世界环境和发展委员会上首次提出了"可持续生计"的概念，指个人或家庭为改善长远的生活状况所拥有的和所获得的谋生的能力、资产和有收入的活动，其强调满足贫困人口最基本需要的必要性。目前被学术界广泛接受的是斯库恩斯对可持续生计的界定，"生计是由生活所需要的能力、有形和无形资产以及活动组成。如果能应付压力和冲击进而恢复，且在不过度消耗自然资源基础的同时，维持或改善其能力和资产，那么该生计具有持续性"（Scoones，1998）。

2.1.7　耦合度

近年来，人们对耦合度的研究越来越多。耦合度在物理学中主要指系统之间互相依赖的程度。系统耦合模型的建立受到多个领域学者的关注，耦合协调度模型应用非常广，是目前系统耦合研究的重点。本书为了能更好地研究两者的耦合协调度，必须要先研究两者的耦合度，耦合度的高低直接反映两者之间的作用情况，如果耦合度高，就可以得出两者的相互作用很强，反之，两者的相互作用强度就比较低，耦合度研究的对象是两个或者两个以上的对象，与本研究的对象相互吻合，所以这个概念用在这里非常的合适，故这个概念对本研究非常重要。

2.1.8　耦合协调度

耦合协调度是指互相作用的系统或要素之间存在良性的动态关联，能有效体现系统协调状况的当下程度，是描述系统或要素彼此相互作用影响的程度（王艳慧和李静怡，2015）。耦合协调度对本研究特别的重要，本研究可持续生计与生态环境耦合协调性，必须要考虑其耦合协调度，其是本研究的中心，在研究耦合协调度的基础上再研究耦合协调性，贵州省可持续生计与生态环境耦合协调发展要求其通过维持和提高生产能力，来保障财产、资源、收入的稳定和满足基本生存的需要的同时，保持生态环境良好，两者综合协调发展水平高。在本研究中，建立相应的耦合协调度模型，计算分析研究区可持续生计与生态环境的耦合协调度。

2.1.9　耦合协调性

在物理学中，耦合指多个系统或运动形式通过各种相互作用而彼此影响的现象，可分为良性耦合和恶性耦合，前者指系统之间或系统内部要素之间配合得当、互惠互利；后者则指相互摩擦、彼此掣肘（曹洪华，2014）。而耦合性就是描述系统或要素彼此相互作用影响的程度（王艳慧和李静怡，2015）。耦合协调性对本研究特别的重要，相信未来这个理论对研究贵州省经济发展与生态环境也很重要。本研究的经济发展与生态环境耦合协调度，必须要考虑耦合协调性，耦合协调性是本研究的中心，本研究在耦合度的基础上再研究耦合协调性，贵州省耦合协调性要求贵州省经济发展良好，生态环境良好，同时两者综合水平也要求较高。

2.1.10 耦合关系

两个或两个以上的系统或者实体通过运动而相互作用、相互影响，而彼此达到协同的现象被称为耦合，是一种动态的关联，也是一个系统对另一个系统的度量。通常可以用耦合度来观察两个系统相互作用的过程，观察并分析系统如何从无序走向有序（王长征和刘毅，2002）。可持续生计与生态环境是两个极为复杂的系统，两者互相交融，关联性很强，存在复杂的耦合关系。近年来随着喀斯特生态脆弱区经济发展的加快，城市化的扩张伴随着土地利用的加剧，而对土地利用的一系列改变其实也是对生态环境的改变，因此本研究将可持续生计与生态环境两个系统相互影响的现象定义为可持续生计与生态环境的耦合，而两者耦合程度的大小被定义为可持续生计与生态环境的耦合度，两者耦合度良性发展情况被定义为耦合协调关系。

2.1.11 协调发展

协调发展这个概念最早源于经济和环境发展的相关研究。协调是指两种或两种以上的系统或系统要素之间的一种具有良性性质的相互间的关联，是它们之间和谐一致、配合得当、良性循环的关系（曾小梅，2009）。协调不仅仅表现为一种状态，也表现为一个过程。协调发展是协调与发展两个的交叉和交集，是系统或系统内要素之间存在和谐一致、合作得当、良性循环的关系，并在此基础上由低级向高级、由简单向复杂、由无序向有序方向转化的总体演变过程。

协调发展的内涵研究主要侧重于社会属性、世代伦理、约束性等几个方面，展现出了共同发展、持续发展、相互促进的含义，但协调发展并不意味着平等发展。总之，协调发展是一种强调系统整体性、综合性和内在性的发展聚合，是在协调这一具有约束性条件下多系统或多要素的综合发展，是整体的提高、全局的优化，以系统的可持续发展为核心。

2.2 理论基础

支撑研究观点的相关理论有可持续生计理论、低碳经济理论、绿色发展理论、生态经济学理论、协同发展理论、可持续发展理论、外部性理论、环境承载力理论、环境经济价值理论、人地协调理论等。本节对涉及的相关理论进行深入分析，为后续的研究提供理论基础。

2.2.1 可持续生计理论

可持续生计是生计概念在可持续理念下的深化，1988年WCED首次提出了"可持续生计"的概念，强调满足贫困人口最基本需要的必要性。目前被学术界广泛接受的沿用的"可持续生计"的概念是由Scoones和Toulmin（1998）界定的。

可持续生计分析框架是20世纪90年代末，由世界银行（Work Bank）、英国国际发展署（Department for International Development, DFID）等一些国际组织推动形成的，旨在分析社会和物质环境之间的多维复杂关系，后发展成为以生计视角为中心进行减贫理论分析及实践指导的工具。在已有的可持续生计分析框架中，DFID建立的可持续分析框架在发展干预领域中得到了广泛认可，该框架由脆弱性背景、生计资本、结构和程序的转变、生计战略和生计输出构成生计五边形。运用该框架可以推演贫困发生和治理的运行逻辑：在市场风险、自然灾害、经济萧条、庄稼歉收、健康受损、社会和技术变革、就业风险等外在因素引起的脆弱性环境中，贫困主体的生计资本（金融资本、自然资本、人力资本、物质资本、社会资本）必然受到制约，引起政府的管理水平、制度政策、法律文化等结构和过程的变动，这种变动对贫困群体的生计战略和策略带来相应的影响，从而导致生计（输出）结果的改变（收入增加、福利改善、脆弱性减少、生态环境改善等），这种变化了的生计结果又会反过来作用于贫困群体的生计资本和脆弱性背景，产生新的循环。

DFID可持续生计框架把贫困主体看作一个在脆弱性的背景下生存或谋生的对象，在自然、制度、市场等因素造成的脆弱性环境中，作为生计核心的资本性质和状况，决定了采用生计策略的类型。拥有较多资本的人们往往拥有更多的选择权并有能力运用一些政策措施确保他们的生计安全（苏芳等，2009）。该框架的核心是建立农户的生计资本—生计活动—生计后果的逻辑关系和相互影响机制，它的优势是将注意力集中到人类的结构化过程，贫困人口的生计资本积累水平普遍较低，贫困脆弱性较高，结构和过程转变对于改善贫困人口生计状况十分重要（张芬昀，2018）。

2.2.2 低碳经济理论

2003年英国政府发布的能源白皮书《我们能源的未来：创建低碳经济》最

早提到低碳经济一词，虽然提出了低碳经济，但并未对低碳经济相关概念进行定义。国外对低碳经济近年来研究较为成熟，通过提升、创新科学技术方法，改变生产方式，高碳产业向低碳产业的转变，对清洁能源的大力研究和对土地利用方式的转变，注重不可再生能源的消耗，形成一种注重经济关注生态的社会发展模式。国内对低低碳经济理论和内涵进行了研究，认为低碳经济是指在可持续发展理念指导下，通过技术创新、制度创新、产业转型、新能源开发等多种手段，尽可能地减少煤炭石油等高碳能源消耗，减少温室气体排放，达到经济社会发展与生态环境保护双赢的一种经济发展形态。发展低碳经济，一方面是积极承担环境保护责任，完成国家节能降耗指标的要求；另一方面是调整经济结构，提高能源利用效益，发展新兴工业，建设生态文明。这是摒弃以往先污染后治理、先低端后高端、先粗放后集约的发展模式的现实途径，是实现经济发展与资源环境保护双赢的必然选择。低碳经济是以低能耗、低污染、低排放为基础的经济模式，是人类社会继农业文明、工业文明之后的又一次重大进步。低碳经济实质是能源高效利用、清洁能源开发、追求绿色 GDP 的问题；核心是能源技术和减排技术创新、产业结构和制度创新以及人类生存发展观念的根本性转变；主要目的是提高碳生产力，并通过对科技的创新、生产技术的创新达到经济高速发展和碳排放低速增长的社会经济发展状态。低碳这一概念的提出对低碳经济理论的发展起到了一定的推动作用。

低碳经济理论是研究如何在降低碳排放的基础上增长社会经济发展的理论。自工业高速发展以来，人类社会的经济发展呈爆炸式增长，但因为经济发展所带来的高碳已严重威胁人类的生态环境，这迫使人们正视传统经济发展带来的破坏，且使人类意识到唯有转变这种粗放的发展模式才能维持人类的发展，确保人类在可持续的道路上越走越稳。低碳经济通过改良技术与制度等手段，在尽量保持经济发展的前提下减少二氧化碳排放，目的是实现经济的持续发展和生态环境的保护。低碳经济理论注重在经济快速发展的过程中如何降低碳排放对生态环境的影响，所以在经济发展过程中研发清洁能源、降低有害气体排放量、减轻碳排放对人们生产生活的影响，协调低碳经济发展与生态环境之间关系尤为重要。

2.2.3 绿色发展理论

绿色发展理论源于绿色经济，20世纪末，《绿色经济蓝皮书》指出在未来的绿色发展时代中，绿色经济区别于传统经济，它是环境保护、生态健康密切相关经济盈利行为，相较于工业文明的"黑色发展"，传统的土地、劳动力和资本要素固然重要，但随着资源愈加稀缺，环境加速恶化，生态环境也应成为重要的生产要素，绿色发展理论应运而生，该理论与可持续发展理论的内涵相同，是一种建立在生态环境容量①和资源承载力的约束条件下，将环境保护作为实现可持续发展重要支柱的新型发展模式。

2008年，联合国环境规划署提出了旨在应对全球金融危机和气候变化的绿色经济和绿色新政的倡议。同时循环经济、低碳经济、绿色增长等理念得到了各国和政府间组织的热烈响应与推进，绿色发展战略思想逐渐成为国际经济发展的新趋势。在我国，绿色发展战略的确立顺应国际潮流，同时还融合了中国特色的科学发展观思想。要把资源消耗、环境损害、生态效益纳入经济社会发展评价体系，建立体现生态文明要求的目标体系、考核办法、奖惩机制，将生态文明建设放置于经济、政治、社会、文化同等重要的地位。

2.2.4 生态经济学理论

生态经济学是研究生态经济复合系统的结构、功能及其运动规律的学科，即研究人类经济活动与生态系统之间相互制约与相互作用的经济学分支学科，是生态学和经济学相结合而形成的一门交叉学科，其为研究土地利用和生态环境的经济问题提供了有力的工具。随着科学技术的提高及工业化、城镇化的快速推进，人类不断地开发利用自然资源，但科技水平及资金的有限，自然资源的开发利用过程中呈现出破坏性和浪费性的现象，使其没有得到充分合理地利用，造成环境污染和生态环境破坏。长期以来，对资源的开发利用和任意获取，忽略了外部经济性，在谋求高额利润的时候牺牲了生态环境质量，导致了治理环境污染的成本费用增加，既破坏了舒适的生态环境，又降低了国民经济效益。因此，人类在土地资源进行开发利用的过程中，要注重经济发展与环境保护相协调，妥善处理好两者之间的关系才能保证土地利用在结构合理化的基础上，向结构高效化和生态化纵深方向发展，才能真正实现土地利用结构优化，形成绿色低碳高效的土地利用模式。

生态经济学的核心理论主要包括生态与经济协调理论、生态经济效益理论、生态经济生产力理论、生态经济价值理论。生态经济学研究的主要内容包括关注经济系统中生态资源的优化配置问题。当生态系统作为经济系统自然资源输入和废弃物排放的子部门出现了生态资源稀缺与传统市场失灵时，优化配置生态资源就成为生态经济学关注的主要问题。关注经济系统中生态产品的供需平衡问题。生态系统不仅提供生产要素，而且提供生态产品，满足最终消费，由此使其经济

---

① 生态环境容量是指在特定自然区域中，自然生态系统的结构和功能不受损害，人类生存环境质量不下降的前提下，能容纳的污染物的最大负荷量。

功能得到拓展。关注生态空间与低碳发展问题。将经济系统置于生态系统之中，按照生态规律和生态阈值来发展经济，走低碳发展道路，是生态经济学最具革命性的贡献。因此，从生态资源、生态产品到生态空间，是生态经济学研究的三个主要部分，体现了人们对生态经济规律认识的不断深化。

2.2.5 协同发展理论

协同理论是一门新兴的学科，是系统科学的一个重要分支，最初发展于1970年，是在多种学科研究的基础上形成和发展的。协同理论认为，不同系统属性使得他们千差万别，但相对于整个环境来说，看起来千差万别的系统却存在相互影响而又相互合作的关系。土地利用与生态环境耦合关系是一个包含经济、社会、生态环境在内的复杂系统，它既受到人类社会经济活动的影响，又受生态环境的制约，运用协同学理论进行研究，可以了解内部各系统间的相互关联协同作用，促进土地利用与生态环境耦合关系向着有序化健康方向发展。

运用协同学的观点，经济发展与生态环境的协调发展反映这两个系统发展过程中序参量之间的协同作用的强弱程度，并且体现了这两个系统由无序走向有序的趋势。环境经济学家接受了制度主义方法与协同演进的方法（Opschoor and Jan，1993），由此协同演进经济学将制度经济学扩展至生态环境领域乃至整个社会变迁。Norgaard（1994）试图把协同演进分析从其生态环境层面提升到整个社会变迁，他特别论证了在社会变迁的路径上社会价值和技术是密不可分的，由此导致了生态环境的退化和不平等。

协同发展理论是协调发展的前提，是实现社会可持续发展的基础。协同发展理论认为某种物种的灭绝不是另一物种胜利的附带产物，物种的胜利是与物种的进化共同形成的，也就是共荣共存。协同发展是各地域单元和经济组分之间进行高度有序的整合，有统一发展目标和统一规划，具有高效的协调机制和严谨的运作机制，实现一体化运作和共同发展，强调区域之间的生态环境要素相互开放、合理流动，经济共同体之间形成明确的分工与协作，各区域之间相互关联、相互依存，通过区域之间的合作、支援和帮扶来促进区域生态环境与经济增长的互动有益影响和共同协调发展。

协同发展的原则主要包括多样性原则、竞争的公平性原则和协同性原则，采用多种形式进行公平竞争，不以优胜劣汰为目的，在同等生存条件下发挥各自组成成分的特长优势，以"同向促进、共同进步"为协同发展的目的，全面促进生态文明建设。生态环境与经济增长协同发展的目的是实现从不平衡到平衡再到新的不平衡和新的平衡，协同发展的本质是协调发展，追求的是生态环境与经济增长相互影响且不断达到均衡点的整体最优化状态。

生态环境与经济增长的协调发展建立在协同发展的基础上，对于西部落后地区而言，潜力和发展空间大，共享或利用发达地区的资金、技术、管理与市场开拓能力等有利条件和要素，大大加快西部区域发展速度，逐步缩小与发达区域的经济差距。西部可以进行生态环境协同治理，加强生态环境治理的区域合作，也可以通过协同开发资源，真正地变资源优势为经济优势。从生态环境经济政策横向关联关系来看，主要表现在西部生态环境经济政策、技术政策、管理政策之间的协同性，即技术政策要以经济政策作为实施的手段和物质条件，管理政策为经济政策和技术政策的实施提供对策措施等方面的保障。

2.2.6 可持续发展理论

可持续发展理论可以概括为既满足当代人需要，同时不损害后代子孙利益的持续发展观念。它主要强调的是发展，实现人口、资源、生态环境与经济协调发展，同时又强调代际在资源的使用和环境的质量共享方面机会均等。可持续发展理论注重经济发展方式的转变，将生态环境保护和经济发展紧密结合，实现绿色经济发展模式（李龙熙，2005）。根据可持续发展的定义梳理出可持续发展的内涵：整体发展协调发展，经济、社会、资源、环境、人口以及内部各个阶层协调发展，时间和空间维度上和公平发展，经济、社会、资源、环境、人口等协调下的高效发展，从国情或区情出发，走符合本国或本区实际的、多样性、多模式的多维发展。可持续发展理论的基本特征可以简单地归纳为经济可持续发展是基础、生态（环境）可持续发展是条件、社会可持续发展是最终目的。

作为一个具有强大综合性和交叉性的研究领域，可持续发展涉及生态学、经济学、社会学等众多学科，涉及经济、生态和社会三方面的协调统一，要求人类在发展中注重经济效益、关注生态和谐和追求社会公平，最终达到人的全面发展。这表明，可持续发展虽然起源于环境保护问题，但作为一个指导人类走向21世纪的发展理论，它已经超越了单纯的环境保护。而是将环境问题与发展问题有机地结合起来，已经成为一个有关社会经济发展的全面性战略。可持续发展的主要内容具体为经济可持续发展、生态可持续发展和社会可持续发展。在人类可持续发展系统中，经济可持续是基础，生态可持续是条件，社会可持续是目的。22世纪人类应该共同追求的是以人为本位的自然-经济-社会复合系统的持续、稳定、健康发展。

可持续发展理论中，人类社会的可持续性由生态可持续性、经济可持续性和社会可持续性三个部分构成，且密不可分。它以创造一个可持续发展的社会、经济和环境为最终目标。生态可持续性指可持续发展要建立在资源的可持续利用和良好的生态环境维护的基础上，保护自然生态环境系统的完整性，保护生物多样性，积极治理和恢复已遭破坏和污染的环境。经济可持续性指在经济发展中，不仅重视经济数量的增长，同时降低能耗，提高效率，增加效益。社会可持续性指以改善人民生活和提高人类的生活质量，促进社会公正、安全、文明和健康发展。

可持续发展有着较丰富的内涵：一是共同发展。它把全球或每个区域看作一个复杂的系统，每个系统都和其他部分有着密切联系，只要其中一个系统发展存在问题，会导致其他系统功能紊乱，甚至影响系统整体的发展。二是协调发展。协调发展包括区域空间的协调，在某一空间区域内的资源、环境、社会人口以及内部各个阶层也必须协调发展。三是公平发展。公平发展包括时间和空间上的公平性，即当代人的发展不能以损害后代人的发展为代价，某国家或地区的发展也不能以损害其他国家或地区的发展为代价。四是多样性发展。各国与各地区应该从国情或区情出发，走符合本国或本区实际的、多样性和多模式的可持续发展道路。

可持续发展的生态学理论包括高效原理、和谐原理和自我调节原理。土地资源是人类生活和生产不可缺少的自然资源，既是自然资源和社会经济资源的载体，又是经济社会发展的基础。因此要保障国家或区域经济、社会和生态的可持续发展，就必须保障土地资源的可持续利用。在利用土地资源过程中，需要优化土地利用结构，提高土地利用效益，节约集约用地，挖潜建设用地潜力，合理控制农地非农化数量，这对实现土地资源的可持续利用是必需的。

2.2.7 外部性理论

外部性理论也称外在效应或溢出效应，是指一个经济主体的活动对其他经济主体的外部影响，这种影响如果有利于其他主体福利增进，称为正的外部性；相反如果损害了其他主体的利益或者福利，称为负的外部性。外部性理论为如何解决环境外部不经济性问题提供了可供选择的思路，有利于在市场经济体制改革中更好地采用经济手段保护生态环境，有利于政府行使宏观调控职能时提供更多的生态环境质量公共产品，更有效地配置资源。

生态环境外部性既反映人与自然的关系，也反映生态环境激励与生态环境约束的矛盾统一，只有缓解和消除生态环境外部性，才能达到生态环境激励与生态环境约束的均衡，才能实现人与自然关系的互利共生。而无论是政府还是市场，都将在不同的生态环境激励与生态环境约束下形成对生态环境外部性的有效抑制。

(1) 外部性对生态环境资源配置的影响

在生态环境保护领域主要见到的是环境外部不经济性，简称环境外部性，是一种低效率的社会资源配置状态，体现在生产和消费的外部不经济性。人类行为的外部性导致生态环境污染，并且产生了生态环境问题和生态环境赤字。外部不经济性对单个企业和整个行业的生态环境资源配置影响是大体一致的，针对单个企业来分析，当该企业存在外部不经济性时，改变了生态环境资源的最优配置状况，造成生态环境破坏与污染产品的过量生产，而其他环境产品的产出水平过低时，就产生了生态环境费用（外部费用表现为当出现生态环境污染、生态环境破坏或其他形式的生态环境问题时，这种外部费用就是生态环境费用）。

生态环境资源的稀缺性与生态环境资源的外部性往往相伴而生。譬如，当生态环境资源十分稀缺时，生态环境污染的外部性问题就会特别突出。在存在外部性的情况下，问题的实质在于所有的生态环境破坏与污染都必然产生较大的社会成本，然而这些社会成本却没有在生产者和消费者的私人成本中体现出来。只有通过生态环境经济化的途径才有可能降低这一社会成本，提高社会的整体福利水平。

环境负外部性的典型例证就是企业向生态环境任意排放"三废"等行为。由于污染排放者无须承担消除对其他人造成的不利影响的成本，其私人成本本身就小于社会成本，污染者在生态环境激励的前提下，从私人成本和私人收益出发选择"最优"产量。图 2-1 举例描绘了外部成本对钢铁行业的影响（汤姆蒂坦伯格和琳恩·刘易斯，2011）。钢铁在生产的同时不可避免地造成生态环境污染，需求曲线 D 显示了对钢铁的需求，MPC 是生产钢铁的边际私人成本（不包含污染控制和污染损害），因为社会既要考虑钢铁生产的成本，也要考虑污染的成本，所以边际社会成本（MSC）函数包含了这两项成本。

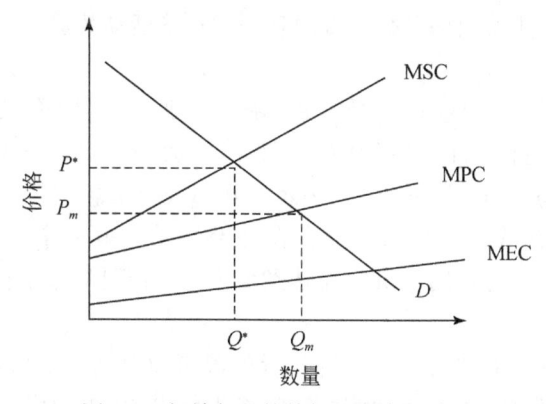

图 2-1　钢铁行业的外部不经济性分析

当存在外部不经济性时，边际社会成本 MSC 大于边际私人成本 MPC，差额是边际外部成本 MEC。如果钢铁厂不存在控制排放水平的管制要求，它的产量是 Q_m，价格为 P_m。但是在追求个人利益最大化的情况下，在竞争的状况下，将会使生产者剩余最大化。但这显然不是有效的，因为净效应最大化发生在 Q^* 点而非 Q_m 点。

当要求钢铁产量达到 Q^* 时，必须提高钢铁的价格，如果外部不经济性不能得到有效限制，将会导致资源配置失误。从生态环境污染外部性的商品市场配置可知，产量过高会产生过多的污染，导致产品价格过低，只要存在外部性成本，市场就不会产生寻找降低单位产出污染的激励方法，存在这类商品的不完全市场，最终会通过整个经济过程表现出来。

(2) 产权理论对生态环境的影响

外部不经济性的一个理论框架，即科斯定理的产权理论：在产权明确、交易成本为零的前提下，通过市场交易可以消除外部性。无论初始产权界定给何方，只要初始产权界定是清楚的，市场交易的成本就可以忽略或较低，那么通过市场的交易，资源的利用就会达到最优状态（王军，2009）。在科斯定理看来，负外部性之所以产生，其根本原因在于产权界定不清。由此科斯定理给出了消除外部性的途径，即赋予外部不经济性的受害方所有权或使用权，这种权力是可以转让的，使受害方有免受外部不经济性的影响，同时使行动方与受害方之间的补偿交易达到一个均衡、高效率的状态。

在产权理论的开拓中，交易成本和外部性开始进入生态环境与经济增长协调发展的制度分析范畴。沿着科斯的研究思路，德姆塞茨（Demsets）、威廉姆森（Williamson）、张五常、杨小凯等运用新制度经济学在研究、分析和发展生态环境经济学方面做出了突出的贡献（Luken and Fraas, 1993）。合理的产权制度能明确界定人们使用生态环境资源的权利及获益或受损的边界，促使人们减少资源利用或经济活动，使人们尽量减少资源利用或经济活动的成本，避免从事无效率的经济活动。

产权配置效率与污染物排放量关系如图 2-2 所示（王军，2009），图 2-2 中横轴表示与污染规模同比例增加的污染物排放量，纵轴表示边际收益 MR。MNPB（marginal net private benefits）表示边际私人净收益，MEC（marginal external cost）表示边际外部成本。显然，对存在外部性的企业或个人（如排污者）而言，当经济活动水平为 Q 时，其收益达到最大化，但是对整个社会而言，社会最优的污染水平为 Q^*。

假设受害者拥有不被污染权，排污者就没有权利污染。假设双方移动到 Q_1 点，排污者将得到 $OABQ_1$ 的净收益，受害者将付出 OCQ_1 的成本，由于 $OABQ_1$ 大

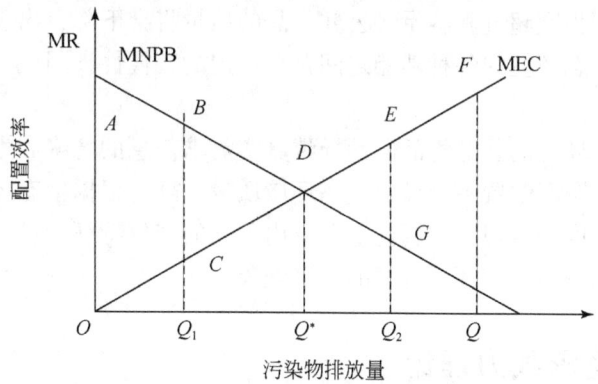

图 2-2 产权配置效率与污染物排放量关系

于 OCQ_1，排污者可以付给受害者大于 OCQ_1、小于 $OABQ_1$ 的费用以补偿受害者的损失，排污者和受害者都能受益，向 Q_1 移动是帕累托改进；同理，假设 Q 为起点，如果排污者拥有排污权，通过谈判，也有向 Q^* 移动的自然趋势。

假设排污者拥有产权，排污者能最大限度地利用自己拥有的产权使自己收益达到最大，假设双方向点 Q_2 移动。向 Q_2 移动意味着受害者损失的减少将大于排污者收益的减少，受害者可以给排污者一个小于 $QFEQ_2$、大于 QGQ_2 的补偿，使排污者减少生产和污染，向 Q_2 点移动是帕累托改进，假设排放者拥有产权，也有向 Q^* 移动的自然趋势。只要交易费用较低且能盈利，不管哪方当事人拥有产权，则都存在继续向 Q^* 移动的趋势，市场将最终达到社会最优污染水平 Q^*。

从产权理论的观点来看，生态环境资源使用者对生态环境这一公共产品的使用权进行分配，使生态环境资源的产权关系变得相对清晰。这样既解决了生态环境资源使用中的产权拥挤问题，又可以让使用者在有效配置资源的过程中追求自身利益和社会利益的最大化。因此根据经济运行的实际情况，利用产权制度促使外部不经济的内部化，使经济主体减少废弃物、废气排放，这是科斯定理给我们实施可持续发展战略、走生态环境与经济增长协调发展之路的最大启示。

（3）公共产品的供给

公共产品具有非排他性、非竞争性的产品特征，而生态环境属于公共产品的一种，人类都可以拥有。非排他性、非竞争性的属性使生态环境资源产品在消费过程中所产生的利益不能为个人所专有，增加一个人消费并享用产品得到利益的同时并不减少其他人享用该产品得到的收益，这样使各经济主体都想成为"免费搭车者"。

生态环境的公共产品属性使单纯依靠市场机制实现资源的优化配置是不现实的。既然生态环境产品是一种公共产品，产权通常是不明晰的，在生态环境领域交易成本太高，在一定程度上可以为所有人利用，而生态环境本身又存在一个容量限制,当利用程度超过其容量,公共产品的质量将会下降,出现公共产品的拥挤问题,加上生态环境的各种功能之间存在一定的替代性,因此也会产生竞争性使用问题。

可见,生态环境的公共物品属性导致真实需求信息的隐瞒和生态环境资源有效供给的不足,资源配置不当导致生态环境质量下降。根据生态环境的公共物品属性存在不同程度的表现,在属性上区分出不同的产权特征,进而可以做出相应的制度安排,以避免生态环境资源的不当配置。

2.2.8 环境承载力理论

环境承载力理论不仅阐述了经济发展的生态环境约束问题,而且为建立生态环境系统与经济系统的有机联系提供理论依据。当人类社会经济活动和行为对生态环境的影响超过了生态环境所能承受的支持极限,即超过了环境承载力,因此环境承载力可以作为衡量经济发展与生态环境协调发展的判断依据。

环境承载力的概念是在人类改造自然、征服自然,生态环境污染蔓延全球和生态环境恶化不断加剧的情况下,被提出并日益得到重视的,是指在一定时期、一定状态或条件下生态环境系统所能承受的生物与人文系统正常运行的最大支持阈值(倪天麒和王伟,2000),从狭义上讲是生态环境容量,从广义上讲是某一区域范围内环境承载人口的增长和经济发展的能力(黄宁生和匡耀求,2000)。环境承载力反映了生态环境系统与经济系统之间的密切作用关系,强调的是生态环境系统对人类社会各项发展活动的承载力,充分体现了生态环境的价值和综合功能。经济发展的前提条件是经济活动要限定在生态环境安全阈值或可持续经济发展阈值之内,经济活动离不开作为经济主体的人和作为经济客体的生态环境。

生态环境保护对经济发展的作用是通过环境承载力(E)间接实现的,此变量又与可持续收益(SR)呈同方向变化。通过模型具体表述如下(张瑞萍,2015):

$$E = F(\text{SR})$$
$$(dE/d\text{SR}) > 0$$
$$\text{SR} = C - G - L$$

式中,C 为社会总收益;G 为政府的生态环境保护成本;L 为生态环境恶化造成的货币损失。在达到生态环境治理时的污染水平之前,生态环境没有得到有效的保护,使生态环境对经济的支撑能力 E 逐渐减弱。随着政府对生态环境保护力度的加大,E 又会增强,当污染水平超过可持续发展允许的最大污染水平时,E 开始下降,超过了一定限度则污染越严重,可持续发展的空间和潜力就越小。因此根据环境承载力和环境容量从事经济活动，合理利用环境资源，才能获得高的经济效益。当然在经济增长速度较快的发展阶段，生态环境的恶化没有超出生态环境容量，生态环境质量不会下降，经济-生态环境系统仍然会朝着正向发展。

2.2.9 环境经济价值理论

环境经济价值旨在缓解其背后所掩盖的深层次的社会矛盾，即经济发展过程中生态环境权和发展权的矛盾，突出表现为与经济增长的不协调。当人们发现环境经济化的初衷在于缓解不同行政主体之间和不同利益主体之间的生态环境矛盾时，应用环境经济价值理论就发挥了应有的作用。

环境经济价值理论就是把生态环境价值与经济价值融合、共生和兼顾的特殊价值理论，它反映了经济价值与生态环境价值、生态环境成本与经济核算、投入与产出的关系。由此基点出发，环境经济价值理论更有力地维护了劳动价值所体现的自然生态环境与经济社会的属性。在计算生态环境效益时，把劳动价值区分为有益的和有害的，把产值区分为有效的和无效的，并非所有抽象劳动量或社会必要劳动量对消费者和社会都是有益的，当它的载体，即某些具体劳动或使用价值造成生态环境污染和破坏时，这一类价值就是有害的，它最终还要由社会抽象劳动创造的价值来补偿。同样，记入总产值中的某些产品，当它的生产过程造成生态环境污染时，这一类产品所计算的产值则是无效的，因为清除这类环境污染物，还要耗费产值。

经济运行的系统性转变需要生态环境资源配置机制的转换，这一切都要建立在对生态环境价值的科学评估上。从环境经济价值这个基点出发，观察经济发展与环境价值评估的互动联系，并由此建立环境成本与环境经济价值的对应关系，借助环境成本的内生化来了解生态环境价值与经济价值在生产、交换和消费等诸环节中发生、发展、变化的态势，以求找寻生态环境和经济社会协调发展的内在规律与实现形式。

环境利益和经济利益的市场交换机制体现了环境经济价值理论。环境经济价值的交换就是环境经济利益在市场中的分割，有效的市场机制是连接环境经济价值生产与实现的"桥梁"，一个维护价值客观性的市场机制要求生产者与消费者之间公正地评价生态环境经济效用，所以在生态环境与经济增长相互影响以及共同协调发展进程中，建立以环境经济价值创造为核心的经济运行体系是至关重要的。

2.2.10 人地协调理论

西方地理学家在 17 世纪首次提到了"人地关系"一词，随着研究的深入，人地协调理论成为重要理论之一。人地协调理论强调人与土地之间的关系，人是对土地产生影响的关键性因素。同时具有社会性和自然性的人类在自然活动中既是生产者也是消费者，对环境的作用既有建设也有破坏，随着人类社会发展，科学技术的进步，人类改造自然的力量越强，其在人地关系中的主导地位就越稳定。诚然，人没有改变自然的能力，但人类对自然的改造能力也不可小觑，从人地协调理论来看，人类应该遵循自然规律，在经济发展的过程中，合理利用自然条件，同时对已被破坏的环境进行修复，达到人地协调发展。土地资源是人类活动中很重要的资源，人类通过自身活动对土地产生影响，如果对这种影响不加以限制，会对环境造成不良影响，然后环境又会通过改变人类赖以生存的诸如水资源、空气资源、矿产资源来对人类活动产生影响，最终限制人类发展，人地协调理论主张人类在开发环境时应该做到保护利用统一（彭建等，2003）。

2.3 本章小结

本章对研究涉及的相关概念进行界定，对相关理论进行梳理和分析。在概念界定方面主要对喀斯特、生态脆弱区、土地低碳集约利用、生计、可持续生计、耦合度、耦合协调性、耦合关系、协调发展等进行界定。在相关理论方面主要对可持续生计理论、低碳经济理论、绿色发展理论、生态经济学理论、协同发展理论、可持续发展理论、外部性理论、环境承载力理论、环境经济价值理论、人地协调理论等进行梳理和分析，提出了经济社会发展不仅要考虑其快速性，而且还要考虑其高效性和生态性的观点。对于喀斯特生态环境脆弱区而言来说，只有在现有的经济结构、土地利用结构合理化的基础上进行其高效化和生态化的优化升级，才能真正协调喀斯特生态脆弱区经济发展、低碳经济、土地利用、可持续生计与生态环境保护之间的关系，促进研究区资源环境低碳高效利用，经济社会低碳绿色发展，实现绿色脱贫，这为下一步的深入研究理清了思路。喀斯特生态脆弱区在新一轮的西部大开发和脱贫攻坚战略中，必须以低碳绿色经济发展为导向，在经济结构、土地利用结构合理化的基础上，向经济结构、土地利用结构高效化和生态化纵深方向发展，才能真正实现经济结构、土地利用结构优化，形成绿色低碳高效的经济发展模式，实现经济发展、低碳经济、土地利用、可持续生计与生态环境保护的优质协调。

第二篇

贵州省经济发展与生态环境耦合协调发展研究

第 3 章　贵州省经济发展与生态环境现状、特征

随着贵州省工业化、城镇化进程的快速推进，其经济发展的速度不断加快，人民生活水平不断提高。本章在对研究区概况进行了解的基础上，主要对贵州省 2005~2015 年的经济发展与生态环境发展现状、特征进行分析。

贵州省位于我国西南地区，地处云贵高原东部山区，是我国西部典型的喀斯特生态脆弱区。全省总面积为 17.6167 万 km^2，地势西高东低，是"两江"上游重要的生态安全屏障，自然条件优越。2015 年全省地区生产总值为 10 502.56 亿元，人均地区生产总值为 29 847 元。随着贵州省工业化、城镇化的快速推进，其经济发展水平不断提高，人地矛盾逐渐突出、资源环境承载能力日趋下降、生态环境问题日益突显，已制约和影响了研究区社会经济的绿色持续发展。因此，进一步协调好经济发展和生态环境保护之间的关系是目前研究的焦点问题之一。

3.1　贵州省经济发展现状

随着国家经济的快速发展和工业化、城镇化及信息化的快速推进，贵州经济发展也取得了很大的成就，其经济发展现状分析如下。

3.1.1　经济发展水平分析

随着新一轮西部大开发战略的实施及工业化、城镇化进程的快速推进，贵州省经济发展速度不断加快，人民生活水平不断提高。2005~2015 年贵州省经济发展水平统计分析结果见表 3-1。

从表 3-1 可以看出，2005~2015 年贵州省地区生产总值、人均地区生产总值、社会消费品零售总额及全社会固定资产投资呈现出不断上升的趋势，其中地区生产总值由 2005 年的 2005.42 亿元增长到 2015 年的 10 502.56 亿元，增长了 4.2 倍；人均地区生产总值由 2005 年的 5052 元增长到 2015 年的 29 847 元，增长了 4.9 倍；社会消费品零售总额增长了 4.3 倍，全社会固定资产投资增长了近 10

倍,分析表明2005~2015年贵州省经济发展水平稳步上升。

表3-1 2005~2015年贵州省经济发展水平

年份	地区生产总值（亿元）	人均地区生产总值（元）	社会消费品零售总额（亿元）	全社会固定资产投资（亿元）
2005	2 005.42	5 052	615.75	998.25
2006	2 338.98	5 750	710.00	1 197.43
2007	2 884.11	7 878	858.15	1 488.80
2008	3 561.56	9 855	1 075.24	1 864.45
2009	3 912.68	10 971	1 265.46	2 412.02
2010	4 602.16	13 119	1 531.64	3 104.92
2011	5 701.84	16 413	1 899.92	4 235.92
2012	6 852.20	19 710	2 266.27	5 717.80
2013	8 086.86	23 151	2 601.20	7 373.60
2014	9 266.39	26 437	2 936.85	9 025.75
2015	10 502.56	29 847	3 283.02	10 945.54

3.1.2 经济结构分析

经济结构是一个由许多系统构成的多层次、多因素的复合体,是指经济系统中各个要素之间的空间关系,包括企业结构、产业结构、区域结构等,经济主体与经济客体的关系是最基本的经济结构。本研究主要从三次产业结构的构成来对研究区经济结构进行分析。2005~2015年贵州省经济结构变化如图3-1所示。

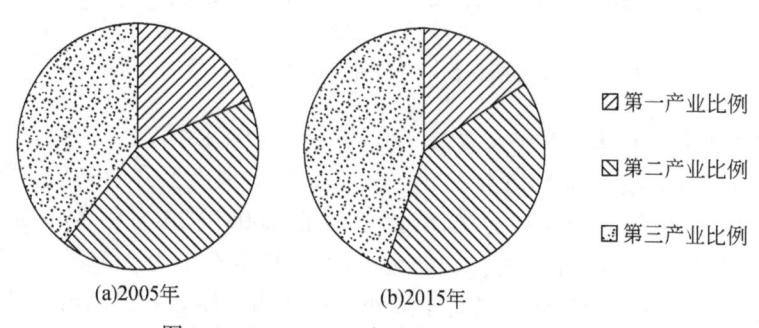

(a)2005年　　(b)2015年

图3-1 2005~2015年贵州省经济结构变化

从图 3-1 可以看出，2005 年以来，贵州省经济结构变化明显，三次产业的比例由 2005 年的 18.6∶41.8∶39.6 变化为 2015 年的 15.6∶39.5∶44.9，第一、第二产业占比呈现出下降的趋势，第三产业占比呈现出上升的趋势。这说明，贵州省正在积极转变传统经济发展模式，不断优化产业结构，使三次产业结构更趋合理。

3.1.3 经济活力分析

经济活力是指一个国家在一定时期内经济总供给和总需求的增长速度及潜力。从投资角度来看，主要涉及国民生产总值的增长率（经济增长率）、固定投资率（资本积累率）及教育经费投入等。2005～2015 年贵州省经济活力指标变化情况如图 3-2 所示。

图 3-2　2005～2015 年贵州省经济活力指标变化情况

从图 3-2 可以看出，2005～2015 年，贵州省全社会固定资产投资增长率由 2005 年的 15.37% 增长到 2015 年的 21.3%，总体呈现出上升的趋势，并在 2011 年达到增长率的峰值 36.43%；GDP 增长率在 2005～2015 年为 10%～15%，2011 年达到增长率的峰值 15%，同期全国的 GDP 增长率为 9.5%，高于全国平均水平 5.5 个百分点，说明研究区经济处于快速增长阶段；教育经费占 GDP 的比例为 6%～8%，说明贵州省教育经费投入增长率较低，相对来说稍显不足。

3.1.4 人民生活水平分析

随着经济社会的快速发展，人民生活水平不断提高，本研究主要从城镇居民人均可支配收入和农村居民人均纯收入两个方面对贵州省人民生活水平进行分析，2005~2015年贵州省城镇居民人均可支配收入和农村居民人均纯收入变化情况如图3-3所示。

从图3-3可以看出，2005~2015年，贵州省城镇居民人均可支配收入和农村居民人均纯收入呈现出稳步上升的趋势，增长幅度分别为201.71%和293.55%，年均增加幅度为20.17%和29.36%，说明贵州省人民生活水平在不断提高。分析表明贵州省农村居民人均纯收入的增长幅度比城镇居民人均可支配收入高，但两者的收入差距在不断扩大，由2005年的6270.0元上升到2015年的17 193.0元，2015年为2005年的2.74倍，这是因为农村居民人均纯收入水平低，虽然增长幅度大，但收入分配不均衡问题日趋凸显，需要进一步缩小两者收入差距。

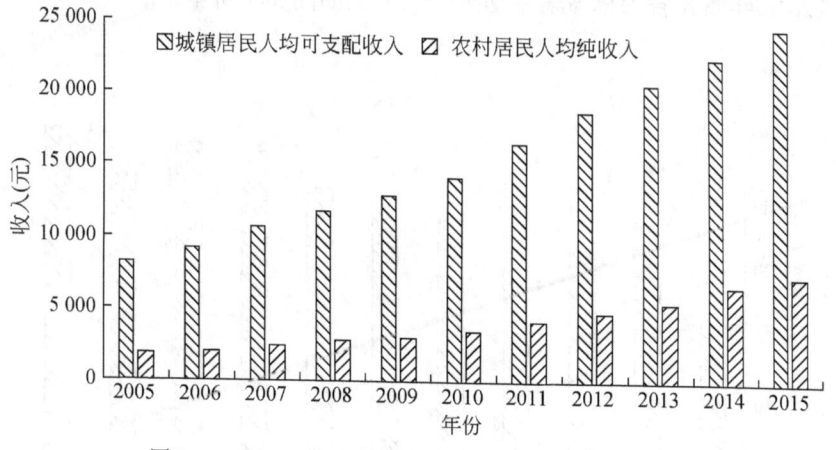

图3-3　2005~2015年贵州省人民生活水平变化情况

3.2　生态环境现状

贵州省自然资源丰富、生态环境质量良好。2015年，贵州省的森林面积和森林覆盖率分别为88万 hm^2 和50%，水资源总量达到1153.72亿 m^3。近几年，贵州省大力推进工业化和城镇化带动战略，引进部分高能耗、高污染的企业，企业的引进在带动了贵州经济发展的同时，也对生态环境产生了较大的负反馈效应，导致生态环境质量下降。目前，工业"三废"的排放已经成为贵州省的主要环境污染来源，经济发展过程中对大气环境、水环境和土壤环境带来了一定的污染，给生态环境带来了一定的压力。

3.2.1 生态环境容量

生态环境容量是指在人类生存和自然生态系统不致受害的前提下，某一生态环境所能容纳污染物的最大负荷量，或一个生态系统在维持生命机体的再生能力、适应能力和更新能力的前提下，承受有机体数量的最大限度。根据研究特点，本研究选择森林覆盖率、人均公园绿地面积及人均水资源量作为反映生态环境容量的指标，其统计分析结果如下。

（1）森林覆盖率

森林覆盖率指一个国家或地区森林面积占土地面积的比例，是反映一个国家或地区森林面积占有情况或森林资源丰富程度及实现绿化程度的指标，确定森林经营和开发利用方针的重要依据之一，同时也是反映生态环境容量的指标之一。2005~2015年贵州省森林覆盖率动态变化情况如图3-4所示。

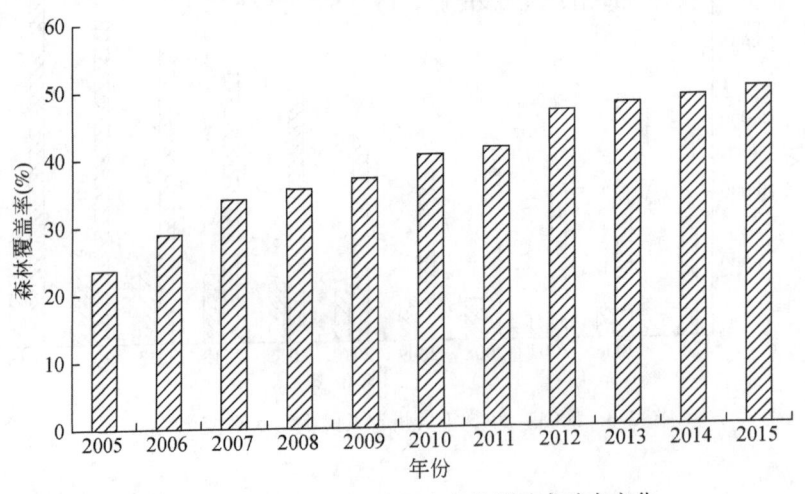

图 3-4　2005~2015 年贵州省森林覆盖率动态变化

贵州省森林资源丰富，覆盖率高，由图3-4可以看出，2005~2015年贵州省森林覆盖率呈现出不断上升的趋势，由2005年的23.83%上升到2015年的50.0%，上升幅度为109.82%，年均上升幅度为10.98%，说明贵州省森林资源丰富程度及实现绿化程度在不断提高，生态环境容量在逐渐增大。

（2）人均公园绿地面积

公园绿地是城市中向公众开放的、以游憩为主要功能，有一定的游憩设施和服务设施，同时兼有健全生态、美化景观、防灾减灾等综合作用的绿化用地，是展示城市整体环境水平和居民生活质量的一项重要指标。城镇人均公园绿地面积指城镇公园绿地面积的人均占有量，以 m^2 表示，园林城市、园林县城和园林城镇达标值均为 $\geq 9m^2$，生态城市达标值为 $\geq 11m^2$。2005~2015 年贵州省人均公园绿地面积动态变化情况如图 3-5 所示。

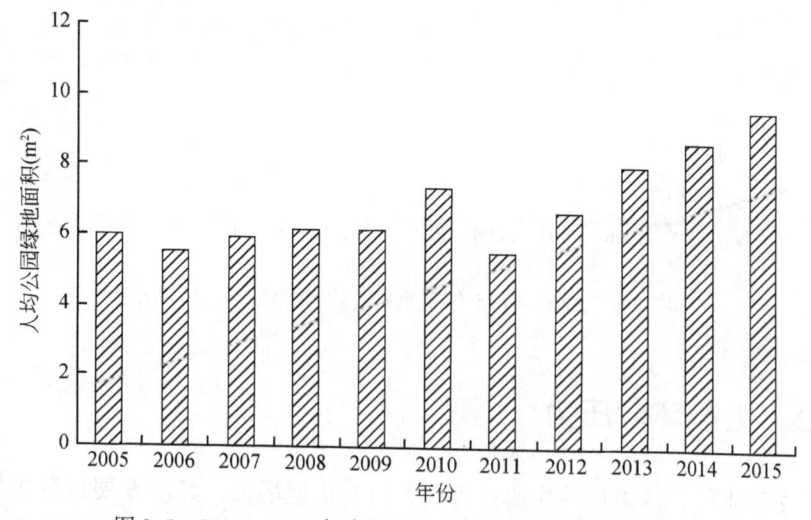

图 3-5　2005~2015 年贵州省人均公园绿地面积动态变化

从图 3-5 可以看出，2005~2015 年贵州省人均公园绿地面积呈现出波动上升的趋势，由 2005 年的 $5.95m^2$ 上升到 2015 年的 $9.91m^2$，上升幅度为 66.55%，年均上升幅度为 6.66%，说明研究区整体环境水平和居民生活质量在不断提高，生态环境容量在逐渐增大。在人均公园绿地面积方面，与发达国家相比还存在一定的差距，说明贵州省在环境保护力度方面还有一定的差距，需要进一步协调环境保护与经济增长之间的关系。

（3）人均水资源量

贵州省水资源较为丰富，随着贵州省经济社会的快速发展，水资源消费量不断增加，水环境污染情况日趋严重。2005~2015 年贵州省人均水资源量动态变化情况如图 3-6 所示。

贵州省属于亚热带湿润季风气候，气候温暖，雨量充沛，2015 年贵州省水资源总量为 1153.72 亿 m^3。由图 3-6 可以看出，2005~2015 年贵州省人均水资源量呈现出波动上升的趋势，2011 年为 $1802.11m^3$，最高值为 2014 年的 $3461.1m^3$，虽然总体来说贵州省人均水资源量居于全国前列，但是近年来工农业和生活用水量的加大以及不合理的利用，水资源问题日渐显现。

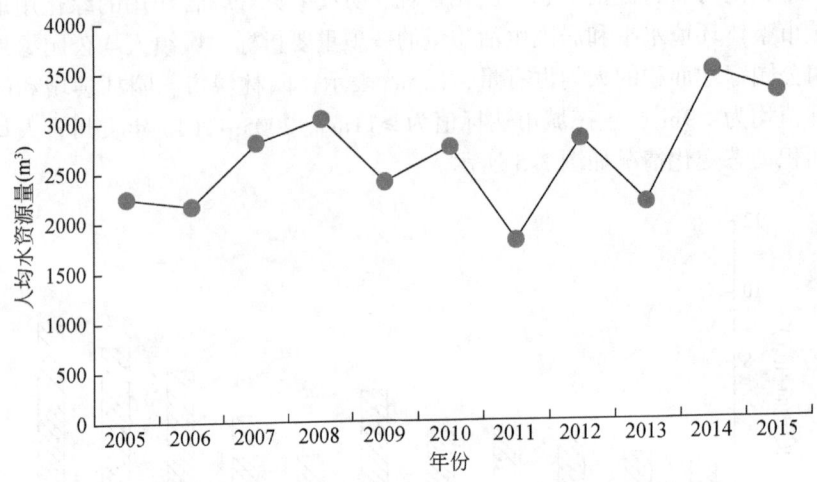

图 3-6 2005～2015 年贵州省人均水资源量动态变化

3.2.2 生态环境压力

随着工业化、城镇化的快速推进，人口的快速增长，经济发展过程中排放的"三废"在不断地增加，使生态环境压力越来越明显。本研究选择工业废水排放量，二氧化硫、烟尘排放量，工业固体废弃物产生量、农用化肥施用折纯量及人口自然增长率等作为反映生态环境压力的指标，其统计分析结果如下。

(1) 工业废水排放量

工业废水排放量指经过企业厂区所有排放口排放到企业外部的工业废水量，包括生产废水、外排的直接冷却水、超标排放的矿井地下水和与工业废水混排的厂区生活污水。从图 3-7 可以看出，2005～2015 年贵州省工业废水排放量总体呈现出波动下降的趋势，2005～2008 年呈现出下降的趋势，2009～2014 年呈现出上升的趋势，2014～2015 年工业废水排放量下降，下降幅度为 10.70%，说明贵州省在水污染治理方面取得了一定的成效，但排放总量较大，将会导致虚拟治理成本仍比较高，因此贵州省应进一步加强对水污染的治理（魏媛，2017）。

(2) 二氧化硫、烟尘排放量

贵州省在工业生产上煤炭消费量比较大，天然气等清洁能源消费量较少，因此大气污染物中二氧化硫、烟尘排放量占比较高。

从图 3-8 可以看出，2005～2015 年贵州省二氧化硫、烟尘排放量总体呈现出波动下降的趋势，分别从 2005 年的 98.0 万 t、36.38 万 t 下降到 2015 年的 59.89 万 t、28.68 万 t，下降幅度分别为 38.89% 和 21.17%，说明贵州省在经济快速发

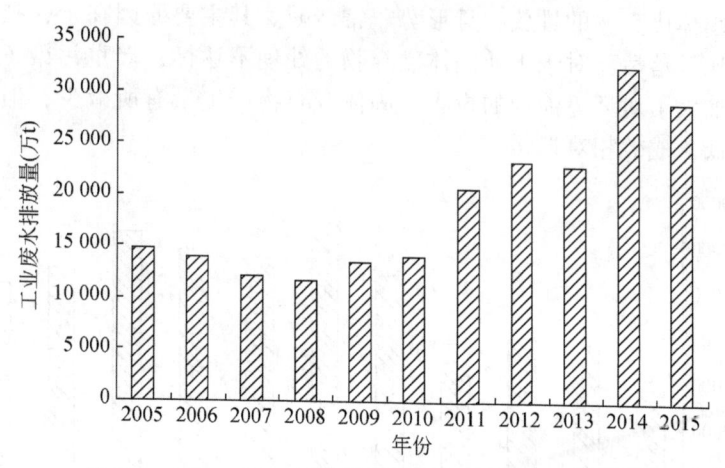

图 3-7 2005～2015 年贵州省工业废水排放量动态变化

展的同时注重对环境的保护，但同时我们也看到，二氧化硫、烟尘排放量下降的速度远远低于经济增长的速度，表明经济增长对环境造成一定的污染，生态环境保护力度有待于进一步加强。

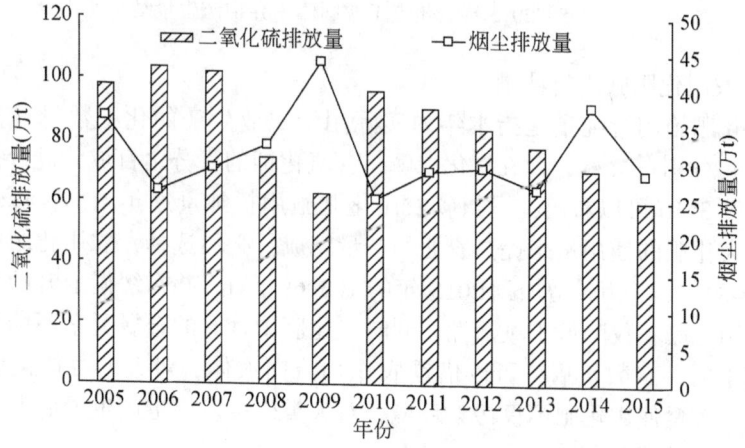

图 3-8 2005～2015 年贵州省二氧化硫、烟尘排放量动态变化

（3）工业固体废弃物产生量

随着经济的快速发展，工业固体废弃物产生量也处于较高水平。贵州省资源比较丰富，尤其是煤炭资源的不合理开发所带来的尾矿堆积在工业固体废弃物的环境污染中占了较大的比例。从图 3-9 可以看出，2005 年以来，工业固体废弃物产生量呈现出一种缓慢上升后下降的态势，且工业固体废弃物产生量在 2013 年达到 8194 万 t，排放总量规模巨大，这说明当前贵州省土壤环境污染主要来

自于工业固体废弃物的排放，且形势非常严峻。其主要原因在于，技术水平不高、设施比较落后，对于工业固体废弃物的处理不达标，严重污染了土壤。近年来政府加大了对环境治理的投入，固体废弃物产生量有所减少，但资源综合利用率较低，成效相对迟缓。

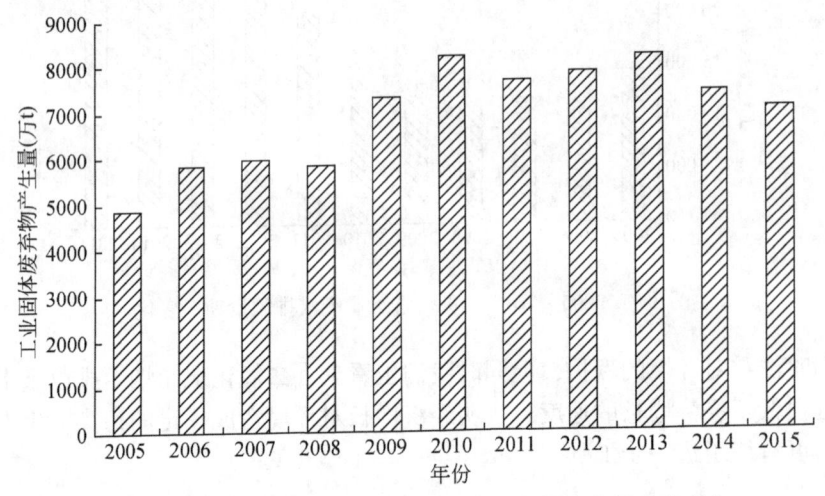

图 3-9 2005～2015 年贵州省工业固体废弃物产生量动态变化

（4）农用化肥施用折纯量

农用化肥施用折纯量是指本年内实际用于农业生产的化肥数量（氮肥、磷肥、钾肥）分别按含氮、含五氧化二磷、含氧化钾的百分之百成分进行折算后的数量。从图 3-10 可以看出，贵州省农用化肥施用折纯量逐年增加，贵州省土地贫瘠，加大化肥的使用量来提高农业的产量就成了必然选择，农用化肥的施用量从 2005 年的 77.41 万 t 增加到 2015 年的 103.69 万 t，并有缓慢上升的趋势。长期大量使用化肥不仅降低土壤活性，同时，化肥中含有的金属元素不能分解，在土地里积累到一定数量后，可以借助农作物流向人体，对人的身体健康产生危害。因此，大量使用化肥不仅污染环境，对人类生存发展也产生了危害。

（5）人口自然增长率

人口自然增长率是反映人口发展速度和制定人口计划的重要指标，用来表明人口自然增长的程度和趋势。2005～2015 年贵州省人口自然增长率动态变化情况如图 3-11 所示。

从图 3-11 可以看出，2005～2015 年贵州省人口自然增长率呈现出波动上升的趋势，由 2005 年的 7.38% 下降到 2015 年的 5.80%，下降幅度为 21.41%，表明贵州省人口自然增长的程度和趋势在逐渐变缓，对资源环境的压力也随之减缓。

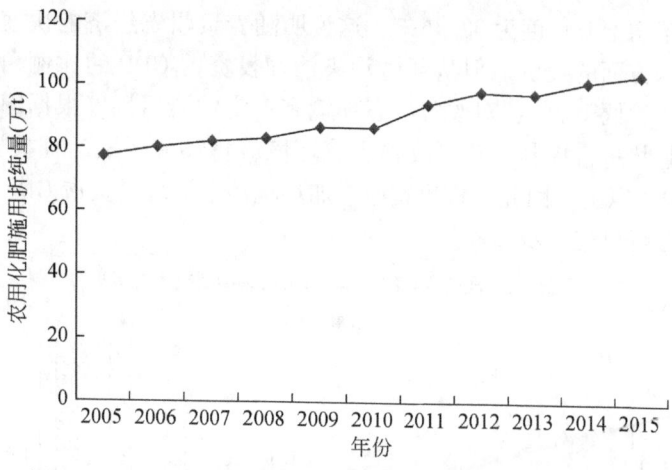

图 3-10　2005~2015 年贵州省农用化肥施用折纯量动态变化

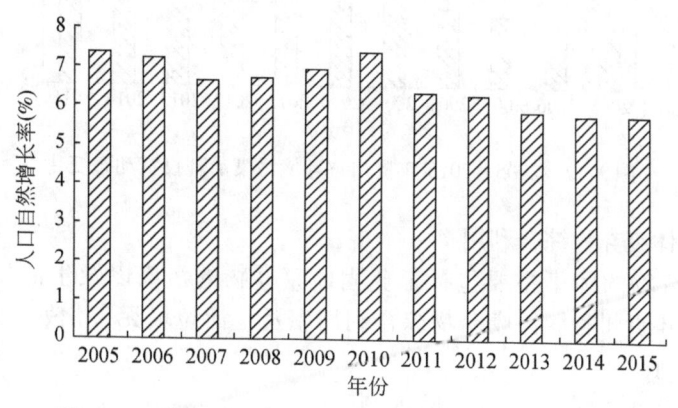

图 3-11　2005~2015 年贵州省人口自然增长率动态变化

3.2.3　生态环境保护

生态环境保护的目标是遏制生态环境破坏，减轻自然灾害的危害；促进自然资源的科学利用，实现自然生态系统良性循环；维护国家生态环境安全，确保国民经济和社会的可持续发展。根据研究特点，本研究选择环境污染治理投资、固体废弃物综合利用率、城市污水处理率等作为反映生态环境保护的指标，其动态变化分析结果如下。

(1) 环境污染治理投资

从图 3-12 可以看出，2005~2015 年贵州省环境污染治理投资总额是在不断上升的，从 2005 年的 33.26 亿元上升到 2015 年的 161.16 亿元，上升幅度为

384.55%，年均上升幅度为38.46%，这说明随着贵州省经济的快速发展，政府加大了在环保方面的投资。但从环境污染治理投资占GDP的比例角度来看，为1.4%~1.9%，低于2%，对改善生态环境有一定的滞后性。根据国际惯例只能对环境恶化趋势进行控制，若要改善生态环境应将环境污染治理投资占GDP的比例提高到2%以上。因此。贵州省应增加环境污染治理投资占GDP的比例，使生态环境改善得以进一步加强。

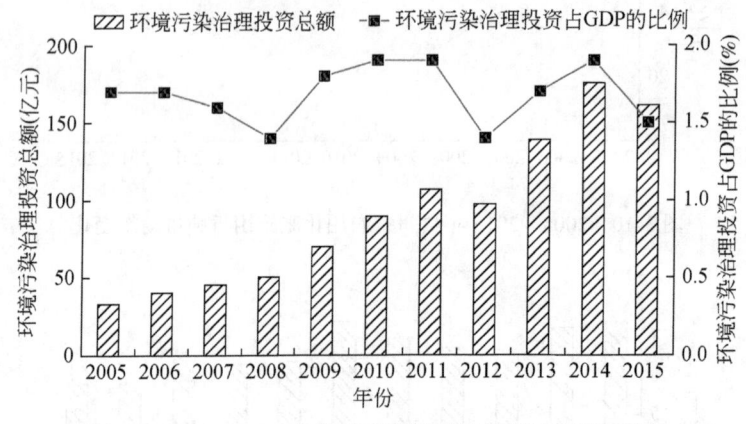

图3-12　2005~2015年贵州省环境污染治理投资动态变化

（2）固体废弃物综合利用率

固体废弃物的污染主要包括工业固体废弃物的污染以及生活垃圾的污染，2005~2015年贵州省固体废弃物综合利用率及生活垃圾无害化处理率动态变化如图3-13所示。

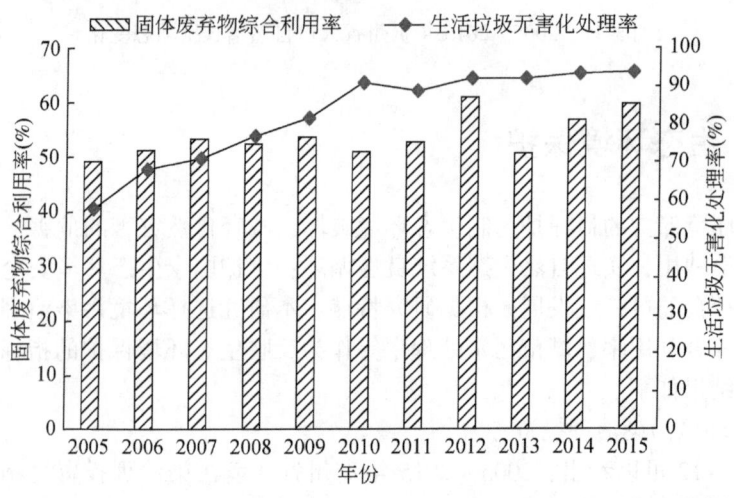

图3-13　2005~2015年贵州省固体废弃物综合利用率及生活垃圾无害化处理率动态变化

从图 3-13 可以看出，2005~2015 年贵州省固体废弃物综合利用率及生活垃圾无害化处理率总体呈现出波动上升的趋势，分别从 2005 年的 49.2% 及 57.8% 上升到 2015 年的 59.8% 及 93.8%，上升幅度分别为 21.54% 和 62.28%，说明贵州省生态环境建设取得了一定的成效，但同时我们也看到，贵州省固体废弃物综合利用率低于全国平均水平（60.3%）、生活垃圾无害化处理率高于全国平均水平（93.7%），揭示贵州省有待于进一步加强绿色低碳经济的发展，以实现经济发展与生态环境保护的协调发展。

（3）城市污水处理率

近几年贵州省随着城市污水处理设施的不断更新，城市污水处理率随之不断提高，2005~2015 年贵州省城市污水处理率动态变化如图 3-14 所示。

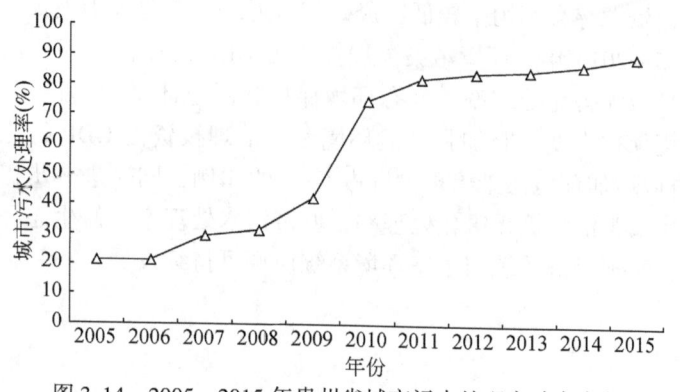

图 3-14　2005~2015 年贵州省城市污水处理率动态变化

从图 3-14 可以看出，2005~2015 年贵州省城市污水处理率呈现出不断上升的趋势，从 2005 年的 21.0% 上升到 2015 年的 90%，上升幅度为 328.57%，年均上升幅度为 32.86%，这说明贵州省在国家政策鼓励的作用下，污水处理投资和建设规模在不断加大，但城市污水处理率还有一定的提升空间。

3.3　本章小结

本章首先分析了 2005~2015 年贵州省经济发展现状，包括经济发展水平（地区生产总值、人均地区生产总值、社会消费品零售总额、全社会固定资产投资）、经济结构（三次产业占 GDP 的比例）、经济活力（全社会固定资产投资增长率、教育经费占 GDP 的比例、GDP 增长率）、人民生活水平（城镇居民人均可支配收入、农民村居人均纯收入）；其次分析了同期生态环境容量（森林覆盖率、人均公园绿地面积、人均水资源量）、生态环境压力（工业废水排放量、二氧化硫、烟尘排放量，工业固体废弃物产生量，农用化肥施用折纯量，人口自然增长率）和生态环境保护（环境污染治理投资、固体废弃物综合利用率及生活垃圾无害化处理率、城市污染处理率）。2005~2015年，贵州省经济发展水平稳步上升，经济结构更加合理，经济活力高于同期全国平均水平，城乡居民生活水平有了较大提高，总体发展态势较好，但经济快速发展的过程随着资源的不断开发利用、废弃物的排放，资源短缺和环境污染等问题日趋突显。从生态环境状况分析来看，2005~2015年，贵州省森林覆盖率、人均公园绿地面积、人均水资源量总体呈现出上升的趋势，表明生态环境容量在不断提高，但还有一定的差距，需要进一步协调环境保护与经济增长之间的关系。2005~2015年，工业"三废"排放量、人口自然增长率总体呈现出下降的趋势，表明贵州省近年来政府加大了对环境治理的投入，固体废弃物产生量有所减少，生态环境压力得到一定的缓解，但资源综合利用率较低，成效相对迟缓，需要大力发展循环经济、低碳经济。2005~2015年，环境污染治理投资占GDP的比例、固体废弃物综合利用率及生活垃圾无害化处理率、生态环境保护状况总体呈现出逐年上升的趋势，表明生态环境保护力度不断加强，但环境污染治理投资占GDP的比例提高低于2%，贵州省应增加环境污染治理投资占GDP的比例，同时进一步提升固体废弃物综合利用率及生活垃圾无害化处理率、城市污水处理率，使生态环境改善得以进一步加强，实现经济系统与生态环境系统协调可持续发展。

第 4 章　贵州省经济发展与生态环境耦合协调发展机理研究

经济发展与生态环境是两个相互影响又相互关联的系统，经济可持续发展离不开良好的生态环境，生态环境建设需要经济发展的支撑，两者之间相互制约、相互促进。目前如何保持生态环境承载力与经济发展规模是实现绿色发展迫切需要解决的问题。本章在分析贵州省经济发展与的生态环境相互作用关系的基础上，构建评价指标体系和 DPSIR 模型，从驱动力、压力、状态、影响、响应五个方面着手研究经济发展与生态环境耦合协调发展的机理。

4.1　贵州省经济发展与生态环境相互作用关系

生态环境保护和经济发展存在着对立统一的关系，表现在增长对资源环境需求的无限性与资源环境供给能力有限性之间的矛盾，但生态环境的保护离不开经济发展；经济持续发展需要解决资源环境问题。因此要求在经济发展的同时注重生态环境保护。

4.1.1　贵州省经济发展对生态环境的影响

经济发展对生态环境的影响主要表现在：一是经济发展对生态环境保护的正效应，即经济发展使我们有更多的资金、更先进的技术和宏观经济管理手段来保护生态环境、开发利用自然资源，为生态环境保护创造物质、技术、管理条件，增强生态环境系统的自我调控能力和承载力，促进生态环境保护和改善；二是经济发展对生态环境保护的负效应，即不可持续的经济发展模式将导致资源短缺、生态失衡与环境污染的不断加剧，经济在快速发展的同时，带来了一系列生态环境问题。经济发展会带来一定程度的污染，而治理环境总要占用一定的资源，又会在一定程度上影响经济发展（蔡平，2005）。贵州省经济正处于快速发展时期，工业"三废"对生态环境的污染日趋严重、农业生产污染由局部向整体蔓延。资源的开发利用和废弃物的排放超过自然环境的承载力，导致资源短缺、生态失衡与环境污染不断加剧。近年来贵州省喀斯特生态脆弱区经济社会得到快速发展，但是这种发展往往以资源大量消耗、废弃物大量排放和低效率利用为前提，造成环境污染和生态破坏，人地矛盾突出。

4.1.2 贵州省生态环境对经济发展的影响

生态环境是经济发展的基础，经济活动中产品的原材料来自于自然资源。在资源开发利用的过程中，一部分资源转化为产品；另一部分资源变成废弃物排放到环境中。优良的生态环境能使经济发展效益高、成本低，为经济持续发展提供动力支持。一旦经济活动超过了自然环境的承载力，一系列的生态环境问题将陆续产生，影响经济社会的持续发展，随后经济发展对生态环境造成进一步的影响。贵州是西南喀斯特山区"两欠"省份，生态环境十分脆弱且面临十分严峻的形势，不仅人均资源相对紧缺，而且生态环境质量下降，全省石漠化面积已占土地总面积的70%以上，并且每年仍以533 km^{2}的速率递增，已严重影响喀斯特生态脆弱区民众的生存环境和经济社会的可持续发展。

综上所述，经济发展与生态环境保护是相互影响、相互促进的辩证关系。贵州省经济快速发展的同时，积极推进生态环境建设，并取得了一定的成效，但受资金、技术等条件的限制，经济快速发展过程中带来了资源的过度开发、浪费性使用和环境污染，资源短缺和环境污染使经济发展的效益低、成本高，进一步影响经济的可持续发展。贵州省经济发展与生态环境保护没有达到优质协调发展水平。因此，贵州省在经济发展的同时，需进一步加强生态环境保护，促进生态系统良性循环，为经济发展提供良好的生态环境条件，促进经济的绿色、低碳、可持续发展的全新道路。

4.2 贵州省经济发展与生态环境的耦合发展机理研究

通过构建DPSIR模型，本研究从驱动力、压力、状态、影响、响应五个方面研究贵州省经济发展与生态环境两个系统相互影响又相互促进的运行机理。

4.2.1 指标体系构建

20世纪90年代DPSIR模型基于PSR模型由欧洲环境署（European Environment Agency，EEA）提出。PSR模型反映的是人类通过自身一系列活动，如经济和环境的相关政策对环境等带来压力而使自然状态被改变的动态过程，揭示了人类经济活动与环境和自然发生作用的动态过程,并对这个动态过程做出相关描述和评价的模型。而 DPSIR 模型在 PSR 模型的基础上加入了驱动力和影响,对于人类活动对环境的作用以及自然状态的反映在因果关系上进行了更进一步的解释。

运用 DPSIR 模型,将贵州省经济发展与生态环境耦合发展机理分为五个相互作用且密切相关的指标体系。

1)驱动力:人类相关的经济活动对土地利用以及环境造成的潜在影响,人口增长、经济发展会导致人们现有生活方式或者消费模式的变化,最终这些因素会导致生态环境的变化,引起环境污染。

2)压力:经济发展与生态环境保护过程中面临的主要压力来自生产生活对资源的消耗和废弃物排放。

3)状态:环境自然状态受人类相关活动的影响发生变化,社会经济、资源、生态环境在上述驱动力以及压力的作用下而发生变化,环境污染排放随之增多,体现在大气环境、水环境中污染物的排放等。

4)影响:系统的压力和所处的状态对生态环境以及经济社会的影响,所有人类活动会对生态环境产生影响以及压力,而生态环境在面对这一影响以及压力时也会反作用于社会经济,如大气污染、水污染、耕地面积减少等。

5)响应:在经济社会发展的驱动下,资源开发利用对环境产生了压力,这种压力导致在经济社会发展模式下,当前的经济社会、生态环境状态及对经济发展、生态环境保护的影响。人类必须在促进经济社会可持续发展的过程中采取措施给予回应,如制定积极的环境保护政策、增加环保投资、提高资源循环利用效率、增强污染物的处理能力、减少污染物的排放、保护耕地等。

经济发展与生态环境耦合发展关系有一定复杂性及系统性,选择表 4-1 的 22 个指标,利用 DPSIR 模型,从驱动力、压力、状态、影响、响应五个方面构建指标层与目标层的关系。

表 4-1 经济发展与生态环境耦合发展 DPSIR 评价指标

目标层	准则层	指标层	极性
贵州省经济发展与生态环境耦合发展机理	驱动力	人均 GDP(元)	正向
		人口自然增长率(%)	负向
		城镇居民人均可支配收入(元)	正向
		农村居民人均纯收入(元)	正向
		全社会固定资产投资(亿元)	正向
		社会消费品零售总额(亿元)	正向

续表

目标层	准则层	指标层	极性
贵州省经济发展与生态环境耦合发展机理	压力	人均公园绿地面积（m²）	正向
		农用化肥施用折纯量（万t）	负向
		GDP增长率（%）	正向
		全社会固定资产投资增长率（%）	正向
	状态	森林覆盖率（%）	正向
		第三产业占GDP的比例（%）	正向
		固定投资占GDP的比例（%）	正向
		恩格尔系数（%）	正向
	影响	人均水资源量（m³）	正向
		工业废水排放量（万t）	负向
		工业固体废弃物产生量（万t）	负向
		二氧化硫排放量（万t）	逆向
	响应	固体废弃物综合利用率（%）	正向
		生活垃圾无害化处理率（%）	正向
		环境污染治理投资占GDP的比例（%）	正向
		环保资金投入（亿元）	正向

4.2.2 指标权重确定

主观赋权法与客观赋权法是确定权重的两大主要方法，主观赋权法有专家打分、层次分析法等，主要依据专家意见和经验，客观赋权法有主成分分析法、熵权法等，主要依据数学公式进行计算，本研究采取熵权法确定相关指标权重。贵州省经济发展与生态环境耦合关系DPSIR指标权重计算见表4-2。

表4-2 贵州省经济发展与生态环境耦合关系DPSIR指标权重

目标层	准则层	指标层	极性	权重
贵州省经济发展与生态环境耦合发展机理	驱动力（0.5693）	人均GDP（元）	正向	0.1230
		人口自然增长率（%）	逆向	0.0042
		城镇居民人均可支配收入（元）	正向	0.0553
		农村居民人均纯收入（元）	正向	0.0786
		全社会固定资产投资（亿元）	正向	0.1912
		社会消费品零售总额（亿元）	正向	0.1170

续表

目标层	准则层	指标层	极性	权重
贵州省经济发展与生态环境耦合发展机理	压力 (0.0524)	人均公园绿地面积（m²）	正向	0.0122
		农用化肥施用折纯量（万t）	逆向	0.0051
		GDP增长率（%）	正向	0.0057
		全社会固定资产投资增长率（%）	正向	0.0294
	状态 (0.0800)	森林覆盖率（%）	正向	0.0464
		第三产业占GDP的比例（%）	正向	0.0019
		固定投资占GDP的比例（%）	正向	0.0289
		恩格尔系数（%）	正向	0.0028
	影响 (0.1288)	人均水资源量（m³）	正向	0.0182
		工业废水排放量（万t）	逆向	0.0867
		工业固体废弃物产生量（万t）	逆向	0.0098
		二氧化硫排放量（万t）	逆向	0.0141
	响应 (0.1695)	固体废弃物综合利用率（%）	正向	0.0663
		生活垃圾无害化处理率（%）	正向	0.0190
		环境污染治理投资占GDP的比例（%）	正向	0.0152
		环保资金投入（亿元）	正向	0.0690

1）指标的标准化处理。在多指标体系中，由于评价系数以及单位的差异，不能进行直接评价，须对所有的评价指标进行规范化（或标准化）处理，消除差异后再进行对比评价和决策。本研究采取极差变换法对原始数据进行规范化（或标准化）处理，其公式为

正向指标
$$X_{ij} = \frac{x_{ij} - \min(x_j)}{\max(x_j) - \min(x_j)} \quad (4-1)$$

负向指标
$$X_{ij} = \frac{\max(x_j) - x_{ij}}{\max(x_j) - \min(x_j)} \quad (4-2)$$

式中，X_{ij}为指标标准化值；x_{ij}为研究区第i年第j个评价指标的数值；$\min(x_j)$为研究区所有评价年份中第j个评价指标的最小值；$\max(x_j)$为研究区所有评价年份中第j个评价指标的最大值。

2）消除负值进行平移处理。一些指标数值进行标准化处理后，可能会出现数值较小或负值的情况，为了计算的统一与方便，将标准化后的数值进行平移处理，从而消除上述情况。

$$X_{ij} = H + X_{ij} \quad (4-3)$$

式中，H为指标平移的幅度，一般取1。

3) 对数据进行无量纲化。公式如下：

$$y_{ij} = \frac{x'_{ij}}{\sum_{i=1}^{n} x'_{ij}} \tag{4-4}$$

4) 计算第 j 个指标的熵值。公式如下：

$$e_j = -\frac{1}{\ln n} \sum_{i=1}^{n} y_{ij} \ln y_{ij} \tag{4-5}$$

式中，e_j 为指标熵值，为非负数；倘若 y_{ij} 对于给定的 j 值都相同，那么 $p_{ij} = y_{ij} / \sum_{i=1}^{n} y_{ij} = \frac{1}{n}$，此时 e_j 取最大值，即 $(e_j)_{max} = k \ln n = 1$，因此 e_j 的取值为 $[0,1]$。

5) 计算第 j 个指标的差异系数。公式如下：

$$g_j = 1 - e_j \tag{4-6}$$

6) 计算第 j 个指标的权重。公式如下：

$$\omega_j = \frac{g_j}{\sum_{j=1}^{p} g_j} \tag{4-7}$$

7) 计算综合评价值。利用标准化的数据与权重相乘得到综合得分，公式如下：

$$Z_j = \sum_{j}^{p} \omega_j \cdot x_{ij} \tag{4-8}$$

式中，Z_j 为综合评价值；ω_j 为第 j 个指标的权重。

4.2.3 经济发展与生态环境的耦合发展机理分析

利用 DPSIR 模型对贵州省 2005~2015 年经济发展与生态环境耦合发展指数进行测度，得到驱动力、压力、状态、影响、响应评价结果分析如下。

（1）驱动力指数

驱动力指标是促进经济发展与生态环境建设的最原始的、最关键的指标。人类经济活动对生态环境产生的潜在影响即驱动力，无论是人口的增长还是城镇化水平的提升，都会导致人类消费模式或原有生活方式的改变。2005~2015 年贵州省经济发展与生态环境耦合关系驱动力指数计算分析结果如图 4-1 所示。

从图 4-1 驱动力指数的动态变化可以看出，2005~2015 年贵州省驱动力呈现出逐年上升的趋势，由 2005 年的 0.000 上升到 2015 年的 0.1341。这表明贵州省经济社会在 2005~2015 年发展良好。

第4章 贵州省经济发展与生态环境耦合协调发展机理研究

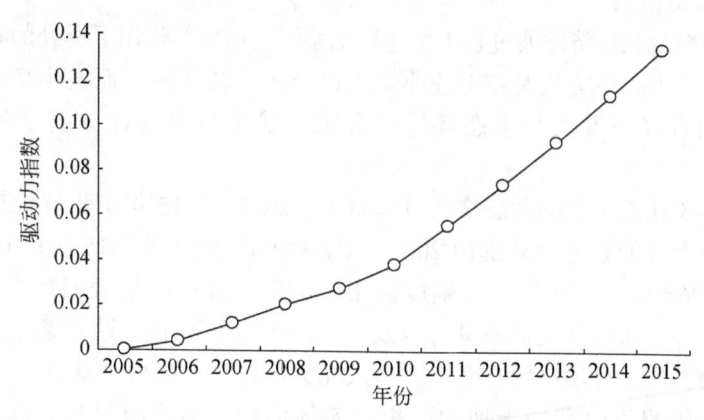

图 4-1　2005~2015 年贵州省经济发展与生态环境耦合关系驱动力指数

（2）压力指数

压力指数通过经济社会系统的驱动力作用之后直接施加于生态环境系统之上，促使生态环境系统发生变化的压力。2005~2015 年贵州省经济发展与生态环境耦合关系压力指数统计分析结果如图 4-2 所示。

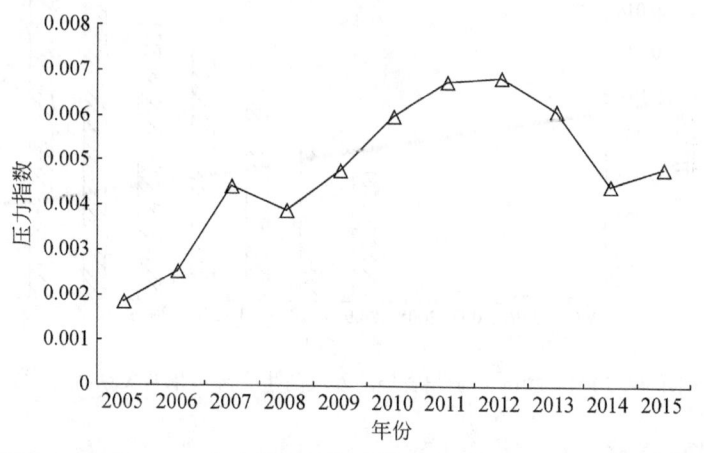

图 4-2　2005~2015 年贵州省经济发展与生态环境耦合关系压力指数

从图 4-2 压力指数的动态变化可以看出，2005~2015 年贵州区压力总体呈现出先升后降的趋势，2005~2012 年呈现出上升的趋势，分别由 2005 年的 0.0018 上升到 2012 年的 0.0068，上升幅度为 277.78%；2012~2015 年呈现出下降的趋势，下降幅度为 29.47%。这说明人类活动作用于生态环境系统而造成的系统自然状态改变的压力在 2011~2012 年最大，之后逐渐减缓。

(3) 状态指数

状态指数反映经济发展过程中生态环境系统在压力的作用下所处的状态，社会经济、资源、生态环境状况在上述驱动力以及压力的作用下而发生变化。2005~2015年贵州省经济发展与生态环境耦合关系状态指数统计分析结果如图4-3所示。

从图4-3状态指数的动态变化可以看出，2005~2015年贵州省状态指数总体呈现出快速上升的趋势，分别由2005年的0.0003上升到2015年的0.0152，上升幅度为4966.67%，年均上升幅度为496.67%。分析结果表明社会经济发展、资源、生态环境状况在上述驱动力以及压力的作用下发生了明显变化，随着经济的快速发展，生态环境系统在驱动力以及压力的作用下所处的状态越来越好。这主要是由于贵州省生态型土地的面积（园地面积、林地面积等）在不断增长，森林覆盖率从2005年的23.83%增长到2015年的50%，园地面积比例从0.88增长到了0.94，揭示贵州省在经济发展的过程中生态环境保护相关措施在不断完善，生态型土地的增加对生态环境压力有一定的缓解作用，生态环境保护取得了一定的成效。

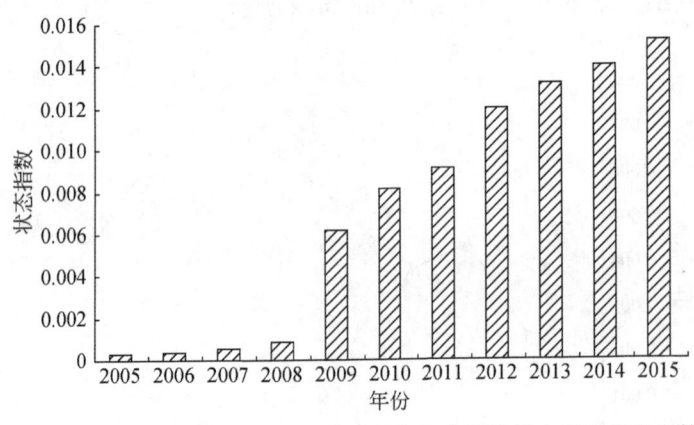

图4-3　2005~2015年贵州省经济发展与生态环境耦合关系状态指数

(4) 影响指数

影响指数反映生态环境对人类经济活动造成的相关压力反作用于社会的情况，即生态环境的状态对社会经济、公众生活、人类健康的影响。2005~2015年贵州省经济发展与生态环境耦合关系影响指数统计分析结果如图4-4所示。

从图4-4影响指数的动态变化可以看出，2005~2015年贵州省影响指数总体呈现出波动下降的趋势，分别由2005年的0.0140下降到2015年的0.0083，下降幅度为40.71%，年均下降幅度为4.07%。这主要是因为随着经济的快速发

第4章 贵州省经济发展与生态环境耦合协调发展机理研究

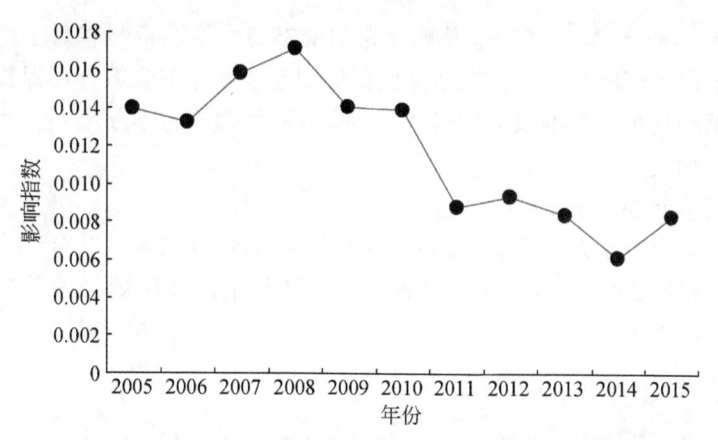

图4-4 2005~2015年贵州省经济发展与生态环境耦合关系影响指数

展,生态环境系统在驱动力以及压力的作用下所处的状态越来越好,生态环境的状态对社会经济、公众生活、人类健康的负面影响在逐渐降低。

（5）响应指数

响应指数是指人类在促进经济社会发展的过程中对生态环境保护采取的回应措施,如制定积极的环境保护政策、增加环保投资、提高资源循环利用效率、增强污染物的处理能力、减少污染物的排放等。2005~2015年贵州省经济发展与生态环境耦合关系响应指数统计分析结果如图4-5所示。

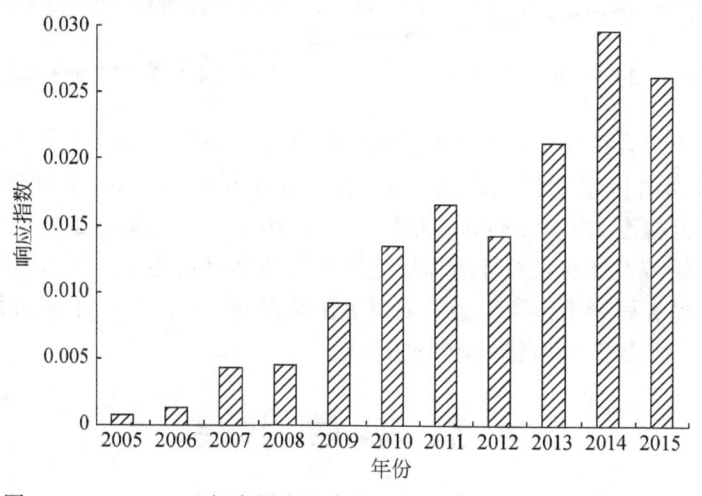

图4-5 2005~2015年贵州省经济发展与生态环境耦合关系响应指数

从图4-5响应指数的动态变化可以看出,2005~2015年贵州省响应指数总体呈现出快速上升的发展态势,分别由2005年的0.0008上升到2015年的0.0263,

上升幅度为3187.50%，年均上升幅度为318.75%。说明贵州省对于生态环境承受的压力采取了积极对应解决措施，如积极制定环境保护政策、环保投资不断增加、资源循环利用效率得以逐渐提高、污染物的处理能力不断增强，生态环境保护力度逐渐加大。

（6）综合评价指数

通过驱动力、压力、状态、影响、响应的指数计算结果，结合综合评价计算公式，计算得出2005~2015年贵州省经济发展与生态环境耦合关系综合评价指数结果，如图4-6所示。

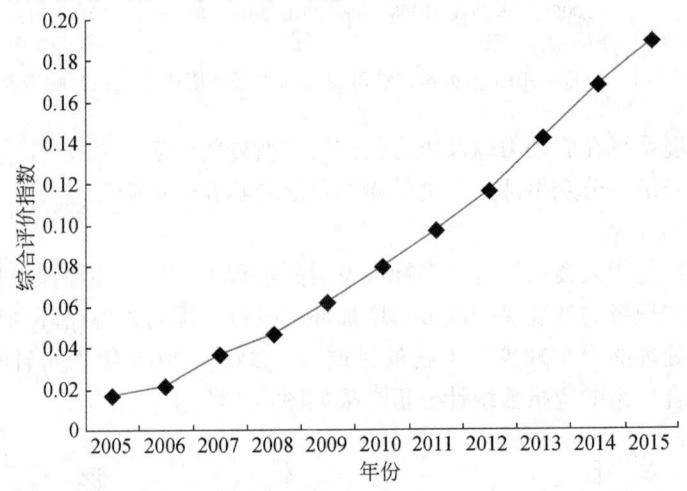

图4-6 2005~2015年贵州省经济发展与生态环境耦合关系综合评价指数

从图4-6综合评价指数的动态变化可以看出，2005~2015年贵州省综合评价指数总体呈现出持续上升的趋势，分别由2005年的0.0168上升到2015年的0.0886，上升幅度为1019.83%，年均上升了101.98%。说明随着贵州省经济的快速发展，经济发展与生态环境保护之间矛盾逐渐得到缓解，揭示贵州省在国家相关政策扶持和引导下，不仅经济取得了快速发展，有序推进了城市化进程，而且积极制定了与生态环境建设相关的措施。

4.3 本章小结

经济发展与生态环境是两个相互影响又相互关联的系统，本章运用DPSIR模型，从驱动力、压力、状态、影响、响应五个方面进行贵州省经济发展与生态环境耦合协调发展机理研究。研究结果表明，2005~2015年贵州省经济发展与生态环境耦合关系的5个指数测度中，驱动力指数、状态指数、响应指数总体均呈现出上升的趋势，上升幅度分别为 957 438.99%、4966.67% 及 3187.5%。压力指数总体呈现出先升后降的趋势，2005~2012 年呈现出上升趋势，上升幅度为 277.78%；2012~2015 年呈现出下降的趋势，下降幅度为 29.47%。说明人类活动作用于生态环境系统而造成的系统自然状态改变的压力在 2011~2012 年最大，之后逐渐减缓。人类相关的经济活动对生态环境造成了潜在影响、生态环境自然状态受人类相关活动的影响发生变化及人类在促进经济社会可持续发展的过程中采取的回应措施在不断地加大；影响指数总体呈现出波动下降的趋势，下降幅度为 40.71%，年均下降幅度为 4.07%，生态环境系统在驱动力以及压力的作用下所处的状态越来越好，生态环境的状态对社会经济、公众生活、人类健康的负面影响在逐渐降低；说明系统的压力和所处的状态对生态环境以及经济社会的影响下降，生产生活对资源的消耗和废弃物排放在逐渐减少。2005~2015 年贵州省经济发展与生态环境耦合关系总体呈现出上升的趋势，在经济社会发展的驱动下，资源开发利用对生态环境产生压力，这种压力导致在经济社会发展模式下，当前的经济社会、生态环境状态对经济发展、生态环境保护产生影响。贵州省通过制定积极的环境保护政策、增加环保投资、提高资源循环利用效率、增强污染物的处理能力、减少污染物的排放、保护耕地等措施促进经济社会发展与生态环境耦合协调可持续发展。

第 5 章 贵州省经济发展与生态环境耦合协调发展响应机制研究

经济发展的过程中需要注重生态环境保护、协调好经济发展与生态环境保护之间的关系，集经济效益、生态效益和社会效益于一体。本章综合运用耦合度与耦合协调度模型，定量分析贵州省 2005～2015 年经济发展与生态环境系统耦合度、耦合协调度的动态变化情况，从时间维度上对贵州省经济发展与生态环境系统耦合协调发展响应机制进行研究。

5.1 评价指标的构建

5.1.1 评价指标体系的构建原则

经济发展与生态环境系统包含了大量的评价指标，因此在构建和选取指标体系的过程中，结合贵州省实际，应尽可能包括整个系统的各个方面，才能客观反映该系统的现状，得到较为准确的研究结果（蒋清海，1995）。构建评价指标体系时需要遵循以下原则。

(1) 完整性原则

经济发展与生态环境系统都需要多个指标共同作用才能完整地反映其具体变化，为此，根据研究需要，在选取指标的过程中注重囊括不同层面的内容，使其能够充分展现系统内部和外部的变动情况，反映系统的完整性。

(2) 客观性原则

根据贵州省实际情况，在选取评价指标时充分考虑各指标的客观性，并注重指标数据来源的科学性、准确性和合理性，为科学客观分析贵州省经济发展与生态环境的耦合协调性提供依据。

(3) 动态性原则

在选取贵州省经济发展与生态环境的评价指标时，充分考虑各指标的动态性，从而降低时间、区域、社会生活等因素所产生的影响，以减少评价系统的误差。

(4) 可操作性原则

在构建评价指标时，以指标数据的可获取性为前提，能够实施计算和分析，并能正确反映系统的特征。为此，本研究选取的指标都对系统有一定的代表性，从而能够快速开展研究分析和评价。

5.1.2 评价指标体系的构建

本研究在参考了大量关于经济发展与生态环境耦合协调评价方面研究的基础上，对已有的研究取得的成就和有待于深入研究的方面进行了归纳总结，确定了本研究构建指标体系的思路。同时，根据指标体系构建的原则，结合贵州省的具体情况，选取了对系统内部和外部有重要影响的因子，整理构建了贵州省经济发展与生态环境耦合协调发展评价的指标体系，经济发展系统、生态环境系统分别选取11个评价指标，共22个指标，具体指标构建见表5-1。

表5-1 贵州省经济发展与生态环境耦合协调性综合评价指标体系

目标层	系统层	分类层	指标层	极性
经济发展与生态环境耦合协调发展系统	经济发展系统（X）	经济水平（X_1）	地区生产总值（x_1）	正向指标
			人均地区生产总值（x_2）	正向指标
			社会消费品零售总额（x_3）	正向指标
			全社会固定资产投资（x_4）	正向指标
		经济结构（X_2）	第三产业占GDP的比例（x_5）	正向指标
			固定资产占GDP的比例（x_6）	正向指标
		经济活力（X_3）	全社会固定资产投资增长率（x_7）	正向指标
			教育经费占GDP的比例（x_8）	正向指标
			GDP增长率（x_9）	正向指标
		人民生活水平（X_4）	城镇居民人均可支配收入（x_{10}）	正向指标
			农村居民人均纯收入（x_{11}）	正向指标
	生态环境系统（Y）	生态环境容量（Y_1）	森林覆盖率（y_1）	正向指标
			人均公园绿地面积（y_2）	正向指标
			人均水资源量（y_3）	正向指标

续表

目标层	系统层	分类层	指标层	极性
经济发展与生态环境耦合协调发展系统	生态环境系统（Y）	生态环境压力（Y_2）	工业废水排放量（y_4）	负向指标
			二氧化硫排放量（y_5）	负向指标
			工业固体废弃物产生量（y_6）	负向指标
			农用化肥施用折纯量（y_7）	负向指标
			人口自然增长率（y_8）	负向指标
		生态环境保护（Y_3）	环境污染治理投资占GDP的比例（y_9）	正向指标
			固体废弃物综合利用率（y_{10}）	正向指标
			生活垃圾无害化处理率（y_{11}）	正向指标

5.2 指标数据来源及标准化

由于数据来源较广且不同数据量纲不同，不方便比较分析和研究，故首先对数据进行标准化处理。

5.2.1 指标数据来源

本章指标基础数据主要来源于 2006~2016 年《贵州统计年鉴》和《中国统计年鉴》，2005~2015 年《贵州省国民经济和社会发展统计公报》和《贵州省环境状况公报》等。特别需要说明的是环境污染治理投资占 GDP 的比例、全社会固定资产投资增长率和教育经费占 GDP 的比例是通过对原始数据进行计算得到的。

5.2.2 评价指标标准化处理

由于在构建贵州省经济发展与生态环境系统的指标时，各指标的单位不同，不方便比较分析和研究，甚至对研究结果产生很大的影响，为了研究结论客观科学，需要对指标的原始数据进行标准化处理，将其处理成相同量纲数值（张锦高和李忠武，2004）。目前研究领域经常使用的方法包括标准化法、阈值法等。

本研究综合考虑实际情况和对结果的影响，选取标准化法对指标数据进行标准化处理。按照不同指标对其系统正向影响的不同，分为正向指标和负向指标，系统数据标准化处理公式及步骤如式（4-1）和式（4-2）。

根据指标标准化的计算公式，对贵州省经济发展与生态环境系统各指标的基础数据进行标准化处理，得到各指标的标准化值，其结果见表5-2。

表5-2　贵州省经济发展与生态环境系统各指标的标准化值

指标	2005年	2006年	2007年	2008年	2009年	2010年	2011年	2012年	2013年	2014年	2015年
x_1	0.00	0.04	0.10	0.18	0.22	0.31	0.44	0.57	0.72	0.85	1.00
x_2	0.00	0.03	0.11	0.19	0.24	0.33	0.46	0.59	0.73	0.86	1.00
x_3	0.00	0.04	0.09	0.17	0.24	0.34	0.48	0.62	0.74	0.87	1.00
x_4	0.00	0.02	0.05	0.09	0.14	0.21	0.33	0.47	0.64	0.81	1.00
x_5	0.00	0.20	0.60	0.70	0.93	0.82	1.00	0.89	0.80	0.48	0.52
x_6	0.00	0.01	0.01	0.03	0.20	0.34	0.44	0.61	0.77	0.87	1.00
x_7	0.00	0.22	0.43	0.47	0.66	0.63	1.00	0.93	0.65	0.33	0.28
x_8	0.44	0.19	0.56	0.81	1.00	0.00	0.19	0.63	0.38	0.38	0.69
x_9	0.47	0.49	0.95	0.14	0.16	0.49	1.00	0.67	0.42	0.02	0.00
x_{10}	0.00	0.06	0.15	0.22	0.29	0.36	0.51	0.64	0.79	0.88	1.00
x_{11}	0.00	0.04	0.09	0.17	0.20	0.29	0.41	0.52	0.65	0.87	1.00
y_1	0.00	0.10	0.40	0.45	0.51	0.64	0.68	0.89	0.92	0.96	1.00
y_2	0.11	0.00	0.10	0.16	0.00	0.45	0.00	0.29	0.60	0.77	1.00
y_3	0.27	0.23	0.60	0.73	0.36	0.56	0.00	0.60	0.22	1.00	0.88
y_4	0.85	0.89	0.98	1.00	0.92	0.88	0.57	0.44	0.47	0.00	0.17
y_5	0.17	0.00	0.15	0.37	0.47	0.52	0.59	0.69	0.78	0.88	1.00
y_6	1.00	0.71	0.66	0.70	0.26	0.00	0.16	0.11	0.00	0.24	0.34
y_7	1.00	0.89	0.82	0.78	0.65	0.65	0.37	0.21	0.24	0.09	0.00
y_8	0.02	0.09	0.45	0.43	0.28	0.00	0.64	0.68	0.94	1.00	1.00
y_9	0.60	0.60	0.40	0.00	0.80	1.00	1.00	0.00	0.60	1.00	0.20
y_{10}	0.00	0.17	0.35	0.26	0.00	0.15	0.30	1.00	0.11	0.66	0.91
y_{11}	0.00	0.28	0.37	0.53	0.66	0.91	0.86	0.95	0.96	0.99	1.00

5.3　指标权重的确定及计算

合理判定和计算指标权重对所研究结果的准确可信度有重要作用，目前指标权重的确定有两种方法：主观赋权法和客观赋权法，主观赋权法主要依据人为经验来确定权重，有层次分析法、德尔菲法、功效系数法等；客观赋权法主要依据待评价对象的客观现实数据，通过计算公式和步骤得出各评价指标权重，有主成分分析法、熵值法、变异系数法等。为使研究结果全面准确，本研究确定指标权重的方法采用变异系数法。变异系数法是指直接采用指标标准化后的数据和信息，通过变异系数公式的计算得到指标的权重，可以充分反映被评价指标的差距（马辉，2009）。各项指标权重计算步骤和方法如下（梁红梅等，2008；张蓉，

2015)。

1）各项指标的变异系数公式如下：

$$V_i = \frac{\sigma_i}{\bar{x}_i} \quad (i=1, 2, \cdots, n) \tag{5-1}$$

式中，V_i 为第 i 个指标的变异系数；σ_i 为标准化后第 i 个指标的标准差；$\bar{x}_i$ 为标准化后第 i 个指标的平均数。

2）各项指标的权重为

$$W_i = \frac{V_i}{\sum_{i=1}^{n} V_i} \quad (i=1, 2, \cdots, n) \tag{5-2}$$

通过对以上公式的计算，得出各指标权重值见表5-3。

表5-3 贵州经济发展系统与生态环境系统各指标权重值

系统层	指标层	权重
经济发展系统	地区生产总值	0.0981
	人均地区生产总值	0.0963
	社会消费品零售总额	0.0968
	全社会固定资产投资	0.1168
	第三产业占GDP的比例	0.0574
	固定资产占GDP的比例	0.1115
	全社会固定资产投资增长率	0.0688
	教育经费占GDP的比例	0.0719
	GDP增长率	0.0907
	城镇居民人均可支配收入	0.0888
	农村居民人均纯收入	0.1029
生态环境系统	森林覆盖率	0.0747
	人均公园绿地面积	0.1312
	人均水资源量	0.0810
	工业废水排放量	0.0691
	二氧化硫排放量	0.0811
	工业固体废弃物产生量	0.1147
	农用化肥施用折纯量	0.0876
	人口自然增长率	0.0985
	环境污染治理投资占GDP的比例	0.0873
	固体废弃物综合利用率	0.1096
	生活垃圾无害化处理率	0.0652

从表5-3可以看出，在生态环境系统中，人均公园绿地面积、工业固体废弃物产生量、人口自然增长率和固体废弃物综合利用率的权重值均大于生态环境系统的平均权重值0.0909，对生态环境有较大影响；而在经济发展系统中，地区生产总值、人均地区生产总值、社会消费品零售额、全社会固定资产投资、固定资产占GDP的比例和农村居民人均纯收入的权重值均大于经济发展系统的平均权重值0.0909，对经济发展的贡献度较大。

5.4 模型构建与计算

5.4.1 发展指数模型构建与计算分析

综合指数在全面评价经济发展与生态环境耦合协调性方面具有重要作用，可以直观科学地反映经济发展与生态环境的动态变化及存在问题。

在本研究中，构建贵州省经济发展与生态环境系统的综合评价模型，主要参考钟霞和刘毅华（2012）、廖重斌（1999）对相关城市经济与生态环境的耦合协调度研究，贵州省经济系统发展指数、生态环境系统发展指数及系统综合发展指数评价函数分别构建如下：

$$f(x) = \sum_{i=1}^{n} a_i x'_i \tag{5-3}$$

$$f(y) = \sum_{i=1}^{m} b_i y'_i \tag{5-4}$$

$$T = \alpha f(x) + \beta f(y) \tag{5-5}$$

式中，a_i、b_i 分别为第 i 个指标的权重值；x'_i、y'_i 为第 i 个指标的标准化值；$f(x)$ 为经济发展的综合评价值；$f(y)$ 为生态环境的综合评价值，其变化区间为 $[0，1]$，数值越大，表明系统层的指标水平越高；T 为贵州省经济发展与生态环境系统综合指数，反映了贵州省经济发展与生态环境系统整体效益水平；α、β 为待定系数。根据专家打分，最后得出 $\alpha = \beta = 0.5$。2005～2015年贵州省经济系统发展指数、生态环境系统发展指数及系统综合发展指数的动态变化分析结果如图5-1～图5-3所示。

从图5-1可以看出，2005～2015年贵州省经济系统发展指数呈现出逐年上升的趋势，最低值为2005年的0.07，最高值出现在2015年，为0.81，是2005年的11.57倍。说明贵州省随着工业化、城镇化的快速推进，经济发展水平在不断提高。

从图5-2可以看出，2005～2015年贵州省生态环境系统发展指数呈现出波动上升的趋势，生态环境系统发展指数2006年的值最低，为0.35，2015年的值最

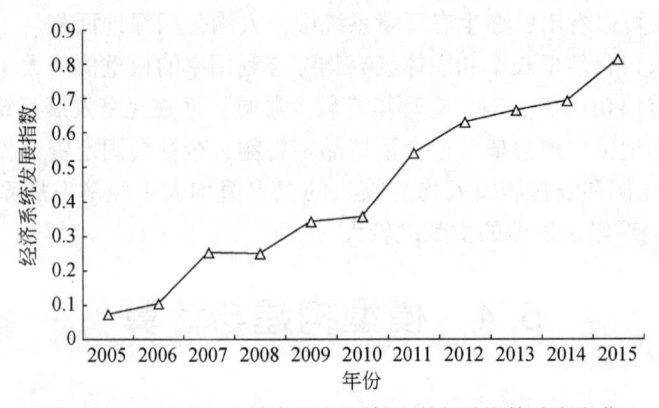

图 5-1 2005~2015年贵州省经济系统发展指数动态变化

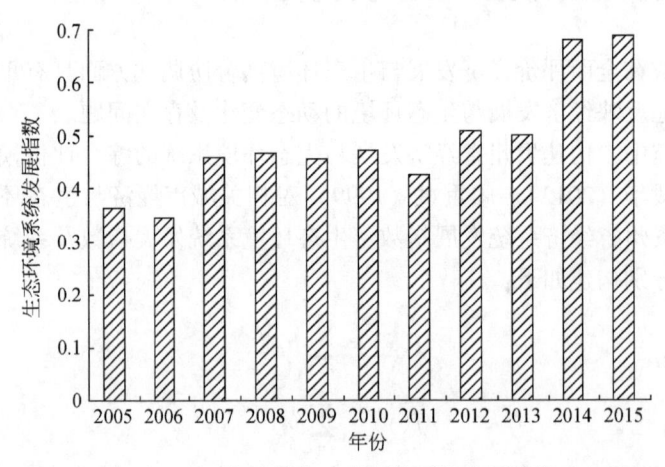

图 5-2 2005~2015年贵州省生态环境系统发展指数动态变化

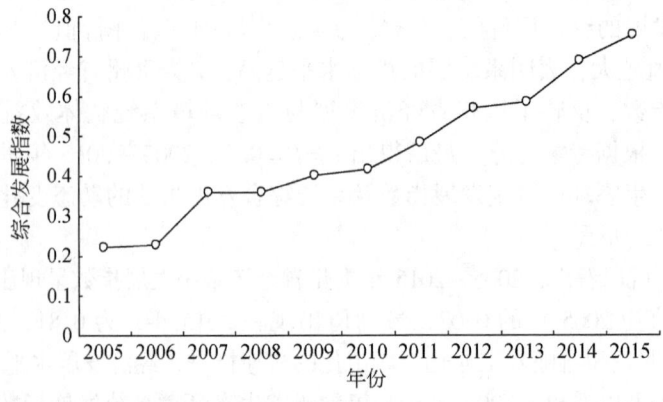

图 5-3 2005~2015年贵州省经济发展与生态环境系统综合发展指数动态变化

高,达到0.69,为2006年1.97倍。研究结果表明,"十一五"以来,政府加大了对生态环境的资金投入和治理力度,贵州省生态环境质量逐年改善,但同期贵州省经济系统发展指数为生态环境系统发展指数的1.17倍,揭示贵州省经济快速发展的同时,生态环境保护力度有待于进一步加强。

从图5-3可以得出,2005~2015年贵州省经济发展与生态环境系统综合发展指数呈现出持续上升的趋势,为0.22~0.75,由2005年的0.22上升到2015年的0.75。研究结果表明贵州省经济发展和生态环境系统综合发展能力在不断增强。这主要体现在经济的快速发展,以及环境保护力度的加强、环境治理力度的加大。

5.4.2 耦合度模型构建与计算分析

耦合度可衡量整个系统的发展状况,为此,本研究参考物理学中的耦合概念和理论,将其推广至多系统之间进行相互作用的耦合度计算模型(鲁明月,2014),即

$$C = \left\{ \frac{f(x) \times f(y)}{\left[\frac{f(x)+f(y)}{2}\right]^2} \right\}^k \tag{5-6}$$

式中,k为协调系数($k \geq 2$),根据贵州省的具体情况,取$k = 2$;耦合度$C = [0,1]$,重点反映了在经济发展与生态环境条件下,经济发展与生态环境水平的最大值,协调发展程度。C值越大,表明协调越理想,反之,则表明协调不理想(张浩,2016)。当C值由0到1逐渐变大时,表明系统的耦合度逐渐变强,达到有序结构。2005~2015年贵州省经济发展与生态环境系统耦合度的动态变化计算结果如图5-4所示。

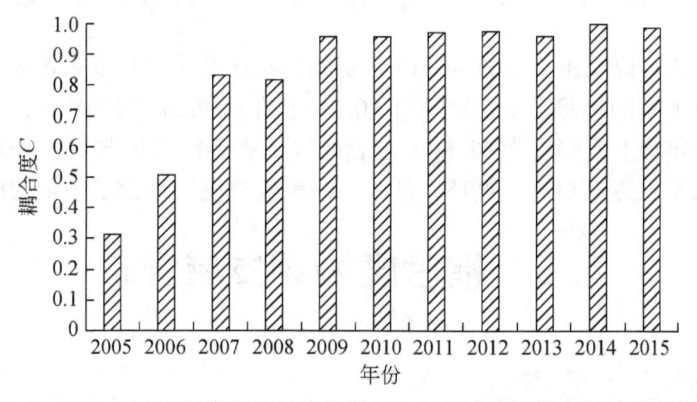

图5-4 2005~2015年贵州省经济发展与生态环境系统耦合度的动态变化

从图 5-4 可以看出，2005~2015 年贵州省经济发展与生态环境系统耦合度总体呈现出波动上升的趋势，上升幅度为 216.69%，年均上升幅度为 21.67%。表明 2005~2015 年贵州省经济发展与生态环境系统之间的耦合协调状况越来越好。

5.4.3 耦合协调度模型构建与计算分析

耦合度不能反映协调发展水平的高低，因此，引入耦合协调度模型（杨峰和孙世群，2010），以便更好地评判贵州省经济发展与生态环境交互耦合的协调程度，其公式如下：

$$D = \sqrt{C \times T} \tag{5-7}$$

式中，D 为耦合协调度；C 为耦合度系数；2005~2015 年贵州省经济发展与生态环境系统耦合协调度的动态变化计算结果如图 5-5 所示。

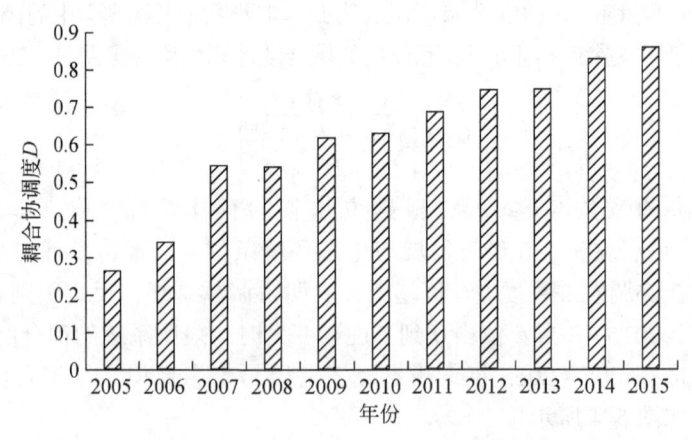

图 5-5 2005~2015 年贵州省经济发展与生态环境系统耦合协调度的动态变化

从图 5-5 可以看出，2005~2015 年贵州省经济系统和环境系统耦合协调度总体上表现出上升的趋势，从 2005 年的 0.26 上升到 2015 年的 0.86，上升幅度为 228.81%，年均上升幅度为 22.88%。表明贵州省经济发展与生态环境系统耦合协调发展水平在逐渐提高，循环、低碳、绿色经济发展取得了一定的成效。

5.5 耦合度协调发展评价

5.5.1 综合发展指数

综合发展指数显示经济发展与生态环境系统整体发展的稳定状态，为了更好地分析经济发展与生态环境系统的动态变化，本研究运用生态环境系统发展指数与经济系统发展指数的比值$f(y)/f(x)$指标来进行进一步的分析，2005~2015年其统计分析结果动态变化如图5-6所示。

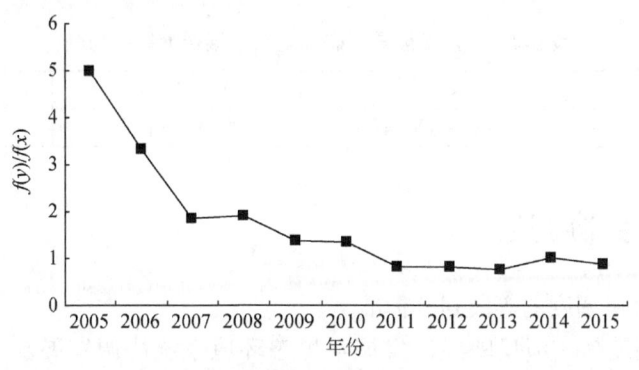

图5-6　2005~2015年贵州省生态环境系统发展指数与经济系统发展指数的比值动态变化

从图5-6可以看出，2005~2015年贵州省生态环境系统发展指数与经济系统发展指数的比值大幅度下降。具体来看，2005年两者的比值为4.96，说明贵州省的生态环境质量总体较好，但是经济发展相对滞后。2005~2010年，两者的比值从4.96下降到1.34，表明"十一五"期间贵州省经济的快速发展逐渐与生态环境质量持平。"十二五"期间，其值小于1，生态环境质量逐渐落后于经济发展。总体来看，贵州省经济在快速发展的过程中，生态环境保护取得了一定的成效，但经济发展速度高于生态环境质量提高的速度，揭示经济发展与生态环境质量有待于进一步协调。

5.5.2　耦合度

协调度是定量描述不同系统或各因素之间协调程度高低的指标。2005~2015年贵州省经济发展与生态环境系统耦合度总体呈现出波动上升的趋势，为0.31~1.0，结合表5-4经济系统与生态环境耦合度等级划分得出，贵州省经济发展与生态环境系统之间的耦合度从中度好水平耦合发展为良好水平耦合，这说明经济发展与生态环境系统之间耦合度较高，贵州省在经济发展的同时注重对生态环境的保护，森林覆盖率由2005年的34.9%增加到2015年的50.0%，同时环保投入一直在加大，这在很大程度上减少了经济发展对生态环境的污染。但贵州省经济发展与生态环境系统耦合度整体上还没有达到优质耦合水平，且不稳定。这是因为新一轮西部大开发以来，随着贵州省工业化、城镇化进程的不断推进，工业产业的大力发展带动了经济的迅速发展，GDP在迅速增长，2005~2015年GDP翻了大约 5 倍，同时也伴随着资源、能源的大量消耗和废弃物排放量的增加。因此，贵州省在经济发展的过程中需进一步加强生态环境保护，促进经济发展与生态环境系统优质耦合稳定发展。

表 5-4　经济发展与生态环境系统耦合度等级划分

耦合度	$0<C\leq 0.3$	$0.3<C\leq 0.7$	$0.7<C\leq 1$
耦合等级	较低水平耦合	中等水平耦合	良好水平耦合

5.5.3　耦合协调度

(1) 耦合协调度的等级划分标准

耦合协调度是一项反映经济发展与生态环境系统协调发展水平的综合性指标，当今学者主要运用均匀分布函数法划定分类体系及判别标准（张蓉，2015）。为了更好地评价贵州省经济发展与生态环境系统耦合协调发展水平高低，本书主要参考廖重斌（1999）的《环境与经济协调发展的定量评判及其分类体系——以珠江三角洲城市群为例》的研究，即均匀分布函数法（表 5-5），对经济发展与生态环境系统耦合协调水平进行等级划分，以更好地说明贵州省经济发展与生态环境耦合协调发展的程度。

表 5-5　经济发展与生态环境系统耦合协调度等级划分

耦合协调度 D	耦合协调度等级	耦合协调度 D	耦合协调度等级
0 ~ 0.09	极度失调衰退型	0.50 ~ 0.59	勉强协调发展型
0.10 ~ 0.19	严重失调衰退型	0.60 ~ 0.69	初级协调发展型
0.20 ~ 0.29	中度失调衰退型	0.70 ~ 0.79	中级协调发展型
0.30 ~ 0.39	轻度失调衰退型	0.80 ~ 0.89	良好协调发展型
0.40 ~ 0.49	濒临失调衰退型	0.90 ~ 1.00	优质协调发展型

(2) 贵州省经济发展与生态环境系统耦合协调度评价

2005 ~ 2015 年，贵州省经济发展与生态环境系统耦合协调度总体呈现出不断上升的趋势，为 0.27 ~ 0.9，结合表 5-5 耦合协调度等级划分得出，贵州省经济发展与生态环境系统耦合协调发展从中度、轻度失调衰退型发展为良好协调发展型，说明贵州省经济发展与生态环境系统耦合发展水平在不断提高。这是因为"十一五""十二五"提出的大力节能减排措施取得了一定的成绩，同时国家大力提倡以及政府严格执行低碳绿色发展，使经济发展对生态环境系统的影响逐渐减小，耦合协调度也在不断上升，但没有达到优质协调发展型，系统间的耦合协调度达到优质协调发展型的条件是经济系统发展指数与生态环境系统发展指数相等，因此贵州省系统或各因素之间耦合协调度等级水平不是很高，还有很大的提升空间。

5.6 本章小结

本章运用变异系数赋权法和动态耦合理论模型对贵州省 2005~2015 年经济发展与生态环境系统耦合协调性动态演变机理进行了系统的评价分析，研究主要结论如下：①根据指标体系构建的原则，结合贵州省的实际，建了贵州省经济发展与生态环境系统耦合协调发展评价指标体系，共 22 个指标。评论结果表明，贵州省经济系统发展指数、生态环境系统发展指数及系统综合发展指数均呈现出上升的趋势，分别由 2005 年的 0.07、0.37 及 0.22 上升至 2015 年的 0.81、0.69 及 0.75，经济发展系统上升幅度明显高于生态环境系统，表明贵州省经济在快速发展的过程中，生态环境保护取得了一定的成效，但经济发展速度高于生态环境质量提高的速度，揭示经济发展与生态环境质量有待于进一步协调。②2005~2015 年贵州省经济发展与生态环境系统耦合度总体呈现出波动上升的趋势，为 0.31~1.0，整体处于由中等水平耦合向良好水平耦合演进状态，整体上还没有达到优质耦合水平，且不稳定。③2005~2015 年贵州省经济发展生态环境系统耦合协调度总体呈现出不断跃升的趋势，为 0.27~0.9，整体处于从中度、轻度失调衰退型发展向良好协调发展型演变的状态，但系统耦合协调度较低，生态环境整体比较脆弱。因此，贵州省在经济发展的过程中需要进一步加强生态环境保护，进一步协调经济发展与生态环境系统两者之间的关系，提高其耦合度和耦合协调度，促进经济发展与生态环境系统优质耦合协调稳定发展，实现经济社会低碳绿色可持续发展的目标。

第 6 章 贵州省经济发展与生态环境耦合协调发展实证研究
——以毕节试验区为例

毕节试验区是 20 世纪 80 年代，时任贵州省委书记胡锦涛同志亲自提倡并创建的"开发扶贫、生态建设"试验区（张学立等，2011）。毕节试验区将发展当作一个综合性指标，围绕三大主体采取一系列政策措施，通过社会发展和生态资源建设的有效结合，通过生态假设寻求人与自然和谐相处，通过控制人口数量促进居民素质提高（Wang and Zhang，2007）。这些措施的实行是为了在追求全面协调发展的前提下实现经济的可持续发展，其中全面可持续发展是重中之重（Yuan et al.，2016）。社会的进步关键在于经济的进步，只有经济进步，才能为提高人民生活水平、消除贫困提供物质基础（许妍谢，2016）。但是需要注意的是，单纯的经济增长和发展之间并不等同，若片面的追求经济发展，以 GDP 增长为导向，不注重生态环境的保护，结果通常事与愿违，而经济快速持续增长的目的也无法实现（李苪等，2014）。这些都是毕节试验区应该记住的经验教训。类似于毕节这样生态环境相对脆弱、环境承载压力比较大的地区，在经济快速发展的过程中只有注意平衡生态环境保护、人口增长、国民素质提升之间的关系，在人与自然、人与社会、经济发展与生态环境保护协调发展的基础上，才能真正实现经济的快速稳定发展（肖欢和周晓波，2014）。本章综合运用已构建的评价指标体系、耦合度与耦合协调度模型，对毕节试验区 2005～2015 年经济发展与生态环境耦合协调发展的动态演变情况进行实证研究，从时间维度上对毕节试验区经济发展与生态环境系统耦合协调发展响应机制进行实证检验。

6.1 研究区概况

毕节试验区位于贵州省毕节市（105°36′～106°43′E，26°21′～27°46′N），境内有大量典型、复杂的喀斯特地形分布。毕节试验区是四川、云南、贵州 3 省的交通要道，它北接四川省，西邻云南省，东与本省的遵义市、贵阳市接壤，南与六盘水市、安顺市相连，辖七星关区、大方县、黔西县、金沙县、织金县、纳雍县、威宁彝族回族苗族自治县（简称威宁县）、赫章县，涵盖贵州省毕节地区全部市县。全区冬无严寒，夏无酷暑，山川秀美，资源丰富，冬暖夏凉，适合人们居住。区内人民勤劳，民风淳朴，著名的旅游景点"鸡鸣三省"就是在该区。2015年辖区面积为26 853km^2，人口为738万人，少数民族人口占总人口的28%，地区生产总值为1461.3亿元，人均地区生产总值为22 230元。

随着毕节试验区人口增长、工业化、城镇化以及经济的迅速发展，资源环境所承受的压力越来越大，人地矛盾逐渐突出、资源环境承载能力日趋减弱、环境污染日趋严重等问题，已制约和影响了毕节试验区社会经济的持续发展。因此，在经济快速发展的同时，必需综合考虑人类经济、生态环境以及社会发展之间的相互作用关系，使三者达到一个平衡且合理的发展状态。对该区域的经济发展与生态环境耦合协调性进行正确的评价是实现其可持续发展的先决条件。鉴于此，本章综合运用已构建的评价指标体系、耦合度与耦合协调度模型，对毕节试验区2005~2015年经济发展与生态环境耦合协调发展的动态演变情况进行实证研究，从时间维度上对毕节试验区经济发展与生态环境系统耦合协调发展响应机制进行实证检验。研究的开展为实现该区资源环境可持续利用和经济社会低碳绿色发展相关政策、措施的研究与实施提供依据。

6.2 研究方法与数据来源

6.2.1 研究方法

本章主要综合运用已构建的评价指标体系、耦合度与耦合协调度模型，对毕节试验区2005~2015年经济发展与生态环境耦合协调发展的动态演变情况进行实证研究，因此，对于指标权重的计算、标准化处理及耦合协调发展的方法同第5章。

6.2.2 数据来源

本章指标所用到的原始数据主要来源于2006~2009年《贵州省毕节地区统计年鉴》，2010~2016年《毕节统计年鉴》，2006~2016年《贵州统计年鉴》，2005~2009年《毕节地区国民经济和社会发展统计公报》和《毕节地区环境状况公报》，2010~2015年《毕节市国民经济和社会发展统计公报》和《毕节市环境状况公报》等。特别需要说明的是，环境污染治理投资占GDP的比例、全社会固定资产投资增长率和教育经费占GDP的比例是通过对原始数据计算得到的。

6.3 毕节试验区经济发展与生态环境质量现状

6.3.1 经济发展现状

随着新一轮西部大开发战略的实施及工业化、城镇化进程的快速推进，毕节试验区经济发展速度不断加快，水平不断提高。本研究选择地区生产总值、人均地区生产总值、第三产业占 GDP 的比例、教育经费占 GDP 的比例、城镇居民人均可支配收入及农村居民人均纯收入 6 个指标来反映研究区经济发展状况。2005～2015 年毕节试验区经济发展状况统计分析结果见表 6-1。

表 6-1　2005～2015 年毕节试验区经济发展状况

年份	地区生产总值（亿元）	人均地区生产总值（元）	第三产业占 GDP 的比例（%）	教育经费占 GDP 的比例（%）	城镇居民人均可支配收入（元）	农村居民人均纯收入（元）
2005	231.02	3 200.00	30.30	5.23	7 210.00	1 876.00
2006	270.11	3 711.00	30.80	5.89	7 295.00	2 044.00
2007	335.50	4 580.00	31.20	6.55	9 962.00	2 458.00
2008	402.98	5 761.00	32.20	7.11	11 094.00	2 756.00
2009	500.01	8 140.00	36.62	7.44	13 054.00	3 004.00
2010	600.85	10 550.00	43.52	7.53	16 132.00	4 210.00
2011	737.88	11 295.00	35.44	7.41	16 132.00	4 210.00
2012	877.96	13 598.79	37.73	6.61	19 243.00	4 926.00
2013	1 041.93	15 953.24	37.97	7.79	19 851.00	5 645.00
2014	1 266.70	19 369.00	38.77	7.16	21 232.00	6 223.00
2015	1 461.35	22 230.00	39.00	7.64	23 121.00	6 945.00

从表 6-1 可以看出，2005～2015 年毕节试验区经济发展呈现出不断上升的趋势，地区生产总值、人均地区生产总值、第三产业占 GDP 的比例、教育经费占 GDP 的比例、城镇居民人均可支配收入及农村居民人均纯收入上升幅度为 532.56%、594.88%、28.71%、46.08%、220.68% 及 270.20%，年均上升幅度为 53.26%、59.49%、2.87%、4.61%、22.07% 及 27.02%，其中地区生产总值、人均地区生产总值上升幅度最大，教育经费占 GDP 的比例上升幅度最小，

表明 GDP 的增长速度远远高于教育经费投入的增长速度。综合分析结果表明，毕节试验区经济发展水平稳步上升，经济结构更加合理，经济活力明显提升，城乡居民生活水平有了较大提高，整体发展态势良好。

6.3.2 毕节试验区生态环境质量现状

随着毕节试验区经济的快速发展，资源的大量开发利用、生态环境质量不断发生变化。本研究选择工业废水排放量、二氧化硫排放量、工业固体废弃物产生量、森林覆盖率、固体废弃物综合利用率、生活垃圾无害化处理率 6 个指标来反映研究区生态环境发展状况。2005~2015 年毕节试验区生态环境发展状况统计分析结果见表 6-2。

表 6-2　2005~2015 年毕节试验区生态环境发展状况

年份	工业废水排放量（万 t）	二氧化硫排放量（万 t）	工业固体废弃物产生量（万 t）	森林覆盖率（%）	固体废弃物综合利用率（%）	生活垃圾无害化处理率（%）
2005	773.66	19.84	455.94	33.90	34.10	26.70
2006	834.79	25.14	524.21	34.92	34.00	23.95
2007	779.38	23.74	692.48	35.92	38.00	21.20
2008	1 221.54	17.99	675.54	37.26	38.00	21.20
2009	2 012.97	16.44	993.16	38.75	39.00	20.21
2010	2 053.89	16.74	1 275.95	40.03	46.00	20.93
2011	3 915.00	22.95	1 721.00	41.50	51.00	39.87
2012	5 465.80	21.32	1 669.03	43.10	65.00	78.90
2013	6 197.50	18.44	1 790.45	44.06	64.00	87.42
2014	9 852.00	15.43	1 429.33	46.23	61.12	85.60
2015	10 918.00	14.23	1 044.9	48.00	68.00	95.10

表 6-2 统计分析结果可以看出，2005~2015 年毕节试验区的工业废水排放量、工业固体废弃物产生量、森林覆盖率、固体废弃物综合利用率、生活垃圾无害化处理率呈现出不断上升的趋势，上升幅度分别为 1311.21%、129.17%、41.59%、99.41% 及 256.18%，年均上升幅度为 131.12%、12.92%、4.16%、9.94% 及 25.62%；同期二氧化硫排放量呈现出波动下降的趋势，下降幅度为 2.83%，年均下降幅度为 0.28%。统计分析结果表明节试验区在经济快速发展过

程中大量开发利用资源，工业环境污染废弃物的排放量在不断增加，环境污染日趋严重。但随着科技水平的提高、人口控制和生态环境建设战略的实施，研究区森林覆盖率、固体废弃物综合利用率、生活垃圾无害化处理率呈现出快速上升的趋势，表明毕节试验区高度重视环境生态环境的治理、生态环境建设取得了一定的成效。

6.4 毕节试验区经济发展与生态环境耦合协调发展评价

6.4.1 评价指标体系的构建

毕节试验区经济发展与生态环境耦合协调发展实证研究的指标体系采用已构建的贵州省经济发展与生态环境耦合协调发展评价的指标体系，经济发展系统、生态环境系统分别选取11个评价指标，共22个指标，具体指标构建见表6-3。

表6-3 毕节试验区经济发展与生态环境耦合协调性综合评价指标体系

目标层	系统层	分类层	指标层	性质
经济发展与生态环境耦合协调发展系统	经济发展系统（X）	经济水平（X_1）	地区生产总值（x_1）	正向指标
			人均地区生产总值（x_2）	正向指标
			社会消费品零售总额（x_3）	正向指标
			全社会固定资产投资（x_4）	正向指标
		经济结构（X_2）	第三产业占GDP的比例（x_5）	正向指标
			固定资产占GDP的比例（x_6）	正向指标
		经济活力（X_3）	全社会固定资产投资增长率（x_7）	正向指标
			教育经费占GDP的比例（x_8）	正向指标
			GDP增长率（x_9）	正向指标
		人民生活水平（X_4）	城镇居民人均可支配收入（x_{10}）	正向指标
			农村居民民人均纯收入（x_{11}）	正向指标
	生态环境系统（Y）	生态环境容量（Y_1）	森林覆盖率（y_1）	正向指标
			人均公园绿地面积（y_2）	正向指标
			人均水资源量（y_3）	正向指标

续表

目标层	系统层	分类层	指标层	性质
经济发展与生态环境耦合协调发展系统	生态环境系统（Y）	生态环境压力（Y_2）	工业废水排放量（y_4）	负向指标
			二氧化硫排放量（y_5）	负向指标
			工业固体废弃物产生量（y_6）	负向指标
			农用化肥施用折纯量（y_7）	负向指标
			人口自然增长率（y_8）	负向指标
		生态环境保护（Y_3）	环境污染治理投资占GDP的比例（y_9）	正向指标
			固体废弃物综合利用率（y_{10}）	正向指标
			生活垃圾无害化处理率（y_{11}）	正向指标

6.4.2 评价指标标准化

本研究选取标准化法对指标数据进行标准化处理（方法同第 5 章），使数据具有相同量纲数值，便于比较分析。毕节试验区经济发展系统与生态环境系统各指标标准化值的结果见表 6-4。

表 6-4 毕节试验区经济发展系统与生态环境系统各指标标准化值

指标	2005 年	2006 年	2007 年	2008 年	2009 年	2010 年	2011 年	2012 年	2013 年	2014 年	2015 年
x_1	0.00	0.02	0.14	0.24	0.34	0.43	0.54	0.65	0.72	0.87	1.00
x_2	0.00	0.27	0.03	0.03	0.05	0.67	0.45	0.74	0.99	0.93	1.00
x_3	1.00	0.00	0.59	0.46	0.41	0.38	0.03	0.80	0.50	0.50	0.83
x_4	1.00	0.99	1.00	0.96	0.88	0.87	0.69	0.54	0.47	0.11	0.00
x_5	0.41	0.00	0.11	0.56	0.66	0.74	0.30	0.52	0.55	0.93	1.00
x_6	1.00	0.95	0.82	0.84	0.60	0.39	0.05	0.09	0.00	0.27	0.56
x_7	1.00	0.83	0.78	0.70	0.50	0.37	0.35	0.18	0.14	0.11	0.00
x_8	0.41	0.44	0.00	0.64	0.75	0.92	0.71	0.71	0.84	1.00	1.00
x_9	0.00	0.01	0.03	0.00	0.70	0.99	1.00	0.89	0.55	0.43	0.63
x_{10}	0.00	0.00	0.12	0.00	0.15	0.35	0.50	0.91	0.88	0.80	1.00
x_{11}	0.09	0.01	0.01	0.00	0.00	0.00	0.26	0.78	0.90	0.87	1.00
y_1	0.00	0.03	0.08	0.14	0.22	0.30	0.41	0.53	0.66	0.84	1.00

续表

指标	2005年	2006年	2007年	2008年	2009年	2010年	2011年	2012年	2013年	2014年	2015年
y_2	0.00	0.03	0.07	0.13	0.26	0.39	0.43	0.55	0.67	0.85	1.00
y_3	0.00	0.03	0.06	0.12	0.21	0.33	0.42	0.52	0.61	0.88	1.00
y_4	0.00	0.00	0.01	0.04	0.09	0.22	0.45	0.75	1.00	0.64	0.78
y_5	0.00	0.04	0.07	0.14	0.48	1.00	0.39	0.56	0.58	0.64	0.66
y_6	0.04	0.00	0.11	0.14	0.20	0.37	0.64	0.88	1.00	0.47	0.49
y_7	0.24	0.00	0.28	0.40	0.62	0.91	1.00	0.71	0.39	0.29	0.26
y_8	0.00	0.26	0.52	0.73	0.86	0.90	0.85	0.93	1.00	0.75	0.94
y_9	0.13	0.31	0.27	0.00	0.54	0.46	0.54	0.39	0.38	1.00	0.00
y_{10}	0.00	0.01	0.17	0.24	0.37	0.56	0.56	0.76	0.79	0.88	1.00
y_{11}	0.00	0.03	0.11	0.17	0.22	0.46	0.46	0.60	0.74	0.86	1.00

6.4.3 指标权重的确定及计算

本节确定指标权重的方法采用变异系数法（详见第5章），根据2005~2015年各指标标准值及权重计算公式，得出毕节试验区经济发展系统与生态环境系统各指标权重值见表6-5。

表6-5 毕节试验区经济发展系统与生态环境保护系统各指标权重值

系统层	评价层	权重
	地区生产总值	0.1009
	人均地区生产总值	0.0979
	社会消费品零售总额	0.1034
	全社会固定资产投资	0.1180
	第三产业占GDP的比例	0.0880
经济发展系统	固定资产占GDP的比例	0.0981
	全社会固定资产投资增长率	0.0766
	教育经费占GDP的比例	0.0518
	GDP增长率	0.0894
	城镇居民人均可支配收入	0.0829
	农村居民人均纯收入	0.0930

续表

系统层	评价层	权重
生态环境系统	森林覆盖率	0.0895
	人均公园绿地面积	0.1054
	人均水资源量	0.0740
	工业废水排放量	0.0637
	二氧化硫排放量	0.0806
	工业固体废弃物产生量	0.0874
	农用化肥施用折纯量	0.0890
	人口自然增长率	0.0513
	环境污染治理投资占GDP的比例	0.1025
	固体废弃物综合利用率	0.1129
	生活垃圾无害化处理率	0.1436

从表6-5可以看出，在生态环境系统中，人均公园绿地面积、环境污染治理投资占GDP的比例、固体废弃物综合利用率和生活垃圾无害化处理率的权重值均大于生态环境系统的平均权重值0.0909，对生态环境有较大影响；而在经济发展系统中，地区生产总值、人均地区生产总值、社会消费品零售总额、全社会固定资产投资、固定资产占GDP的比例和农村居民人均纯收入的权重值大于经济发展系统的平均权重值0.0909，对经济发展的贡献度较大。

6.4.4 模型构建与计算

6.4.4.1 发展指数模型构建与计算分析

综合发展指数在全面评价经济发展与生态环境耦合协调性方面具有重要作用，可以直观科学地反映经济发展与生态环境保护的动态变化及存在问题。

在本研究中，主要运用构建的贵州省经济系统发展指数、生态环境系统发展指数及系统综合发展指数评价函数［式（5-3）~式（5-5）］分别在毕节试验区进行实证研究。2005~2015年毕节试验区经济系统发展指数、生态环境系统发展指数及系统综合发展指数的动态变化分析结果如图6-1~图6-3所示。

从图6-1可以看出，2005~2015年毕节试验区经济系统发展指数呈现出逐年上升的趋势，上升幅度为2127.24%，年均上升幅度为212.72%，最低值为2005年的0.03，最高值出现在2015年，为0.74，是2005年的24.67倍。这说明近年

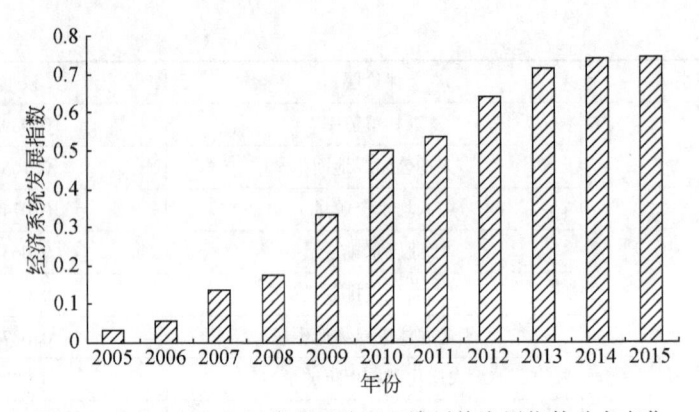

图 6-1 2005~2015 年毕节试验区经济系统发展指数动态变化

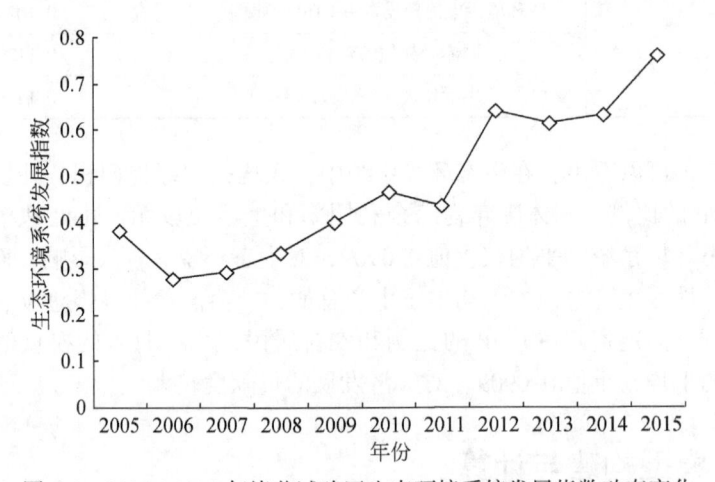

图 6-2 2005~2015 年毕节试验区生态环境系统发展指数动态变化

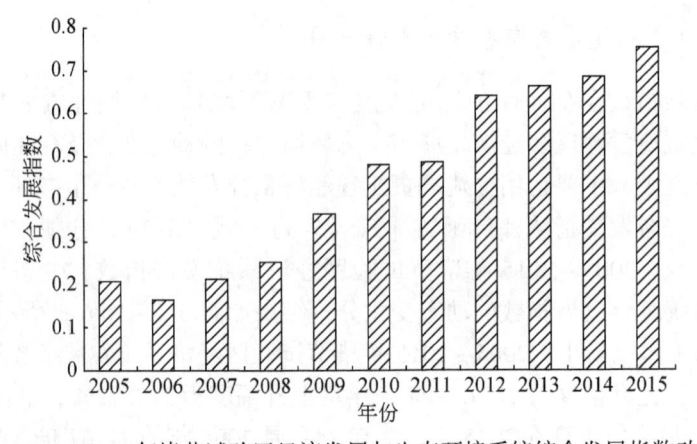

图 6-3 2005~2015 年毕节试验区经济发展与生态环境系统综合发展指数动态变化

来随着毕节试验区工业化、城镇化、农业现代化的快速推进，经济发展水平在不断提高。

从图6-2可以看出，2005~2015年毕节试验区生态环境系统发展指数呈现出波动上升的趋势，总体上升幅度为98.81%，年均上升幅度为9.88%。生态环境系统发展指数2006年的值最低，为0.28，2015年的值最高，达到0.76，为2006年2.71倍。研究结果表明毕节试验区加大了对生态环境的资金投入和治理力度，生态环境质量逐年改善，取得了一定的成效。但生态环境系统发展指数最高值仅为0.76，揭示毕节试验区在经济快速发展的同时，生态环境保护还有一定的提升空间。

从图6-3可以得出，2005~2015年毕节试验区经济发展与生态环境系统综合发展指数总体呈现出上升的趋势，为0.21~0.75，由2005年的0.21上升到2015年的0.75。研究结果表明，研究区经济发展与生态环境系统综合发展能力整体稳定状态在不断增强。这主要体现在经济的快速发展过程中生态环境建设力度的不断加强。

6.4.4.2 耦合度模型构建与计算分析

在本节中，主要运用构建的贵州省经济发展与生态环境系统耦合度模型［式(5-6)］在毕节试验区进行实证研究，2005~2015年毕节试验区经济发展与生态环境系统耦合度的动态变化分析结果如图6-4所示。

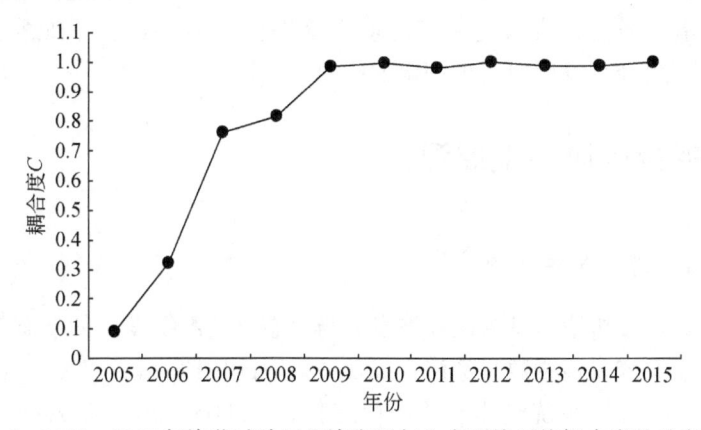

图6-4 2005~2015年毕节试验区经济发展与生态环境系统耦合度的动态变化

从图6-4可以看出，2005~2015年毕节试验区经济发展与生态环境系统耦合度呈现出上升的趋势，上升幅度为1038.51%，年均上升幅度为103.85%。这表明2005~2015年毕节试验区生态环境与经济发展的耦合协调性越来越好。

6.4.4.3 耦合协调度模型构建与计算分析

为了更好地评判毕节试验区经济发展与生态环境交互耦合协调程度发展水平的高低，本节主要运用构建的贵州省经济系统与生态环境系统耦合协调度模型［式（5-7）］在毕节试验区进行实证研究，2005~2015 年毕节试验区经济发展与生态环境系统耦合协调度的动态变化分析结果如图 6-5 所示。

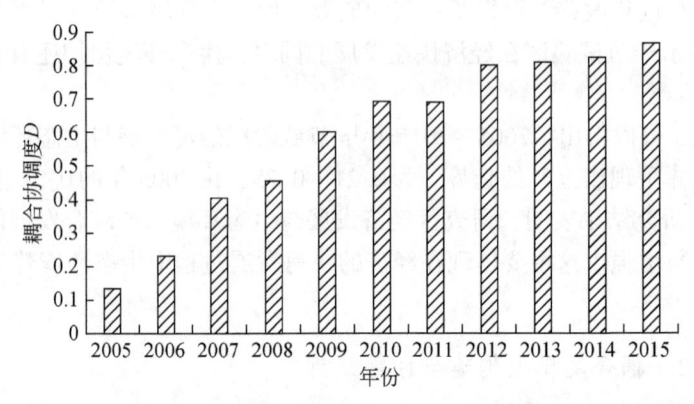

图 6-5 2005~2015 年毕节试验区经济发展与生态环境系统耦合协调度的动态变化

从图 6-5 可以看出，2005~2015 年毕节试验区经济发展与生态环境系统耦合协调度呈现出不断上升的趋势，从 2005 年的 0.13 上升到 2015 年的 0.87。这表明，毕节试验区省经济发展与生态环境系统耦合协调发展水平在逐渐提高，循环、低碳、绿色经济发展取得了一定的成效。

6.4.5 耦合度协调发展评价

6.4.5.1 综合发展指数

为了更好地分析毕节试验区经济发展与生态环境系统发展的动态变化，本节运用生态环境系统发展指数与经济系统发展指数的比值 $f(y)/f(x)$，进一步分析经济发展与生态环境系统整体发展的稳定状态，2005~2015 年其统计分析结果动态变化如图 6-6 所示。

从图 6-6 可以看出，2005~2015 年毕节试验区生态环境系统发展指数与经济系统发展指数的比值大幅度下降。从 2005 年的 11.41 下降到 2015 年的 1.02，下降幅度为 91.06%，年均下降幅度为 9.11%。说明研究区经济发展与生态环境系统整体发展的状态趋于逐渐平稳。总体来看，毕节试验区经济在快速发展的过程

第6章 贵州省经济发展与生态环境耦合协调发展实证研究——以毕节试验区为例

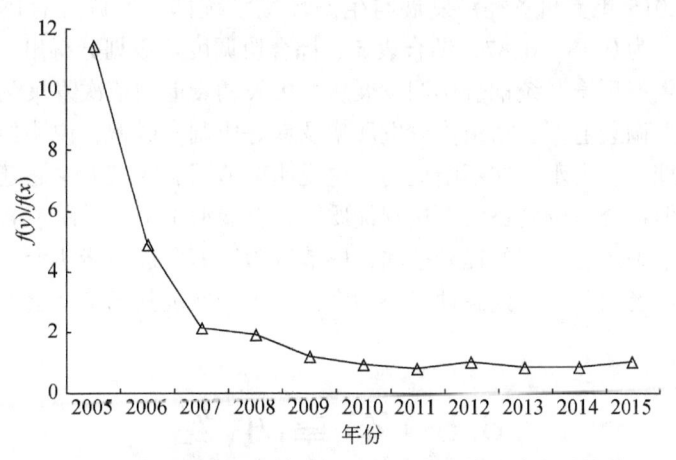

图 6-6　2005～2015 年毕节试验区生态环境系统发展指数与经济系统发展指数的比值动态变化

中，生态建设取得了一定的成效，但生态环境发展还有一定的提升空间，其与经济发展的关系有待于进一步协调。

6.4.5.2　耦合度

2005～2015 年毕节试验区经济发展与生态环境系统耦合度呈现出上升的趋势，为 0.09～1.0，结合表 5-4 经济系统与生态环境耦合度等级划分得出，毕节试验区经济发展与生态环境系统的耦合度由初期的较低水平耦合、中等水平耦合快速发展为良好水平耦合，这说明经济发展与生态环境系统耦合度较高，研究区在经济发展的同时注重对生态环境的保护，森林覆盖率由 2005 年的 33.9% 增加到 2015 年的 48.0%，同时环保投入在不断加大，这在很大程度上减少了经济发展对生态环境的污染。但毕节试验区省经济发展与环境系统之间耦合度整体上还没有达到优质耦合水平，且不稳定。因此，研究区在经济发展的过程中需进一步加强生态环境建设，促进经济发展与生态环境系统优质耦合稳定发展。

6.4.5.3　耦合度协调度

（1）耦合协调度的等级划分标准

为了更好地评价毕节试验区经济发展与生态环境系统耦合协调发展水平高低，本节主要参考第 5 章的经济发展与生态环境协调发展的定量评判及其分类体系，即均匀分布函数法（表 5-5），对经济发展与生态环境系统的耦合协调水平进行等级划分，以更好地说明毕节试验区经济发展与生态环境耦合协调发展的程度。

（2）毕节试验区经济发展与生态环境系统耦合协调度评价

2005~2015年贵州省经济发展与生态环境系统耦合协调度总体呈现出不断上升的趋势，为0.13~0.87，结合表5-5耦合协调度等级划分得出，毕节试验区经济发展与生态环境系统耦合协调发展从严重失调衰退型依次发展为中度失调衰退型、濒临失调衰退型、初级协调发展型及良好协调发展型，说明经济发展与生态环境系统耦合发展水平在不断提高。这说明毕节试验区三大主题建设取得了一定的成效，但耦合协调度还没有达到优质协调发展型水平，系统或各因素之间耦合协调等级水平还有一定的提升空间，毕节试验区需要进一步协调经济发展与生态环境系统两者的关系，提高耦合协调度，进一步促进其经济社会低碳绿色可持续发展。

6.5 本章小结

本章主要对前述的理论研究成果在毕节试验区从时间维度上进行2005~2015年经济发展与生态环境系统耦合协调性动态演变机理实证研究。根据构建的经济发展与生态环境耦合协调发展评价22个指标进行数据收集与处理，并运用构建的理论模型进行耦合协调性定量计算与分析。研究主要结论如下：①研究区经济系统发展指数、生态环境系统发展指数及系统综合发展指数均呈现出上升的趋势，分别由2005年的0.03、0.28及0.21上升至2015年的0.74、0.76及0.75，表明毕节试验区经济在快速发展的过程中，生态环境建设取得了一定的成效，但经济发展系统上升幅度明显高于生态环境系统，揭示经济发展与生态环境有待协调。②2005~2015年毕节试验区经济发展与生态环境系统耦合度呈现出上升的趋势，为0.09~1.0，整体处于由初期的较低水平耦合、中等水平耦合快速发展为良好水平耦合的演变状态，这说明经济发展与生态环境系统之间耦合度较高，但整体上还没有达到优质耦合水平，且不稳定。③2005~2015年毕节试验区经济发展与生态环境系统耦合协调度总体呈现出不断上升的趋势，为0.13~0.87，整体处于从严重失调衰退型依次发展为中度失调衰退型、濒临失调衰退型、初级协调发展型及良好协调发展型的演变状态，但系统耦合协调度不高，生态环境整体比较脆弱。因此，毕节试验区在经济发展的过程中需进一步加强生态环境建设，进一步协调经济发展与生态环境系统两者的关系，提高其耦合度和耦合协调度，促进经济发展与生态环境系统优质耦合协调稳定发展，促进经济社会低碳绿色可持续发展的目标的实现。

第7章 研究结论与对策建议

7.1 研究结论

本研究在经济发展、低碳经济、土地利用、可持续生计与生态环境协调发展相关理论的指导下，通过对典型喀斯特生态脆弱区贵州省经济发展现状及特征、生态环境建设、保护现状及特征进行深入分析；在此基础上，运用 DPSIR 模型，从驱动力、压力、状态、影响、响应五个方面进行贵州省经济发展与生态环境耦合协调发展机理研究；并构建了贵州省经济发展与生态环境系统的评价指标体系，运用变异系数法计算各指标权重，构建了系统综合发展指数、耦合度和耦合协调度模型，评价了贵州省 2005~2015 年经济发展与生态环境系统耦合协调性发展机理和响应机制。同时，科学有效地运用前期理论研究成果，在毕节试验区进行系统的实证研究与应用检验，探索贵州省经济发展与环境系统耦合协调发展的响应机制和对策措施，为推动区域经济发展与生态环境系统耦合协调发展，加快贵州省绿色脱贫，推动 2020 年建成全面小康社会重大战略目标的深入实施提供理论依据、实践指导与决策参考。研究得出的主要结论如下。

1）贵州省经济发展、生态环境建设、保护现状及特征研究结果表明，2005~2015 年贵州省经济发展水平稳步上升，经济结构更加合理，经济活力高于同期全国平均水平，城乡居民生活水平有了较大提高，总体发展态势较好，但经济快速发展的过程随着资源的不断开发利用、废弃物的排放，资源短缺和环境污染等问题日趋突显。从生态环境状况分析来看，2005~2015 年，贵州省森林覆盖率、人均公园绿地面积、人均水资源量总体呈现出上升的趋势，表明生态环境容量在不断提高，但还有一定的差距，需要进一步协调环境保护与经济增长之间的关系。2005~2015 年，工业"三废"排放量、人口自然增长率总体呈现出下降的趋势，表明贵州省近年来政府加大了对环境治理的投入，固体废弃物产生量有所减少，生态环境压力得到一定的缓解，但资源综合利用率较低，成效相对迟缓，需要大力发展循环经济、低碳经济。2005~2015 年，环境污染治理投资占 GDP 的比例、固体废弃物综合利用率及生活垃圾无害化处理率、生态环境保护状况总体呈现出逐年上升的趋势，表明生态环境保护力度进一步加强，但环境污染治理投资占 GDP 的比例提高低于 2%，贵州省应增加环境污染治理投资占 GDP 的比例，同时进一步提升固体废弃物综合利用率及生活垃圾无害化处理率，使生态环境改善得以进一步加强，实现经济系统与生态环境系统协调可持续发展。

2）经济发展与生态环境耦合协调发展机理研究结果表明，2005~2015 年贵州省经济发展与生态环境耦合关系的 5 个指数测度中，驱动力指数、状态指数、响应指数总体均呈现出上升的趋势。压力指数总体呈现出先升后降的趋势；影响指数呈现出波动下降的趋势，表明生态环境系统在驱动力以及压力的作用下所处的状态越来越好，生态环境的状态对社会经济、公众生活、人类健康的负面影响逐渐降低。2005~2015 年贵州省经济发展与生态环境耦合关系总体呈现出上升的趋势，在经济社会发展的驱动下，资源开发利用对生态环境产生压力，这种压力导致在经济社会发展模式下，经济社会、生态环境状态对经济发展、生态环境保护的影响。贵州省通过制定积极的环境保护政策、增加环保投资、提高资源循环利用效率、增强污染物的处理能力、减少污染物的排放、保护耕地等措施促进经济社会发展与生态环境耦合协调可持续发展。

3）从指标所占权重可以看出，在生态环境系统中，人均公园绿地面积、工业固体废弃物产生量、人口自然增长率、固体废弃物综合利用率的权重值均大于生态环境系统的平均权重值，对生态环境有较大影响；而在经济发展系统中，地区生产总值、人均地区生产总值、社会消费品零售额、全社会固定资产投资、固定资产占 GDP 的比例和农村居民人均纯收入的权重值大于经济发展系统的平均权重值，对经济发展的贡献度较大。

4）生态环境系统发展指数动态变化在整体上落后于经济系统发展指数。2005~2015 年生态环境系统发展指数从 0.37 变动到 0.69，而经济系统发展指数则从 0.07 变动到 0.81，变动幅度是生态环境的 2 倍，说明经济发展水平大于生态环境质量水平，这也说明了研究区环境治理的投入力度有待于进一步加强。

5）生态环境系统与经济发展系统的动态指标变化值趋于降低，其比值由 2005 年的 4.96 降到 2015 年的 0.85，说明二者的综合发展指数差距逐渐变小，但是生态环境质量的变化赶不上经济发展的速度。

6）贵州省经济发展与生态环境系统耦合协调性不断上升，耦合协调度也由低水平逐渐上升至高水平。通过分析两者耦合协调度的发展类型可以看到，2005~2006 年处于失调的状态，2007 年进入勉强协调发展阶段，之后逐渐发展为初级协调、中级协调，2014 年以后为良好协调，在此期间，生态环境的质量对经济的发展有很大的影响，生态环境的作用变得越来越重要。

7）从毕节试验区指标所占权重可以看出，在生态环境系统中，人均公园绿地面积、环境污染治理投资占 GDP 的比例、固体废弃物综合利用率和生活垃圾无害化处理率的权重值均大于生态环境系统的平均权重值 0.0909，对生态环境有较大影响；而在经济发展系统中，地区生产总值、人均地区生产总值、社会消费品零售总额、全社会固定资产投资、固定资产占 GDP 的比例和农村居民人均纯收入的权重值大于经济发展系统的平均权重值 0.0909，对经济发展的贡献度较大。

8）毕节试验区经济系统发展指数、生态环境系统发展指数及系统综合发展指数均呈现出上升的趋势，分别由 2005 年的 0.03、0.28 及 0.21 上升至 2015 年的 0.74、0.76 及 0.75，表明毕节试验区经济在快速发展的过程中，生态环境建设取得了一定的成效，但经济发展系统上升幅度明显高于生态环境系统，经济发展与生态环境有待进一步协调；2005～2015 年毕节试验区经济发展与生态环境系统耦合度呈现出上升的趋势，为 0.09～1.0，整体处于由初期的较低水平耦合、中等水平耦合快速发展为良好水平耦合的演变状态，这说明经济发展与生态环境系统之间耦合度较高，但整体上还没有达到优质耦合水平，且不稳定；2005～2015 年毕节试验区经济发展与生态环境系统耦合协调度总体呈现出不断上升的趋势，为 0.13～0.87，整体处于从严重失调衰退型依次发展为中度失调衰退型、濒临失调衰退型、初级协调发展型及良好协调发展型的演变状态，但系统耦合协调度不高，生态环境整体比较脆弱。

7.2 对策建议

贵州省人口多，资源丰富，为典型的喀斯特生态脆弱区，产业主要以劳动力和资源密集型的工业为主，产业链短、耗能高、污染大，绿色可持续发展能力低。寻求转型发展之路成为研究区实现绿色可持续发展的首要任务。鉴于喀斯特生态脆弱区经济发展与生态环境的特殊性，必须有针对性地采取合理有效的解决措施使二者协调可持续发展。

（1）大力推进供给侧改革、促进产业结构转型升级

通过改革创新科技供给方式，大力发展大数据、大健康、大生态、大旅游、高端制造、现代服务业等高新技术产业，对煤炭、钢铁、化工等"三高一低"的传统产业进行全面技术改造，着力推进产业结构的转型升级，促进传统工业加工向深加工和高精尖转变，同时关停污染严重的企业，升级现有产业结构，大力扶持战略新兴产业，如高新技术产业以及新兴旅游业，加快对矿产等相关行业的转型，使其焕发新的生机，从而为当地经济发展提供坚实的后盾和后备保障。积极开发太阳能、风能、水能、沼气等清洁新能源替代传统的煤、石油等高碳能源，加快黑色能源消费结构向绿色能源消费结构的转变，确保经济社会向"三低

一高"方向发展。

(2) 建立生态补偿激励机制，协调经济与环境关系

生态补偿指的是生产企业和建筑项目在生产、建设的过程中，给自然环境带来了严重的破坏或者巨大的污染，企业和项目负责人要拿出大量的资金对遭受严重破坏或者污染的自然环境进行补偿。生态补偿以保护和可持续利用生态系统服务为目的，以经济手段为主调节相关者利益关系的制度安排。建立生态补偿激励机制首先要明确生态补偿对象、确定生态补偿标准、实行全过程跟踪监督，同时要严格执行"谁开发谁保护，谁污染谁治理"等相关准则，在经济发展的同时减缓生态环境压力，实现经济发展与生态环境的相协调。目前建立健全生态补偿激励机制，重点落实碳排放补偿激励机制，对经济发展过程中推广绿色低碳设计，增加碳汇，降低碳源，培育低碳经济发展模式的企业或部门应给予一定的补偿激励，从制度上保障主要碳汇的数量和质量，降低碳排放并充分吸收已排放的碳，实现碳中和，促进生态环境的保护，最终达到经济发展与生态环境保护"双赢"的目的，实现喀斯特生态脆弱区绿色脱贫。

(3) 加大环保资金投入，着力保护生态环境

良好的环境质量是区域繁荣发展的基础，是经济长期有序健康发展的保证。从当前来看，贵州省的环保投入占地区生产总值的比例较低，不能从根本上解决生态环境问题，为此，加大环保投入是发展良好生态环境的前提。政府应该在公共资源配置中发挥主体作用，尤其是在环保投资建设上，通过引入社会力量，利用媒体、网络等途径，呼吁社会团体和群众，积极参与环保治理行动；同时，喀斯特生态环境脆弱，一旦破坏很难恢复，在经济快速发展的同时，须提高环境保护技术，有效控制企业"三废"排放，采取排污收费的方式，从源头解决污染问题，保护生态环境。

(4) 建立生态工业园区，促进经济绿色发展

以生态经济理论、绿色发展理论、循环经济理论为指导，对能相互利用废弃物和副产品的产业进行统一规划布局，并严格执行新形势下国家产能政策及基本环保制度，严格执行新环保法，提高环保准入门槛，建立生态工业园区。在生态工业园区坚持可持续发展理念，高举科技为先，高效利用资源并减少其使用，对废弃物和副产品进行循环综合利用，减少废弃物的排放，促进工业经济循环、低碳、绿色发展。

(5) 完善自然资源负债表编制、严守生态保护红线

完善土地资源、森林资源、水资源和矿产资源等自然资源负债表编制，对领导干部实行自然资源资产离任审计，建立生态环境损害责任终生追究、环境污染第三方治理等生态文明建设新机制，健全排污权交易、水权交易、碳排放权交易

等制度，以推进生态文明建设进程，严守生态保护红线，达到经济发展与生态环境保护"双赢"的目的。

（6）倡导绿色消费模式，推动生活方式绿色化

绿色消费是生活方式绿色化的支撑，政府应进一步制定和完善推动生活方式绿色化的政策措施，推进衣、食、住、行等领域绿色化。例如，积极研发绿色产品，制定统一的绿色认证标识并加强其标识管理，对绿色产品生产企业给予技术和政策支持；开展绿色信贷，对积极采用先进节能技术、有利于绿色消费的项目，给予专项资金补助、税收减免。进一步完善政策，以支持新能源汽车发展、支持城市发展公共交通和自行车租赁系统等；大力开展以"绿色生活、绿色消费"为主题的生态环境文化活动，培育生态环境文化。充分利用现代化手段，建立绿色生活服务和信息平台，研发面向公众的绿色生活APP，让公众随时可以关注绿色生活指数，不断推动生活方式绿色化。

（7）创新经济驱动发展，大力发展特色产业

贵州省有其特殊的地缘地域优势，可以大力发展特色农产品，利用互联网的方式确保农产品的供应和需求，引导农产品合理生产。此外，贵州少数民族聚集，各民族的风俗习惯不同，可以将其作为一项旅游资源予以开发，不仅能宣传地方特色，也能增加就业机会，带动经济发展。同时，良好的人文和自然旅游资源也给贵州省发展带来重大商机，各地可以在充分考虑旅游景区承载力的条件下，合理规划旅游，增加景区效益。

（8）大力发展生态农业，着力提高农业环境质量

化肥施用强度对生态环境质量有很大影响，贵州作为一个山地大省，开发可持续的生态农业是保证农产品安全和提高农村居民收入的基础。首先要从源头上控制化肥使用量，通过向农民发放或优惠购买有机肥等措施减少化肥的使用，从而降低化肥产生的污染；其次生产技术的提高也很关键，严格监督生产过程，确保农产品源头安全；最后以点带面的形式逐步在有条件的区域创建有机绿色食品生产基地，现代农业的开发和使用，不仅能降低土壤的伤害程度，提高周转率，也能增加农村居民的人均收入，提高生活水平。

（9）加大教育投入，提高人口素质

实现人的发展是发展的终极目标，人口素质的高低直接关系人们对待环境的态度。要使人们有强烈的环境保护意识，就需要增加财政投入，实施教育的广覆盖，让人们充分了解环境问题的现状及其污染的危害，促使人们保障资源的合理开发和利用。因此，应重视教育投入和科技扶持，培养高级技术人才，为研发提供人才保障；拓展发展空间，促进产业技术提升，优化经济结构。人口整体素质的上升伴随着整个社会环境保护意识的增强，人们将更加重视保护生态环境和节

约高效利用资源，为经济社会的可持续发展奠定坚实的基础。

7.3 本篇小结

本篇根据构建的典型喀斯特生态脆弱区贵州省经济发展与生态环境系统的评价指标体系、耦合度和耦合协调度模型，评价了贵州省 2005~2015 年经济发展与生态环境系统耦合协调性，并在毕节试验区进行实证检验研究，得出以下研究结论：生态环境系统发展指数整体上落后于经济系统发展指数，说明贵州省生态环境治理的投入力度有待进一步加强；经济发展与生态环境系统的综合动态指标变化值趋于降低，说明二者的综合发展指数差距逐渐变小，但是生态环境质量的变化逐渐赶不上经济发展的速度；贵州省经济发展与生态环境系统耦合协调性不断上升，耦合协调度也由低水平逐渐进入高水平。贵州省经济发展与生态环境系统耦合协调评价的理论研究成果在毕节试验区进行实证检验研究得出相似的结论，说明本研究的理论成果可以在喀斯特生态脆弱区进行推广应用。

本篇根据前述研究结果探讨了促进喀斯特生态脆弱区资源环境可持续利用，实现经济发展与生态环境耦合协调发展的对策建议，提出了大力推进供给侧改革、促进产业结构转型升级；建立生态补偿激励机制，协调经济与环境关系；加大环保资金投入，着力保护生态环境；建立生态工业园区，促进经济绿色发展；完善自然资源负债表编制、严守生态保护红线；倡导绿色消费模式，推动生活方式绿色化；创新经济驱动发展，大力发展特色产业；大力发展生态农业，着力提高农业环境质量及加大教育投入，提高人口素质等方面的措施。同时，喀斯特生态脆弱区可以从构建和完善绿色低碳经济发展支撑体系，调整和规范市场行为等方面入手，在宏观上为经济可持续利用提供一个良好的支撑环境。通过调整优化产业结构，节约高效利用资源，增加碳汇、减少碳源，加强经济管理，建立生态补偿激励机制，创新大数据技术等途径，提高生态经济系统固碳减排功能，推进经济低碳绿色发展，协调经济发展与生态环境之间的关系，集喀斯特生态脆弱区经济发展过程中经济效益、生态效益和社会效益于一体，促进其低碳绿色经济发展模式的快速构建和稳定发展。

第三篇

喀斯特生态脆弱区低碳经济与环境系统发展研究

第 8 章 贵州省低碳经济与环境系统耦合协调发展研究

8.1 研究背景及意义

喀斯特生态脆弱区地处我国西部，经济欠发达，且生态环境脆弱，贫困人口众多，是我国西部典型的生态脆弱地区。因此，喀斯特生态脆弱区的经济发展不仅要考虑增长速度，还要和环境相互协调，最终实现绿色低碳发展。习近平总书记 2015 年 6 月在贵州省调研时再次强调要守住发展和生态两条底线，正确处理发展和生态环境保护的关系。十九大进一步强调，必须树立和践行绿水青山就是金山银山的理念，坚持节约资源和保护环境的基本国策，像对待生命一样对待生态环境。喀斯特生态脆弱区如何协调经济发展与生态环境保护的关系，如何在经济发展的过程中既考虑增长速度，又考虑与环境相互协调这一困境，确保 2020 年贫困人口全部脱贫这一宏伟目标的实现，与全国同步建成小康社会，实现低碳绿色发展是值得全面深入研究的前瞻性问题。

低碳经济与环境系统耦合协调发展与民生福祉紧紧相连，要在现行标准下农村贫困人口实现脱贫，贫困县全部摘帽，解决区域性整体贫困的目标，加快经济和社会发展丝毫不能放松，且在生态环境约束和经济"新常态"背景下必须摒弃高投入、高消耗、高污染的传统发展方式。因此，急需根据喀斯特生态脆弱区的生态环境和资源禀赋特点，充分利用区域内优势资源，探索一条可持续发展的道路，扎实推进生态环境保护，让良好生态环境成为人民生活质量的增长点。鉴于此，本章以喀斯特生态脆弱区贵州省为研究对象，运用定性与定量相结合的方法对其低碳经济与环境系统耦合协调性进行测度与分析，诠释低碳经济与环境系统耦合协调状态的变化趋势，探索二者耦合协调发展的对策建议。本研究的开展对区域产业发展的促进、绿色脱贫的实现提供有效途径和对策措施，为各级政府及部门制定绿色低碳发展方面的政策措施提供理论和实证支撑。

8.2 研究进展

经济发展速度的加快和生态环境保护的矛盾是社会经济发展过程中突显的问

题，在新的历史时期，针对低碳经济与生态环境保护面临的困境，学者展开了广泛的研究，庄贵阳（2005，2007）对低碳经济的概念和内涵进行了研究。从2009年起，以庄贵阳为核心的中国社会科学院研究团队率先在国内开展了中国低碳城市指标体系研究。在对低碳经济进行概念界定的基础上，构建了以低碳产出、低碳消费、低碳资源和低碳政策为维度的衡量指标体系，形成了综合评价体系；低碳概念提出以后，出于对环境保护的目的，发达国家进行了一些大胆的尝试与创新，如Satterthwarte（2008）建立了低碳经济示范区，在英国有促进生活的环保与节能的贝丁顿零能耗社区。国内学者相继对低碳经济发展与生态环境保护进行了相应的研究，赵珊（2014）以天津市滨海新区为例，对其低碳经济与环境系统耦合机制进行了研究。韩中合和孙青琳（2011）、汪振双等（2015）对能源-经济-环境耦合协调度进行了研究；对低碳经济范式下环境保护评价指标体系进行了探讨。马立平等（2016）将环境作为一种要素纳入生产函数，以各省市2006~2013年的面板数据为样本建立分位数回归模型，研究了在低碳经济背景下要素禀赋对中国地区经济发展影响的差异，研究表明环境的过度投入并不有利于经济长期可持续发展。

国内外对低碳经济与生态环境保护的研究取得了丰硕的成果，对本研究提供了有益的借鉴与参考，但还存在尚待解决的问题与拓展空间，对于低碳经济与环境系统耦合协调发展机制的系统研究，还需要从以下几个方面进行拓展：系统地认识喀斯特生态脆弱区低碳经济与环境系统耦合的时代特征，从绿色发展的视角对其低碳经济与环境系统耦合协调发展的理论进行深入研究，并进行实证检验与实践应用，评价分析研究区低碳经济与环境系统耦合协调发展现状、特征、存在的问题及成因，掌握其动态演化规律，从操作应用层面探索二者耦合协调发展的对策和措施，从而更有效地推动喀斯特生态脆弱区低碳经济与环境系统耦合协调发展实践，从绿色发展的视角和思维出发使低碳经济与环境系统耦合协调发展，使实践效果得到有效和显著提升。

8.3 评价指标体系构建

8.3.1 数据来源与分析

本文分析的原始数据主要来源于2001~2016年《贵州统计年鉴》《中国统计年鉴》《中国能源统计年鉴》。数据统计与分析主要采用SPSS20.0软件进行。

8.3.2 评价指标的选取

文章借鉴相关学者的研究方法和研究思路，遵循指标体系构建的综合性与代表性、可获取性与操作性、实用性、可比性等原则，结合研究区实际，分别选取了 16 个评价指标，其中低碳经济系统 9 个指标，环境系统 7 个指标，低碳经济与环境系统耦合协调发展的评价指标体系见表 8-1。

表 8-1　低碳经济与环境系统耦合协调发展的评价指标体系

目标层	系统层	一级指标	二级指标	极性
低碳经济与环境系统耦合协调发展	低碳经济系统	经济发展	GDP（万元）	正向指标
			人均 GDP（元）	正向指标
			人均能源消耗量（万 t）	正向指标
			常住总人口（万人）	正向指标
			能源消耗总量（万 t）	正向指标
		低碳发展	碳总排放量（万 t）	负向指标
			人均碳排放量（t）	负向指标
			单位 GDP 能耗（t/万元）	负向指标
			低碳技术-碳生产率（元/t）	正向指标
	环境系统	大气环境	二氧化硫排放量（万 t）	负向指标
			烟尘排放量（万 t）	负向指标
		水环境	废水排放总量（万 t）	负向指标
			氨氮排放量（万 t）	负向指标
			化学需氧量（COD）（万 t）	负向指标
		生态环境	森林覆盖率（%）	正向指标
			林业投资（万元）	正向指标

8.3.3 指标的标准化

在多指标体系中，由于评价系数以及单位的差异，不能进行直接评价，须对所有的评价指标进行规范化（或标准化）处理，消除差异后再进行对比评价和决策。本研究采取极差变换法对原始数据进行规范化（或标准化）处理，其公式详见式（4-1）和式（4-2）。2005～2015 年贵州省低碳经济与环境系统耦合协调发展的评价指标标准化值见表 8-2。

表 8-2　2005~2015 年贵州省低碳经济与环境系统耦合协调发展的评价指标标准化值

指标	2005 年	2006 年	2007 年	2008 年	2009 年	2010 年	2011 年	2012 年	2013 年	2014 年	2015 年
GDP	0.000	0.039	0.103	0.183	0.224	0.306	0.435	0.570	0.716	0.855	1.000
人均 GDP	0.000	0.042	0.110	0.194	0.234	0.310	0.442	0.585	0.732	0.868	1.000
人均能源消耗量	0.000	0.133	0.229	0.291	0.423	0.565	0.828	1.086	0.870	0.974	1.000
常住总人口	0.000	0.102	0.222	0.320	0.422	0.608	0.701	0.722	0.792	0.866	1.000
能源消耗总量	0.000	0.116	0.210	0.278	0.399	0.553	0.778	0.982	0.836	0.940	1.000
碳总排放量	1.000	0.884	0.790	0.722	0.601	0.447	0.222	0.018	0.164	0.060	0.000
人均碳排放量	1.000	0.877	0.789	0.732	0.610	0.479	0.238	0.000	0.199	0.103	0.079
单位 GDP 能耗	0.000	0.113	0.304	0.488	0.515	0.593	0.684	0.757	0.900	0.951	1.000
低碳技术–碳生产率	0.000	0.039	0.122	0.232	0.252	0.316	0.407	0.497	0.742	0.859	1.000
二氧化硫排放量	0.175	0.000	0.147	0.374	0.473	0.517	0.589	0.693	0.782	0.881	1.000
烟尘排放量	0.104	0.844	0.608	1.000	0.380	0.640	0.649	0.613	0.834	0.000	0.524
废水排放总量	0.931	1.000	0.940	0.928	0.874	0.847	0.569	0.348	0.321	0.031	0.000
氨氮排放总量	0.957	0.944	0.948	0.948	0.974	1.000	0.000	0.047	0.064	0.077	0.146
化学需氧量（COD）	0.896	0.844	0.858	0.896	0.940	1.000	0.000	0.069	0.104	0.115	0.178
森林覆盖率	0.000	0.333	0.333	0.333	0.333	0.372	0.439	0.801	0.868	0.934	1.000
林业投资	0.003	0.000	0.109	0.122	0.251	0.384	0.501	0.437	0.718	0.965	1.000

8.3.4　指标权重的计算及确定

本研究指标权重的计算采用变异系数法，计算公式详见式（5-1）和式（5-2）。贵州省低碳经济与环境系统耦合协调发展的评价指标权重计算结果见表8-3。

表 8-3 贵州省低碳经济与环境系统耦合协调发展的评价指标权重

目标层	系统层	一级指标	二级指标	权重
低碳经济与环境耦合协调发展	低碳经济系统	经济发展	GDP（万元）	0.073
			人均 GDP（元）	0.072
			人均能源消耗量（万 t）	0.058
			常住总人口（万人）	0.054
			能源消耗总量（万 t）	0.058
		低碳发展	碳总排放量（万 t）	0.072
			人均碳排放量（t）	0.066
			单位 GDP 能耗（t/万元）	0.050
			低碳技术-碳生产率（元/t）	0.071
	环境系统	大气环境	二氧化硫排放量（万 t）	0.054
			烟尘排放量（万 t）	0.047
		水环境	废水排放总量（万 t）	0.053
			氨氮排放量（万 t）	0.073
			化学需氧量（COD）（万 t）	0.069
		生态环境	森林覆盖率（%）	0.053
			林业投资（万元）	0.077

8.4 低碳经济与环境系统耦合协调性评价

8.4.1 耦合协调模型构建与计算

（1）综合评价模型与计算

综合发展指数是整个模型的基础，本研究分析的是低碳经济和生态环境两个子系统，所以设定两个函数对综合发展指数进行计算，函数表达式为

$$f(x) = \sum_{i=1}^{n} a_i x_i, \quad g(y) = \sum_{i=1}^{n} b_i y_i \tag{8-1}$$

式中，$f(x)$、$g(y)$ 分别为低碳经济系统发展指数和环境系统发展指数；a_i、b_i 分别为两个子系统中第 i 个指标的权重；x_i、y_i 分别为两个子系统中第 i 个指标的标准化值。2005～2015 年两个子系统发展指数动态变化分析结果如图 8-1 所示。

第8章 贵州省低碳经济与环境系统耦合协调发展研究

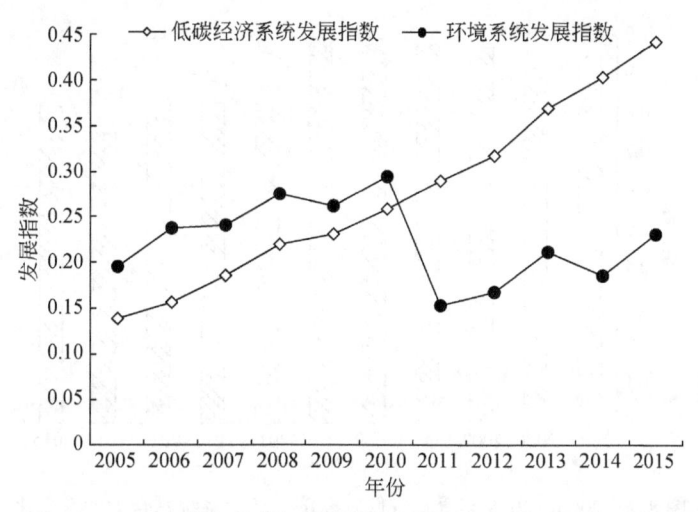

图 8-1 2005~2015年贵州省低碳经济系统发展指数和环境系统发展指数动态变化

从图 8-1 可以看出，2005~2015 年贵州省低碳经济系统发展指数呈现出逐年上升的趋势，上升幅度为 219.45%，年均上升幅度为 21.95%，说明贵州省低碳经济发展水平在不断提高。同期环境系统发展指数呈现出波动上升的趋势，总体上升幅度为 17.80%，2005~2010 年呈现出不断上升的趋势，2010~2015 年呈出现波动下降的趋势，这可能与此时期贵州省工业化和城镇化的进程推进有关。研究结果表明贵州省经济快速发展的同时，环境保护力度有待进一步加强。

（2）耦合度模型与计算分析

耦合度指两个或者两个以上的系统相互关联、相互促进、相互影响的结果，简而言之，即系统内部之间整合逐渐形成一个整体的难易程度。贵州省低碳经济与环境系统耦合度评价模型如式（8-2）：

$$C = \left\{ \frac{f(x) \times g(y)}{\left[\frac{f(x) + g(y)}{2}\right]^2} \right\}^2 \tag{8-2}$$

式中，C 为耦合度，当 C 值由 0 到 1 逐渐变大时，表明系统的耦合度逐渐变强，达到有序结构。

从图 8-2 可以看出，2005~2015 年贵州省低碳经济与环境系统耦合度呈现出波动下降的趋势，下降幅度为 13.69%，年均下降幅度为 1.37%。

（3）耦合协调度模型与计算分析

协调度是定量描述不同系统或各因素之间协调程度高低的指标；耦合协调度则是协调发展状况程度高低的定量描述指标。通过耦合度的定量分析得出不同系统之间的耦合协调度，能够清晰地反映不同系统之间彼此之间的相互作用、相互

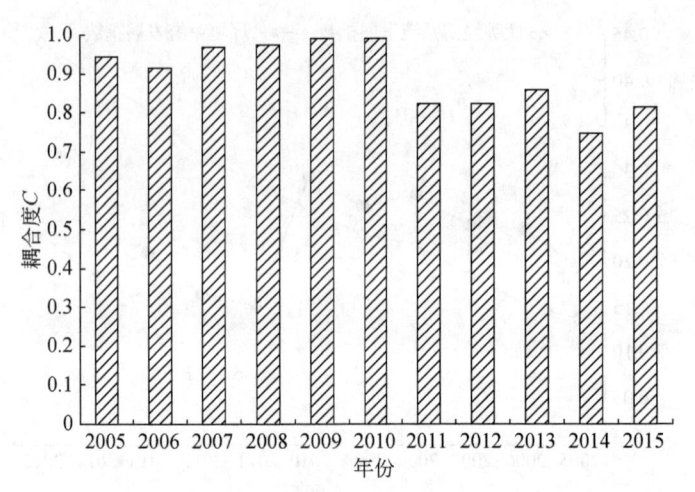

图 8-2 2005~2015 年贵州省低碳经济与环境系统耦合度动态变化

影响的协调程度，判断系统之间是否相互协调发展、和谐共处（黄瑞芬和李宁，2013）。耦合度评价模型如式（8-3）（赵珊，2014）：

$$T = \alpha f(x) + \beta g(y)$$
$$D = \sqrt{C \times T}$$
(8-3)

式中，$f(x)$、$g(y)$ 为子系统的综合得分值；C 为耦合度；T 为系统综合发展指数；D 为耦合协调度；α、β 为待定系数，根据指标体系的权重分别算出两个子系统的权重 $\alpha=0.57$、$\beta=0.43$。系统综合发展指数和耦合协调度计算结果如图 8-3 所示。

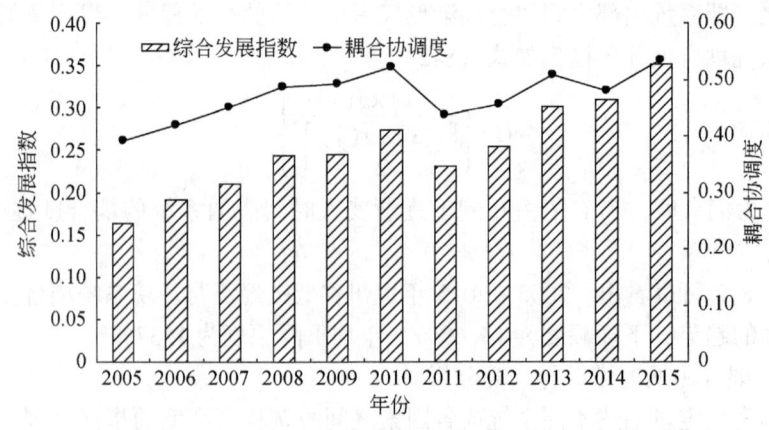

图 8-3 2005~2015 年系统综合发展指数和耦合协调度的动态变化

从图 8-3 可以看出，2005~2015 年贵州省低碳经济与环境系统综合发展指数和耦合协调度总体呈现出上升的趋势，上升幅度分别为 115.30% 和 36.32%，年均上升幅度为 11.53% 和 3.63%。表明贵州省低碳经济与环境系统耦合协调发展水平在逐渐提高，节能减排政策实施取得了一定的成效。

8.4.2 低碳经济与环境系统耦合协调发展评价与分析

（1）耦合度评价

2005~2015 年贵州省低碳经济与环境系统的耦合度呈现出波动下降的趋势，但下降幅度很小，为 0.75~1.0，结合表 8-4 耦合度等级划分（涂舒云，2016），得出两个子系统之间的耦合度处于优质水平耦合至良好水平耦合演化阶段，耦合度较高，但近年来还没有达到优质耦合水平。随着贵州省工业化、城镇化进程不断推进，工业产业大力发展带动了经济的迅速发展，GDP 在迅速增长，2005~2015 年 GDP 翻了大约 5 倍，同时也伴随着人均能源消耗总量及碳排放量的增加。但是，贵州省在经济发展的同时注重环境保护，森林覆盖率由 2005 年的 34.9% 增加到 2015 年的 50.0%，碳汇在不断地增加，同时环保投入一直在加大，这在很大程度上减少了经济发展对环境的污染。

表 8-4 低碳经济与环境系统耦合度等级划分

耦合等级	重度失调	中度失调	轻度失调	勉强协调	初级协调	中级协调	良好协调	优质协调
耦合度 C	0.0~0.1	0.1~0.3	0.31~0.4	0.41~0.5	0.51~0.6	0.61~0.7	0.71~0.9	0.91~1.0

（2）综合发展指数评价

2005~2015 年贵州省低碳经济与环境系统的综合发展指数呈现出持续上升的趋势，为 0.16~0.35，表明贵州省综合发展能力在不断的增强。这主要体现在经济快速发展，以及环境保护力度加强、环境治理力度加大。在经济发展方面，2005~2015 年贵州省 GDP 迅速增长，在权重分析中，经济系统的权重为 0.57，环境系统的权重为 0.43，GDP、人均 GDP 权重分别为 0.073、0.072，占比较大。在环境治理方面，森林覆盖率不断上升，环保治理方面的投入在逐年增加，且增加幅度较大。这就有效保障了两者之间的综合发展效益提升。

（3）耦合协调度评价

为了更好地评价贵州省低碳经济与环境系统耦合协调发展水平高低，本研究参考涂舒云（2016）耦合协调度评价标准（表 8-5）。对两个子系统的耦合协调水平进行等级划分。2005~2015 年贵州省低碳经济与环境系统耦合协调度总体呈现出不断上升的趋势，为 0.4~0.6，结合表 8-5 耦合协调度等级划分得出，贵州省低碳经济与环境系统耦合协调发展属濒临失调衰退类型和勉强协调发展类型。这是因为2005~2015年，随着贵州省经济的快速发展，能源消耗总量和碳排放总量也在不断增加，同时二氧化硫、烟尘的大量排放，对大气环境造成了一定程度的污染，这期间经济发展与生态环境系统之间处于一个濒临失调衰退类型和勉强协调发展类型的阶段。2010~2015年，二氧化硫、烟尘的排放量在逐渐下降，这主要是因为政府严格执行低碳绿色发展，节能减排取得了一定成效。但系统或各因素之间耦合协调等级水平不高，还有很大的提升空间。因此，喀斯特生态脆弱区需要进一步协调低碳经济与环境系统二者之间的关系，提高耦合协调度，促进其经济社会低碳绿色可持续发展。

表8-5 系统或各因素之间耦合协调度等级划分

状态	协调程度	协调度	耦合协调度类型
协调	高度协调	0.9~1.0	优质协调发展类型
		0.8~0.9	良好协调发展类型
		0.7~0.8	中级协调发展类型
	基本协调	0.6~0.7	初级协调发展类型
		0.5~0.6	勉强协调发展类型
失调	濒临协调	0.4~0.5	濒临失调衰退类型
		0.3~0.4	轻度失调衰退类型
	失调衰退	0.2~0.3	中度失调衰退类型
		0.1~0.2	严重失调衰退类型
		0.0~0.1	极度失调衰退类型

8.5 研究结论与对策建议

8.5.1 主要结论

本研究通过构建具有喀斯特生态脆弱区特点的评价指标体系，运用耦合度和耦合协调度模型对贵州省低碳经济与环境系统耦合协调度发展水平进行定量评价和分析，主要结论如下：

1）根据研究区特点及数据的可获得性，构建了具有喀斯特生态脆弱区特点的低碳经济与环境系统耦合协调发展的评价指标体系，共16个评价指标，其中低碳经济系统包括经济发展和低碳发展共9个指标，环境系统包括大气环境、水环境、生态环境共7个指标。

2) 2005~2015年低碳经济系统发展指数、环境系统发展指数及系统综合发展指数均呈现出上升的趋势，分别上升了219.45%、17.80%和115.30%，表明贵州省低碳经济系统发展能力、环境系统发展能力及综合发展能力在不断的增强，但环境系统发展指数的增长幅度低于低碳经济系统发展指数，说明贵州省在经济发展的同时环境保护力度有待于进一步加强。

3) 2005~2015年贵州省低碳经济与环境系统耦合度呈现出波动下降的趋势，但下降幅度很小，为0.75~1.0，分析得出两个子系统之间的耦合度处于优质水平耦合至良好水平耦合演化阶段，耦合度较高，但近年来还没有达到优质耦合水平，揭示研究区低碳经济系统和环境系统内部之间整合逐渐形成一个整体的难易程度有待于进一步提高。

4) 2005~2015年贵州省低碳经济与环境系统的耦合协调度总体呈现出不断上升的趋势，为0.4~0.6，属濒临失调衰退类型和勉强协调发展类型，说明贵州省经济在发展的过程中，节能减排取得了一定的成效，但还应进一步节约高效利用资源、减少碳排放、增加碳汇、降低对环境的污染，加强生态建设，提高生态环境承载力，进一步提高贵州省低碳经济与环境系统耦合协调发展水平。

8.5.2 对策建议

喀斯特生态脆弱区低碳经济与生态环境系统耦合关系具体表现为：经济发展过程中消费了大量资源，使生态环境的承载压力增加，资源的消费及生态环境的破坏反过来也会制约经济的发展，经济的长久发展需要经济发展与生态环境系统处于一个良性协调系统中，在此过程中，需要设计出了一个低碳经济发展可持续发展路径，通过技术水平的提高和创新措施，调整优化产业结构、节约高效利用资源、增加碳汇，减少碳源（魏媛等，2016；Koji et al.，2007），实现经济增长的同时降低二氧化碳的排放，协调喀斯特生态脆弱区低碳经济发展与生态环境系统的关系（王艳慧和李静怡，2015；Song，2016）。

(1) 调整优化产业结构、减少资源的利用

在发展过程中，2005和2015年贵州省三次产业结构的比值为1:2.2:2.1和1:2.5:2.9，第一、第二产业所占比例降低，第三产业所占比例上升，但第二、第三产业所占比例基本上在40%左右，第二产业的发展主要依赖能源的发展，对环境造成严重的污染。对比之下，第三产业的发展对环境的污染程度相对小得多。目前，贵州省第三产业所占比例也在逐渐加大，但增加幅度较小，可以考虑转移发展目标，转移发展重心到第三产业上，实现产业结构的优化调整，以

减少资源的使用。

(2) 提高能源利用率，大力发展低碳绿色经济

随着可持续经济的不断发展，绿色 GDP 备受人们的重视，节约高效利用资源、保护生态环境，不断地减少资源消耗成本和环境损失成本，为长远的低碳绿色经济发展打下坚实基础。贵州省拥有丰富的生态资源，具有发展绿色能源的优势，但由于受科技水平及资金的限制，现阶段的发展主要还是依赖传统的作业方式，资源的开发利用是浪费性的和破坏性的。因此，贵州省应该加大科研方面的投入，通过科技的创新，研发新能源并提高能源的利用率。贵州省可以通过技术的提高大力发展氢能，这是一种可再生能源，可由水制得的同时，热值比化学能源更高，产出物对环境的污染很小，也可以大力发展生物质能，可以有效地利用当地工业有机物、动物粪便等，达到改善生态环境的同时还能提供循环使用的能源。同时还可以大力发展绿色产业，减少投资、提高产出率，保护生态环境。

(3) 建立健全环保法规，保护生态环境

我国现阶段的《中华人民共和国环境保护法》是在 2014 年 4 月 24 日修订的，自 2015 年 1 月 1 日实施，保护优先的理念在新环境保护法中重点体现，但根据区域发展的差异化，区域现有环保法规还不够完善。因此，在经济发展的过程中，贵州省还应继续建立健全的环保法规，结合区域的发展现状和环境现状制定详细的控制标准，制定严格的污染物排放标准和惩罚制度，从源头上降低污染物的排放，保护生态环境。

(4) 增加环保投入，建设生态文明城市

贵州省人口众多，生产生活垃圾量相对较大，且贵州省餐饮业使用一次性餐具的比例较大，同时在很多地方仍使用传统能源，应该加强环保宣传，减少一次性产品的使用，同时大力普及清洁能源的使用，呼吁民众参与环保行动，提高民众参与度，降低生产生活垃圾的排放。贵州省环保方面的投入一直在加大，但是长远的经济发展，还是应该继续加大在环保方面的投入，科研技术的创新以及专业人才的培养，可以让今后的环保治理更加专业化、效率化。

(5) 减少碳源、增加碳汇

贵州省应大力研发清洁新能源并节约高效利用，减少高碳能源煤炭、石油的开发利用，培育低碳土地利用模式，减少碳源，降低碳排放；大力加强植树造林和城市绿化，提高森林覆盖率和绿化率，提高植被碳承载力，增加碳汇，促进碳平衡。

8.6 本章小结

低碳经济与环境系统之间存在复杂的相互胁迫约束机制，两者在理论上存在耦合逻辑关系。为诠释喀斯特生态脆弱区低碳经济与环境系统耦合协调状态变化趋势，协调二者之间的关系，促进其实现绿色脱贫。本研究以低碳经济与环境系统的协调性为切入点，综合运用极差变换、变异系数、耦合度和耦合协调度模型等方法，对低碳经济与环境系统的耦合度、耦合协调度进行测度和分析。研究结果表明，贵州省 2005~2015 年低碳经济与环境系统耦合度呈现出波动下降的变化趋势，但下降幅度很小，为 0.75~1.0，分析得出两个子系统之间的耦合度处于优质水平耦合至良好水平耦合演化阶段，耦合度较高，但近年来还没有达到优质耦合水平。综合发展指数、耦合协调度总体呈现出明显上升的趋势，上升幅度分别为 115.30% 和 36.32%，为 0.4~0.6，属濒临失调衰退类型向勉强协调发展过渡的类型。综合分析表明，贵州省低碳经济与环境系统耦合协调度趋于好转，两大系统的区域协同效应呈增强趋势，揭示贵州省低碳经济与环境系统协调发展取得了一定的成效，但还有很大的提升空间。根据研究结果，本研究提出了促进贵州省低碳经济与环境系统协调发展的对策建议，以期为实现喀斯特生态脆弱区绿色低碳发展、绿色脱贫提供参考。

第 9 章 贵州省土地利用变化及其碳排放现状

随着贵州省工业化、城镇化的快速推进，土地利用在数量、结构、效益等方面均发生了明显的变化，从而引起了碳排放的变化，因此，对土地利用变化及其碳排放现状进行系统分析，为土地低碳集约利用的评价分析奠定一定的基础。

9.1 研究区自然地理和社会经济状况

本章将对贵州省的自然地理状况、社会经济状况两大方面简要的描述，同时侧重于对社会经济状况的描绘，因为本研究基于低碳经济的视角下对贵州省土地集约利用状况的研究，所以需要对贵州省的社会经济状况有较为深入的了解。

9.1.1 自然地理状况

贵州省位于中国西南部，北连四川省和重庆市，南连广西壮族自治区，西邻云南省，东靠湖南省，南北相距509km，东西相距595km。贵州省辖区面积为17.6167万 km^2，地势呈西高东低，平均海拔在1100m 左右。土地资源以山地、丘陵为主，山地面积为108 740km^2，占贵州省辖区面积的61.73%，丘陵面积为54 197km^2，占贵州省辖区面积的30.76%，平坝地仅占贵州省辖区面积的7.51%，耕地资源十分稀缺。

9.1.2 社会经济状况

截至2016年底，贵州省常住人口为3555万人，占全国总人口数的2.57%，其中城市人口数为1569.53万人，占贵州省总人口数的44.15%，图9-1反映了2005~2016年贵州省常住人口变化情况，人口变化趋势明显，2005~2011年贵州省常住人口数不断下降，但从2010年开始下降的速度明显降低，到2012年贵州省常住人口数呈现出缓慢增长的趋势，且这种增长的趋势直到2016年仍然不变。

第 9 章 贵州省土地利用变化及其碳排放现状

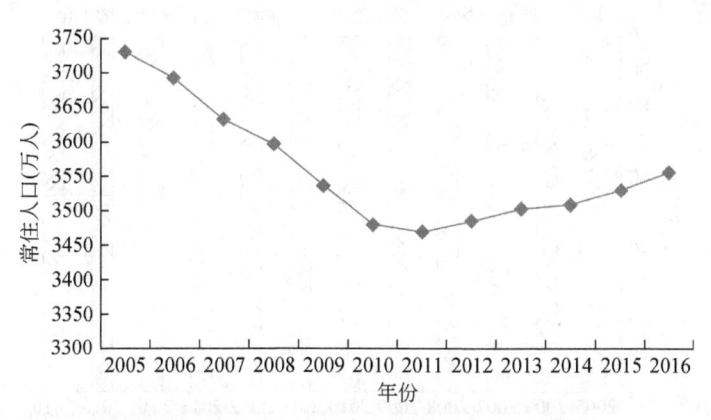

图 9-1 2005~2016 年贵州省常住人口变化情况

从图 9-2 和图 9-3 可以看出，2016 年贵州省地区生产总值为 11 776.73 亿元，占全国 GDP 的 1.58%，其中第一产业增加值为 1846.19 亿元，第二产业增加值为 4669.53 亿元，第三产业增加值为 5261.01 亿元，人均地区生产总值为 33 246 元。全社会固定资产投资达 13 204 亿元，比去年增长 20.60%，占全国全社会固定资产投资的 2.18%，其中国有经济投资达 6186.73 亿元，集体经济投资达 46.52 亿元，其他投资达 6970.75 亿元。从 2010 年开始，贵州省经济发展速度有了飞跃般的提升，人均地区生产总值与贵州省地区生产总值的发展态势保持一致。从图 9-3 可以看出，第三产业增长速度>第二产业增长速度>第一产业增长速度，相较于第三产业和第二产业，第一产业增长速度较为平缓。

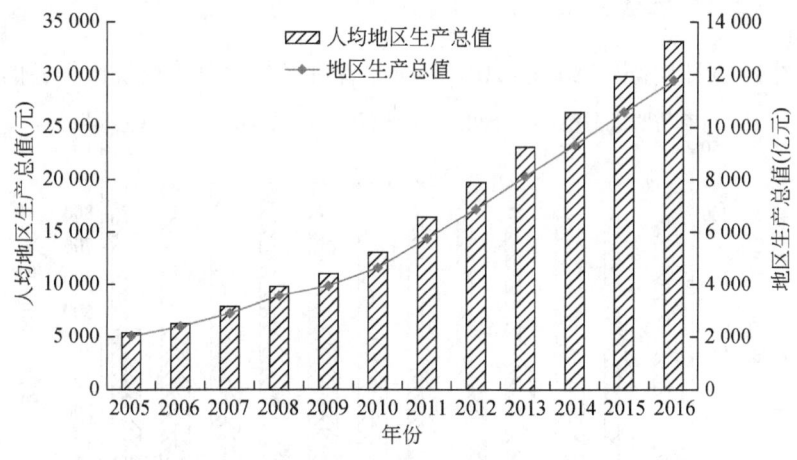

图 9-2 2005~2016 年贵州省经济发展变化情况

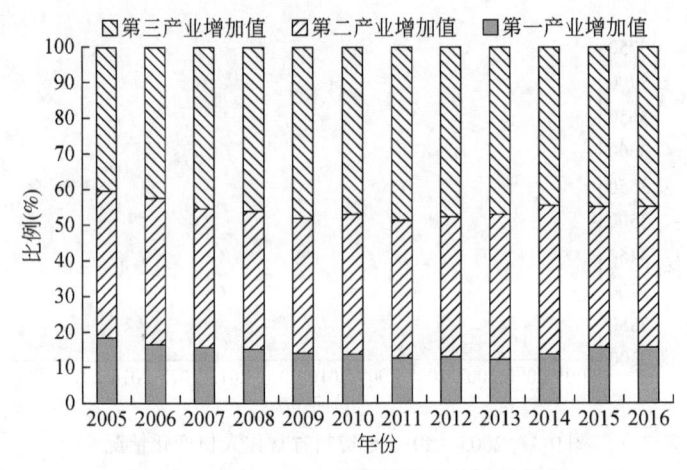

图9-3　2005~2016年贵州省产业结构分析

9.2　土地利用动态变化分析

本节从数量变化、结构变化及土地利用效益三个方面对土地利用现状进行分析。从数量上看，2005~2016年贵州省林地、牧草地和未利用地变化明显；从结构上看，牧草地和园地的变化幅度最大；从土地利用效益上看，土地利用效益呈现持续上升的状态。

9.2.1　数量变化分析

从图9-4可以看出，2005~2016年贵州省耕地数量总体呈现出平稳的趋势，

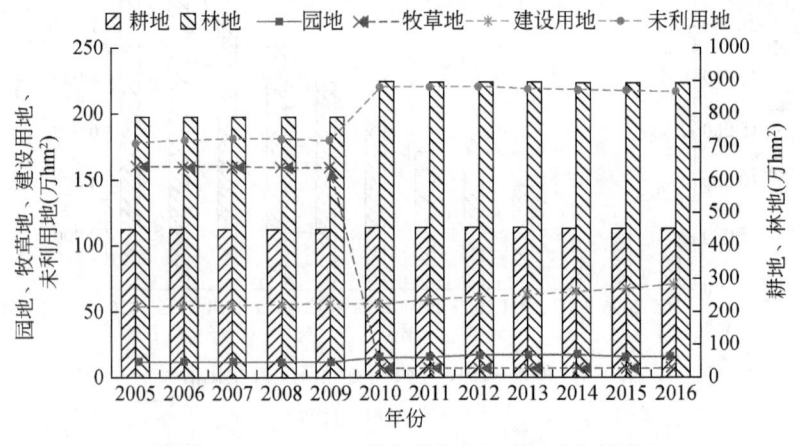

图9-4　2005~2016年贵州省土地利用变化情况

2005~2016年增加了3万hm²左右；园地则从2010年有了较为明显的变化，数量从2005年的12.02万hm²增长到15.76万hm²；在2010年林地数量也出现了明显的增长，从792.1万hm²增长至899.57万hm²；同样是在2010年，牧草地数量急剧下降从2005年的160.64万hm²骤减到7.41万hm²。

9.2.2 结构变化分析

2016年贵州省农用地面积占土地总面积的83.76%，建设用地占土地总面积的3.96%，未利用地占土地总面积的12.28%；其中农用地中林地的比例在土地总面积中达到了50.73%，与2005年相比，林地的面积增长量到达了101.23万hm²，这个数据直接反映了贵州省对发展绿色生态文明城市的态度。对比2005年和2016年的数据，发现牧草地数量急剧的减少，减少面积高达153.39万hm²，变化幅度达到了-95.49%，见表9-1。这个数据看上去令人质疑大量的牧草地减少是否会影响贵州省生态建设，其实不然，通过方精云（2007）和黎孔清等（2013）的研究可知，牧草地的碳吸收能力远不如林地。所以，虽然有大面积的牧草地减少，但林地的面积却在增加，即不能单纯地认定牧草地面积减少就会影响贵州省生态环境。

表9-1 2005~2016年贵州省土地利用结构变化情况

年份	耕地（万hm²）	园地（万hm²）	林地（万hm²）	牧草地（万hm²）	建设用地（万hm²）	未利用地（万hm²）
2005	450.50	12.02	792.10	160.64	54.06	178.71
2006	449.39	12.10	791.56	160.07	54.70	179.90
2007	448.75	12.10	791.04	159.72	55.20	181.10
2008	448.53	12.14	790.88	159.78	55.72	181.23
2009	449.62	12.12	790.73	159.75	56.71	179.37
2010	456.63	15.76	899.57	7.41	56.44	220.68
2011	456.00	15.76	897.33	7.32	59.00	221.06
2012	455.44	16.62	896.10	7.29	60.90	220.14
2013	455.26	16.80	895.48	7.28	62.56	219.07
2014	454.39	16.63	894.59	7.27	65.72	217.89
2015	454.10	16.50	894.02	7.26	67.47	217.05
2016	453.41	16.38	893.33	7.25	69.73	216.32

续表

年份	耕地（万 hm²）	园地（万 hm²）	林地（万 hm²）	牧草地（万 hm²）	建设用地（万 hm²）	未利用地（万 hm²）
变化量	2.91	4.36	101.23	-153.39	15.67	37.61
变化幅度(%)	0.65	36.27	12.78	-95.49	28.99	21.05

9.2.3 土地利用效益分析

地均固定资产投入表示土地投入强度，而地均 GDP 可以代表土地产出水平，图 9-5 清晰地展示了 2005~2016 年贵州省土地利用投入强度和产出水平，可以明显看出，贵州省土地投入强度和产出水平都在不断地增加，特别是从 2010 年开始，进入飞速发展中。但从 2015 年开始地均固定资产投入超过了地均 GDP，即土地投入强度超过了产出水平，这种情况不利于贵州省土地可持续发展，所以本研究的目的在于寻求贵州省土地低碳可持续发展路径，提出解决贵州省现有土地利用问题的对策。

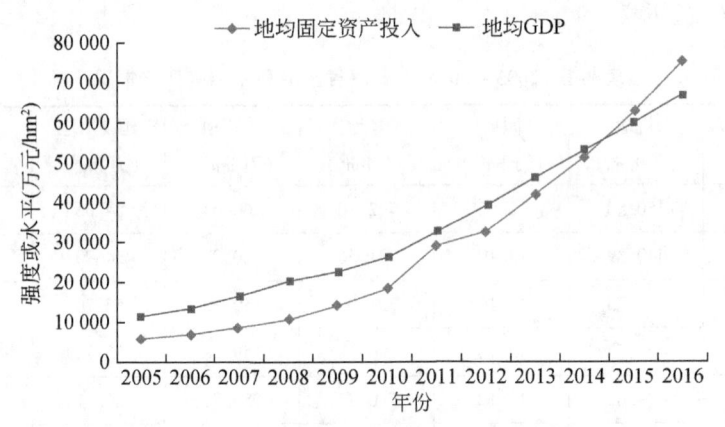

图 9-5 2005~2016 年贵州省土地利用投入强度和产出水平分析

9.3 土地利用碳排量动态变化分析

采用直接碳排放法计算耕地、林地、园地、草地和水域五类土地的碳排放量，采用间接碳排放法计算建设用地的碳排放量。利用这六类土地的碳排放量计算 2005~2016 年贵州省净碳排放量、碳排放量和碳吸收量。

9.3.1 土地利用碳排放量测算

结合贵州省土地利用现状，本研究将利用耕地、建设用地、林地、园地、草地、水域六种土地利用类型对 2005~2016 年贵州省土地利用碳排放进行计算。其中耕地和建设用地作为碳源来计算碳排放量，而因为建设用地承载着各种生产、生活活动，所以建设用地的碳排放量通过在建设用地上各种能源消耗所产生的间接碳排放来计算，根据贵州省能源消费实际，本研究选取了焦炭、煤炭、煤油、汽油、柴油、燃料油和天然气七种能源来计算建设用地碳排放量。也就是说，除建设用地外，其他五种土地利用类型通过直接碳排放计算。本研究采用《2006 年 IPCC 国家温室气体清单指南》中的方法对 2005~2016 年贵州省土地利用碳排放进行计算。

间接碳排放计算公式为

$$E_b = \sum_{i=1}^{n} F_i \times \varepsilon_i \times \varphi_i \tag{9-1}$$

式中，n 为能源类型数；i 为第 i 种能源类型；E_b 为建设用地的碳排放量（万 t）；F_i 为第 i 种能源消费量（万 t）；ε_i 为第 i 种标准煤折算系数（万 t 标准煤）；φ_i 为第 i 种能源的碳排放系数，标准煤折算系数与碳排放系数见表 9-2。

表 9-2　各能源标准煤折算系数与碳排放系数

能源种类	标准煤折算系数	碳排放系数
焦炭	0.9714	0.8550
煤炭	0.7143	0.7559
煤油	1.4714	0.5714
汽油	1.4714	0.5538
柴油	1.4571	0.5921
燃料油	1.4286	0.6185
天然气	1.1000~1.3300	0.4483

直接碳排放计算公式为

$$E_i = \sum_{i=1}^{n} A_i \times \delta_i \tag{9-2}$$

式中，n 为除建设用地外的其他土地利用类型数；i 为第 i 种土地利用类型；E_i 为第 i 种土地利用类型的碳排放总量（万 t）；A_i 为第 i 种土地利用类型的面积

(万 hm²)；δ_i 为第 i 种土地利用类型的碳排放系数（t/hm²），各土地利用类型的碳排放系数见表 9-3。

表 9-3　各土地利用类型的碳排放系数

土地利用类型	耕地	林地	园地	草地	水域
碳排放系数	0.497 08	−0.612 5	−0.21	−0.021	−0.218

数据来源于黎孔清等（2013）、方精云（2007）、何勇（2006）和 Cai（2005）等学者的研究，取的是各个学者研究成果的均值。黎孔清等（2013）将林地、园地、水域的排放系数分别定为−0.664、−0.21、−0.218，方精云（2007）则把林地和草地的排放系数定为−0.581 和−0.021，而何勇（2006）和 Cai（2005）对耕地的排放系数的确定有较大的差异，何勇（2006）将耕地的碳排放系数定为−0.00692，Cai（2005）则定为 0.504，可以说这几位学者是从不同角度对耕地的碳排放系数进行确认，前者从碳汇的角度考虑，后者偏向耕地以碳源的形式存在，经过多年的研究表明，耕地的碳吸收量几乎可以忽略不计，所以在计算时不考虑耕地的碳吸收量。

净碳排放计算公式为

$$E = E_i + E_b \tag{9-3}$$

式中，E 为净碳排放量（万 t）；E_i 为耕地、林地、园地、草地和水域的碳排放量（万 t）；E_b 为建设用地的碳排放量（万 t）。

9.3.2　土地利用碳排放变化分析

从表 9-4 可以看出，贵州省土地利用净碳排放量呈上升的趋势，从 2005 年的 4403.34 万 t 上升到 2016 年的 7994.21 万 t，上升幅度到达了 81.55%；总碳排放量从 4899.00 万 t 下降到 8548.75 万 t，下降幅度为 74.50%；总碳吸收量从 495.66 万 t 上升到 554.53 万 t，上升幅度为 11.87%。从以上数据可以看出，贵州省碳排放的增长量远远高于碳吸收量。

表 9-4　2005~2016 年贵州省不同土地利用类型碳排放动态变化

（单位：万 t）

年份	碳排放量		碳吸收量				净碳排放量	总碳排放量	总碳吸收量
	耕地	建设用地	林地	园地	草地	水域			
2005	223.93	4675.07	485.16	2.52	3.37	4.61	4403.34	4899.00	495.66
2006	223.38	5373.57	484.83	2.54	3.36	4.84	5101.38	5596.95	495.57

续表

年份	碳排放量		碳吸收量				净碳排放量	总碳排放量	总碳吸收量
	耕地	建设用地	林地	园地	草地	水域			
2007	223.06	5809.03	484.51	2.54	3.35	5.11	5536.58	6032.09	495.51
2008	222.96	5950.96	484.41	2.55	3.36	5.22	5678.38	6173.92	495.54
2009	223.50	6522.56	484.32	2.55	3.35	4.80	6251.04	6746.06	495.02
2010	226.98	6573.55	550.99	3.31	0.16	4.80	6241.27	6800.53	559.26
2011	226.67	7267.36	549.61	3.31	0.15	4.58	6936.38	7494.03	557.65
2012	226.39	7951.13	548.86	3.49	0.15	4.58	7620.44	8177.52	557.08
2013	226.30	8232.02	548.48	3.53	0.15	4.71	7901.45	8458.32	556.87
2014	225.87	7931.44	547.94	3.49	0.15	3.79	7601.94	8157.31	555.37
2015	225.72	7853.14	547.59	3.47	0.15	3.79	7523.86	8078.86	555.00
2016	225.38	8323.36	547.16	3.44	0.15	3.78	7994.21	8548.74	554.53

从图 9-6 可以看出，2005~2016 年贵州省土地利用碳排放量变化显著，可以分为三个阶段：第一阶段为 2005~2013 年，该阶段贵州省土地利用总碳排放量持续不断增长，平均碳排放量为 6708.71 万 t；第二阶段为 2013~2015 年，该阶段贵州省土地利用总碳排放量开始逐年下降，从 2013 年的 8458.32 万 t 下降到 2015 年的 8078.86 万 t，减少了 379.46 万 t；第三阶段为 2015~2016 年，该阶段

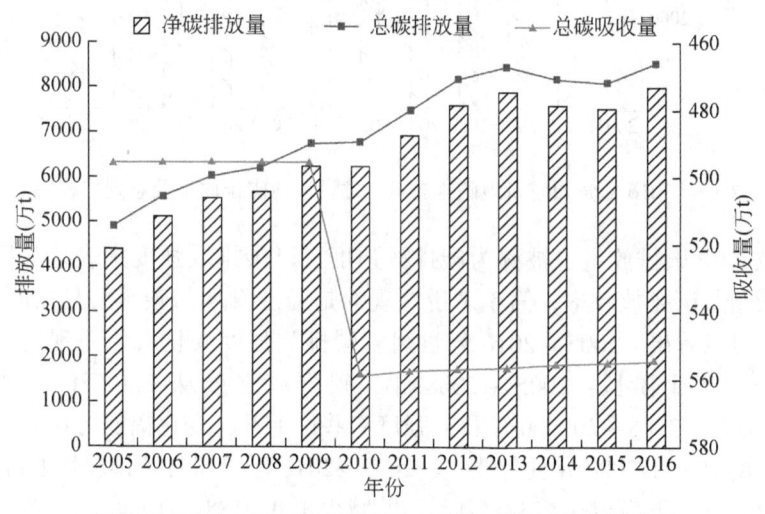

图 9-6 2005~2016 年贵州省土地利用碳排放量变化情况

贵州省土地利用总碳排放量又有所上升，但上升的速度有所减缓。总的来说，2005~2016年贵州省净碳排放量与总碳排放量变化趋势一致，均为先增后减再增，同时还呈现了一个问题，碳吸收量无法抵消碳排放量，导致净碳排放量不断地增长。但从2013年开始净碳排放量有所减缓，这说明贵州省的生态环境建设起到了一定的功效。

从图9-7可以看出，建设用地碳排放量的增长占总碳排放量增长的比例较大，其碳排放从2005年4675.07万t增长到2016年的8323.36万t，增加了3648.29万t，占贵州省总碳排放量的95%以上，而耕地仅占不到5%。出现这种情况的原因是随着贵州省经济的快速发展，建设用地需求不断增长，化石能源消耗不断加大，汽车数量不断增多，这些都是导致2005~2016年贵州省碳排放总量增加将近一倍的原因，所以如何降低建设用地碳排放量是减少贵州省总碳排放量的关键所在，也是本研究的意义所在。

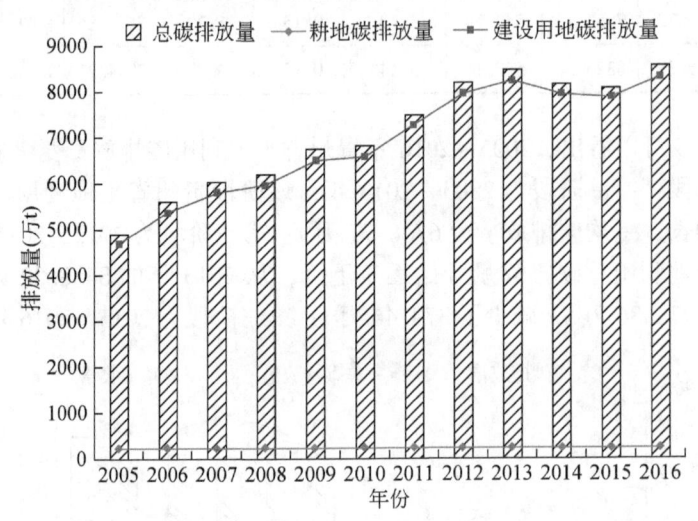

图9-7 2005~2016年贵州省耕地碳排放量、建设用地碳排放量及总碳排放量变化情况

单位GDP碳排放量也被称为碳排放强度，以碳排放强度来表达某区域的能源利用质量与碳排放效率，简单来说展现的是经济发展与碳排放量之间的关系。从图9-8可以看出，2005~2016年贵州省碳排放强度变化大体呈现出下降的趋势，可分为三个阶段：2005~2008年，碳排放强度从2.1957t/万元下降到1.5944t/万元；2008~2009年碳排放强度有些许上升，变化幅度为0.2061%；但好在上升的势头在2009年便停止了，2009~2016年贵州省碳排放强度持续下降，从1.5976t/万元下降至0.6788t/万元，共减少了0.9188t/万元。

第 9 章 贵州省土地利用变化及其碳排放现状

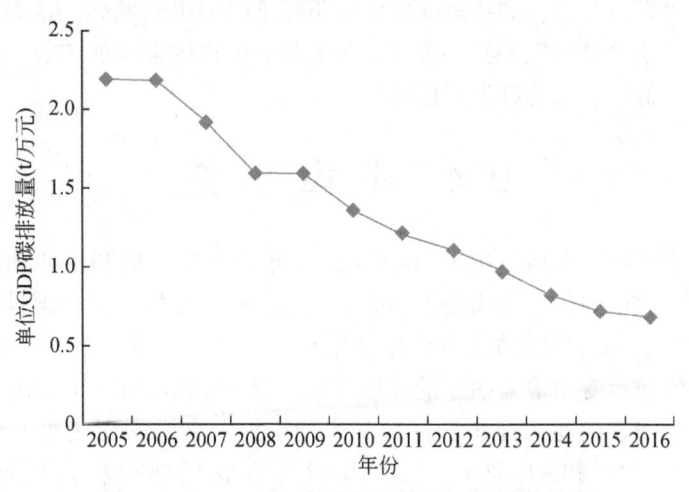

图 9-8　2005～2016 年贵州省单位 GDP 碳排放量

2005～2016 年贵州省碳排放强度总体呈现出下降的趋势，这表明贵州省在此期间所采取的一系列降低土地利用高碳发展的措施，即土地利用低碳减排取得了一定的成效。未来的挑战在于如何保证碳排放强度的下降趋势，即保持现有优势，还要研发新的、适合贵州省的能源结构，加强对能源消费的控制，在发展经济的同时减少土地利用碳排放量。

从图 9-9 可以看出，2005～2016 年贵州省人均碳排放量在不断地增长，也就是说虽然贵州省碳排放强度在下降，但人均碳排放量却在不断地增长，这是由于

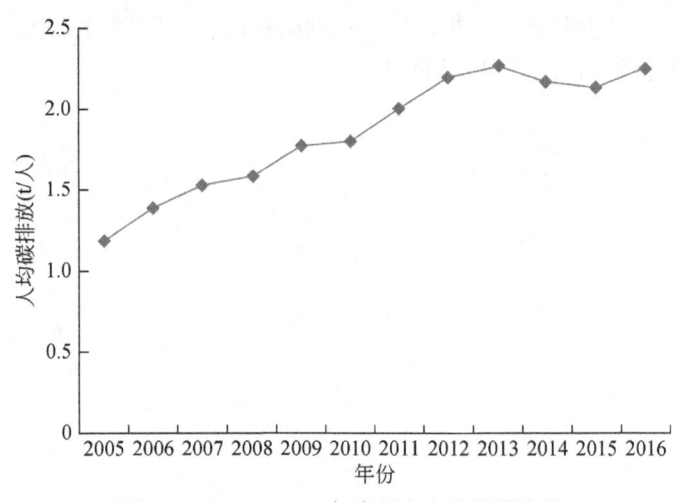

图 9-9　2005～2016 年贵州省人均碳排放量

贵州省以火力发电为主，碳排放强度即使不断下降但仍然偏高，这表明贵州省仍需大力发展其他可持续能源，寻求从源头上降低碳排放强度的方法，合理利用贵州省土地，走低碳、可持续发展道路。

9.4 本章小结

本章首先系统全面地分析了 2005~2016 年贵州省土地利用的动态变化，包括土地利用的数量变化、结构变化和效益变化，其次分析了同期碳排放变化。研究结果表明：从土地利用的数量变化和结构变化方面来看，2005~2016 年贵州省土地利用的数量变化最为明显的是牧草地，其面积从 2009 年起出现了快速下降，变化最为明显的是牧草地、林地和未利用地，它们的变化幅度分别达到了 -95.49%、12.78% 和 21.05%。2016 年贵州省农用地面积占土地总面积的 83.76%，建设用地占土地总面积的 3.96%，未利用地占土地总面积的 12.28%；其中农用地中林地的比例在土地总面积中达到了 50.73%，与 2005 年相比，林地的面积增长量到达了 101.23 万 hm^2。从土地利用效益方面来看，2005~2016 年贵州省总体上收益大于投入，这个数据反映了贵州省在发展绿色经济、建设生态文明方面取得了一定的成效。

土地利用碳排放变化研究结果表明，2005~2016 年贵州省土地利用总碳排放量增长十分迅速变化率高达 74.50%，而土地利用总碳吸收量的变化率则远低于总碳排放量，仅为 11.87%。因此，2005~2013 年贵州省净碳排放量总体呈现出上升的趋势，但从 2014 年开始有小幅度下降的趋势。因此，贵州省应该进一步加强清洁能源开发利用，减少建设用地的碳排放，合理增加园地、林地面积等碳汇用地，促进贵州省土地利用的碳氧平衡。

第10章 贵州省土地利用变化与碳排放量的关系分析

近年来，随着工业化、城镇化进程的快速推进，温室气体排放引起的温室效应日渐增强，气候变化、全球变暖已给当今社会经济发展造成严重的威胁，甚至造成环境污染和生态破坏。国内外研究已证明，土地利用类型变更是人类活动影响陆地生态系统碳循环的主要途径，对全球大气碳含量的增加作用仅次于化石燃料的燃烧。因此，着力研究土地利用变化与碳排放效应的关系将对合理利用土地资源、减少利用过程中的碳排放和保护生态环境提供有力指导。

10.1 灰色关联模型构建

灰色关联模型的构建是为了证实贵州省各土地利用变化与碳排放量存在关联度，且某些土地利用类型数量的变化与碳排放量关联性较大，以便为构建贵州省土地低碳集约利用评价指标体系奠定基础。

10.1.1 灰色关联分析理论与基础概念

灰色系统理论的实质是研究如何利用有限的已知信息去揭示未知信息，而灰色关联分析是灰色系统分析、建模和预测的基础，其本质是通过各种因素的序列曲线形态的相似度对其关系是否亲密进行判断（孙玉刚，2007）。简单来说，就是采用一定的方法厘清复杂系统内各因素的关系，通过各因素之间的发展态势判断它们的关联程度，再通过关联程度判断哪些因素占主导地位。

灰色关联是指系统内各因素之间、各因素对系统主行为之间的不确定关联，简而概之，是指事物之间的不确定关联。

关联度通过随机的序列寻找关联性，是各因素之间关联性的量度，为分析、建模和预测提供基础。

灰色关联度是指系统内各因素之间相对的变化情况，相对变化方向保持一致则代表两者关联度大，反之，关联度小。

参考数列又可以称为系统行为映射量，用来间接的反映表征系统行为特征的数据序列，如净碳排放量/GDP 表征某地区的能源利用率和碳排放强度。

比较数列是指由影响系统行为的因素组成的数据序列。

10.1.2 灰色关联分析法计算步骤

（1）确定参考数列和比较数列

设参考数列为

$$X_i = [x_i(1), x_i(2), \cdots, x_i(n)] \tag{10-1}$$

设比较数列为

$$X_o = [x_o(1), x_o(2), \cdots, x_o(n)] \tag{10-2}$$

（2）对数据进行无量纲化处理

进行无量纲化处理是因为搜集到的数据取值单位一般都是不同的，为了使数据具有可比性，更为了保证得到正确的结果。进行无量纲的数据变化方法有初值化变换、均值化变换、极小化变换、极大化变换、极差变换、归一化变换、标准化变换。本研究采用标准化变换，公式为

$$X_i D = [x(1)d, x(2)d, \cdots, x(n)d] \tag{10-3}$$

$$x(k)d = \frac{[x(k) - \bar{x}]}{\sigma} \tag{10-4}$$

式中，$k = 1, 2, \cdots, n$；$\sigma \neq 0$；$\bar{x}$ 为样本均值；σ 为样本标准差。

（3）关联度计算

本研究采用邓氏关联度的公式，因为该公式是灰色系统理论最早提出的相关模型，充分地体现了灰色关联四公理（规范性、整体性、偶对对称性和接近性）的约束条件，关联系数公式为

$$\xi_{oi}(k) = \frac{\min\limits_{i}\min\limits_{k}|x_o(k) - x_i(k)| + \rho \max\limits_{i}\max\limits_{k}|x_o(k) - x_k(k)|}{|x_o(k) - x_i(k)| + \rho \max\limits_{i}\max\limits_{k}|x_o(k) - x_i(k)|} \tag{10-5}$$

其中，$|x_o(k) - x_i(k)|$ 为 k 时刻 X_o 与 X_i 的绝对差；ρ 为分辨系数，$\rho \in [0,1]$，一般情况下取 $\rho = 0.5$（吕锋，1997）。

关联度公式为

$$\gamma(X_o, X_i) = \frac{1}{n} \sum_{i=1}^{n} \xi_{oi} \tag{10-6}$$

（4）排灰色关联序

因为研究的重点不在于关联度数值的大小，而在于行为序列和参考序列间的优劣关系，所以要排灰色关联序。将 m 个比较序列和某一个参考序列计算得到

的关联度γ进行排序，得到序列 X，若 $\gamma_{oa} > \gamma_{ob}$，表明比较序列 X_a 在对该参考序列的关联度高于 X_b，即序列 X_a 在该参考序列中比 X_b 重要。

10.2　贵州省土地利用与碳排放量的关系

本节首先对土地利用碳排放的影响机理进行解释，再利用10.1节提到的公式对2005～2016年贵州省耕地、园地、林地、牧草地、水域、建设用地与人均碳排放量、地均碳排放量、单位GDP碳排放量的关联度进行计算。

10.2.1　土地利用碳排放的影响机理

（1）土地利用变化对土地利用碳排放的影响

土地利用结构、方式的变化都会对土地利用碳排放产生影响，土地利用结构变化包括农用地内部转换、农转非等方面，农用地内部转换指退耕还林、砍伐森林等，农转非指大部分农用地转为建设用地，而建设用地的大幅度增长是导致碳排放量激增的重要因素；土地利用方式的变化主要指因为土地利用结构的改变某区域提高或降低农药、化肥的使用效率等，这都会导致土地利用碳排放量的变化。

不同的土地利用结构和方式表现出具有差异的土地利用碳排放效应，有的土地利用方式表现为碳排放，有的则表现为碳吸收，如建设用地因为承载着人类生产、生活的一系列活动，这些活动消耗了巨大的能源，也产生了巨大的碳排放，所以建设用地表现为碳排放；而林地、园地等是主要的碳汇来源，表现为碳吸收。

（2）社会经济因素对土地利用碳排放的影响

随着社会经济的不断发展，人类的生产、生活节奏不断加快，对生活资料的消耗越发多，而随着这些生活资料、能源的消耗，碳排放量的增长也越发快速，其中工业（第二产业）的发展是消耗生活、生产资料最快的一部分。而中国人口的不断增长同样是增加碳排放的一大原因，人口增多代表着建设用地需求的加大，也代表着土地上人类活动的增多，这些都会导致碳排放量的增加。

有研究表明人均GDP每增加1%，土地利用碳排放量就增加约36%，而人口总量每增长1%，土地利用碳排放则增长约34%（张勇等，2014）。所以人均GDP、城市人口密度、城市化率等因素都会导致土地利用碳排放的增加。

(3) 能源利用效率和土地利用效率对土地利用碳排放的影响

人类对大气中碳循环的影响来自于能源消费活动，也就是人类为了生产、生活产生的能源消费，这是人类影响碳循环的方式。而大量研究表明能源利用效率和土地利用效率是影响土地利用碳排放的重要因素（杨熠，2015），提升能源利用效率和土地利用效率是抑制碳排放增长的重要手段。

10.2.2 土地利用变化与低碳指标的关联度分析

为了找到对贵州省土地碳排放影响较大的用地类型，本研究采用灰色关联分析法进行分析。人均碳排放强度、单位 GDP 碳排放强度、地均碳排放强度都是可以很好地反映贵州省碳排放存在问题的指标，所以将这三个低碳指标作为参考序列，即选择 2005~2016 年贵州省人均碳排放强度、单位 GDP 碳排放强度、地均碳排放强度三个指标作为参考数列；选择 2005~2016 年贵州省耕地、园地、林地、牧草地、水域和建设用地，即土地利用结构作为比较序列。

人均碳排放强度公式为

$$PC_i = \frac{C_i}{P_i} \tag{10-7}$$

式中，PC_i 为贵州省第 i 年的人均碳排放强度（t/人）；C_i 为贵州省第 i 年的土地利用净碳排放量（万 t）；P_i 为贵州省第 i 年的年末常住人口数（万人）。

单位 GDP 碳排放强度公式为

$$GC_i = \frac{C_i}{G_i} \tag{10-8}$$

式中，GC_i 为贵州省第 i 年的单位 GDP 碳排放强度（t/万元）；C_i 贵州省第 i 年的土地利用净碳排放量（万 t）；G_i 为贵州省第 i 年的 GDP（亿元）。

地均碳排放强度公式为

$$SC_i = \frac{C_i}{S_i} \tag{10-9}$$

式中，SC_i 为贵州省第 i 年的地均碳排放强度（t/hm²）；C_i 为贵州省第 i 年的土地利用净碳排放量（万 t）；S_i 为贵州省第 i 年的土地总面积（万 hm²）。

2005~2016 年贵州省人均碳排放强度、单位 GDP 碳排放强度、地均碳排放强度的原始数据见表 10-1。采用标准化变换进行无量纲化处理的数据见表 10-2 和表 10-3。

表 10-1　2005~2016 年贵州省碳排放指标

年份	人均碳排放强度 （t/人）	单位 GDP 碳排放强度 （t/万元）	地均碳排放强度 （t/hm²）
2005	1.1805	2.1957	2.4997
2006	1.3825	2.1810	2.8960
2007	1.5244	1.9197	3.1431
2008	1.5791	1.5944	3.2235
2009	1.7673	1.5976	3.5486
2010	1.7940	1.3562	3.5442
2011	1.9995	1.2115	3.9389
2012	2.1872	1.1078	4.3274
2013	2.2561	0.9736	4.4869
2014	2.1670	0.8175	4.3169
2015	2.1317	0.7139	4.2725
2016	2.2487	0.6788	4.5396

表 10-2　2005~2016 年贵州省碳排放指标标准化值

年份	人均碳排放强度	单位 GDP 碳排放强度	地均碳排放强度
2005	-1.8194	1.5434	-1.7961
2006	-1.2717	1.5162	-1.2166
2007	-0.8870	1.0322	-0.8554
2008	-0.7387	0.4297	-0.7378
2009	-0.2282	0.4358	-0.2624
2010	-0.1559	-0.0114	-0.2689
2011	0.4014	-0.2792	0.3083
2012	0.9103	-0.4713	0.8762
2013	1.0971	-0.7198	1.1095
2014	0.8555	-1.0090	0.8609
2015	0.7598	-1.2008	0.7961
2016	1.0771	-1.2657	1.1866

表 10-3　2005~2016 年贵州省土地利用变化标准化值

年份	耕地	园地	林地	牧草地	水域	建设用地
2005	−0.7053	−1.1558	−1.1168	1.1411	0.1158	−1.0745
2006	−1.0663	−1.1196	−1.1268	1.1338	0.5770	−0.9557
2007	−1.2745	−1.1196	−1.1365	1.1294	1.1147	−0.8629
2008	−1.3460	−1.1015	−1.1394	1.1301	1.3450	−0.7665
2009	−0.9915	−1.1106	−1.1422	1.1298	0.4949	−0.5828
2010	1.2886	0.5344	0.8793	−0.8077	0.4949	−0.6329
2011	1.0836	0.5344	0.8377	−0.8089	0.0587	−0.1579
2012	0.9015	0.9230	0.8149	−0.8093	0.0587	0.1947
2013	0.8430	1.0044	0.8033	−0.8094	0.3231	0.5027
2014	0.5600	0.9275	0.7868	−0.8095	−1.5160	1.0890
2015	0.4657	0.8688	0.7762	−0.8096	−1.5247	1.4137
2016	0.2412	0.8146	0.7634	−0.8098	−1.5421	1.8330

（1）人均碳排放强度与土地利用变化的关联度

人均碳排放强度是反映单位人口碳排放量的指标，也能反映国家对能源的消耗水平，前文提及了人口对土地利用碳排放的影响是十分重要的。2005~2016 年贵州省人均碳排放强度与土地利用变化的绝对值见表 10-4，人均碳排放强度与土地利用变化关联系数如图 10-1 所示。

表 10-4　2005~2016 年贵州省人均碳排放强度与土地利用变化的绝对值

年份	耕地	园地	林地	牧草地	水域	建设用地
2005	1.1141	0.6636	0.7026	2.9604	1.9351	0.7449
2006	0.7531	0.6998	0.6926	2.9532	2.3963	0.8636
2007	0.5449	0.6998	0.6829	2.9487	2.9340	0.9564
2008	0.4733	0.7178	0.6799	2.9495	3.1643	1.0529
2009	0.8279	0.7088	0.6771	2.9491	2.3143	1.2366
2010	3.1079	2.3537	2.6987	1.0116	2.3143	1.1865
2011	2.9030	2.3537	2.6571	1.0105	1.8781	1.6615
2012	2.7209	2.7424	2.6342	1.0101	1.8781	2.0140

续表

年份	耕地	园地	林地	牧草地	水域	建设用地
2013	2.6623	2.8237	2.6227	1.0100	2.1424	2.3220
2014	2.3793	2.7469	2.6062	1.0098	0.3034	2.9084
2015	2.2850	2.6882	2.5956	1.0097	0.2947	3.2331
2016	2.0606	2.6339	2.5828	1.0096	0.2772	3.6524

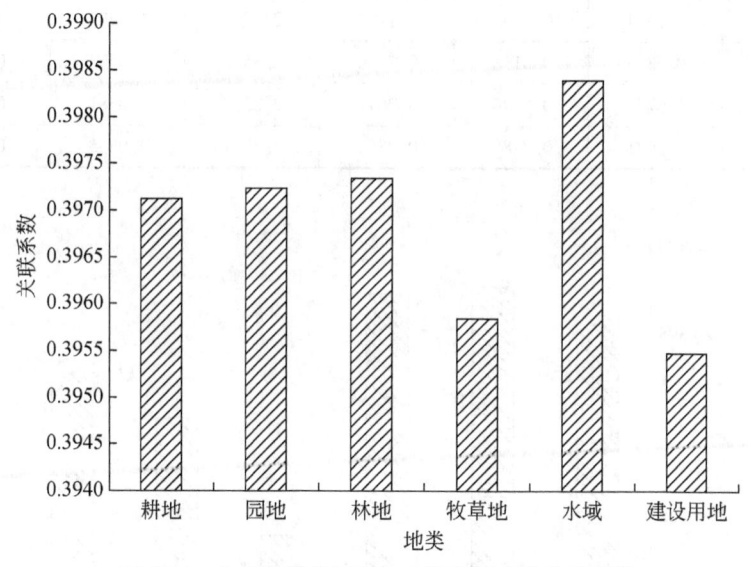

图 10-1 人均碳排放强度与土地利用变化关联系数

（2）单位 GDP 碳排放强度与土地利用变化的关联度

单位 GDP 碳排放强度也被称为碳强度，既可以反映某一地区单位 GDP 产生的碳排放，也可以反映该地区能源的利用率。若某一地区的碳强度下降，则表明该地区能源利用效率有所提升。2005～2016 年贵州省单位 GDP 碳排放强度与土地利用变化的绝对值见表 10-5，单位 GDP 碳排放强度与土地利用变化关联系数如图 10-2 所示。

表 10-5 2005～2016 年贵州省单位 GDP 碳排放强度与土地利用变化的绝对值

年份	耕地	园地	林地	牧草地	水域	建设用地
2005	2.2486	2.6991	2.6601	0.4023	1.4276	2.6178
2006	2.6097	2.6630	2.6702	0.4095	0.9664	2.4991

续表

年份	耕地	园地	林地	牧草地	水域	建设用地
2007	2.8178	2.6630	2.6798	0.4140	0.4287	2.4063
2008	2.8894	2.6449	2.6828	0.4132	0.1984	2.3098
2009	2.5349	2.6539	2.6856	0.4136	1.0484	2.1261
2010	0.2548	1.0090	0.6641	2.3511	1.0484	2.1762
2011	0.4597	1.0090	0.7057	2.3522	1.4846	1.7012
2012	0.6419	0.6203	0.7285	2.3526	1.4846	1.3487
2013	0.7004	0.5390	0.7400	2.3528	1.2203	1.0407
2014	0.9834	0.6158	0.7566	2.3529	3.0593	0.4544
2015	1.0777	0.6746	0.7671	2.3530	3.0681	0.1297
2016	1.3021	0.7288	0.7800	2.3531	3.0855	0.2897

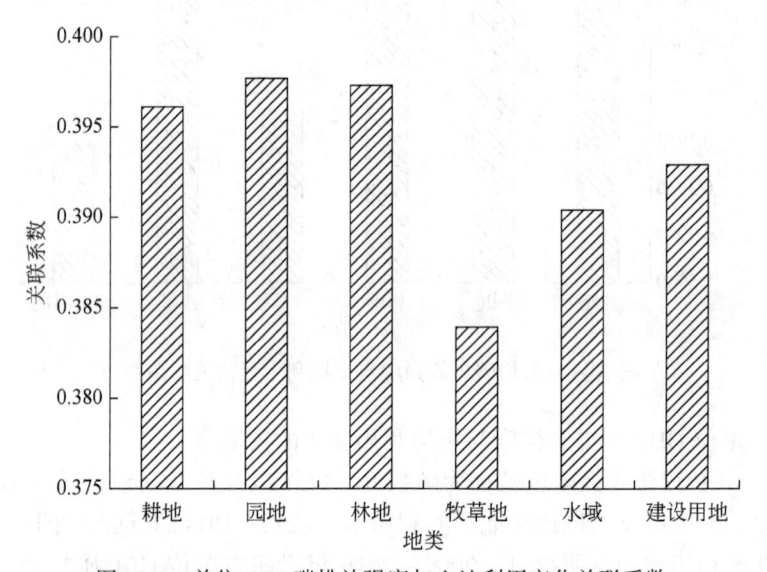

图 10-2　单位 GDP 碳排放强度与土地利用变化关联系数

(3) 地均碳排放强度与土地利用变化的关联度

地均碳排放强度代表单位土地面积的碳排放量，该指标越小表示某一地区土地利用碳排放安全性越大，而在实际中可以通过减少碳排放量高的地类面积来抑制碳排放。2005～2016 年贵州省地均碳排放强度与土地利用变化的绝对值见表 10-6，地均碳排放强度与土地利用变化关联系数如图 10-3 所示。

第10章 贵州省土地利用变化与碳排放量的关系分析

表 10-6　2005~2016 年贵州省地均碳排放强度与土地利用变化的绝对值

年份	耕地	园地	林地	牧草地	水域	建设用地
2005	1.0909	0.6404	0.6794	2.9372	1.9119	0.7217
2006	0.7298	0.6765	0.6693	2.9300	2.3731	0.8404
2007	0.5217	0.6765	0.6597	2.9255	2.9108	0.9332
2008	0.4501	0.6946	0.6567	2.9263	3.1411	1.0297
2009	0.8046	0.6856	0.6539	2.9259	2.2911	1.2134
2010	3.0847	2.3305	2.6754	0.9884	2.2911	1.1633
2011	2.8798	2.3305	2.6338	0.9873	1.8549	1.6383
2012	2.6976	2.7192	2.6110	0.9869	1.8549	1.9908
2013	2.6391	2.8005	2.5995	0.9867	2.1192	2.2988
2014	2.3561	2.7237	2.5829	0.9866	0.2802	2.8851
2015	2.2618	2.6649	2.5724	0.9865	0.2714	3.2098
2016	2.0374	2.6107	2.5595	0.9864	0.2540	3.6292

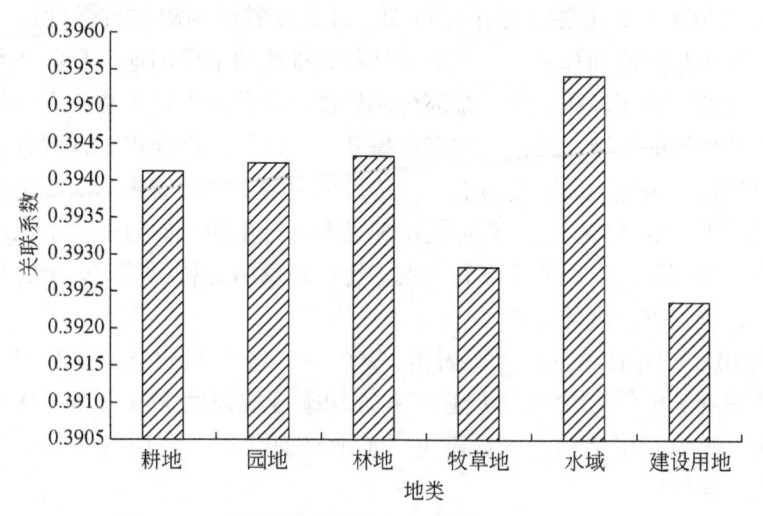

图 10-3　地均碳排放强度与土地利用变化关联系数

10.3　结果与分析

灰色关联度的大小表明各个因素间变化的方向、速度是否一致；关联度大，表明变化方向、速度一致，关联度小则相反。关联系数的值越靠近 1，说明二者的相关性越高。

人均碳排放强度与土地利用变化关联度排序结果是：水域>林地>园地>耕地>牧草地>建设用地。由关联度排序可知，水域与人均碳排放强度的关联度最高，其次是林地与园地；水域属于未利用地，其碳吸收能力与园地相当，仅次于林地，是重要的碳汇资源，因为水域、林地、园地皆为主要碳汇，对碳排放的吸收具有极大的功效，所以这三类用地与人均碳排放强度的相关性高。虽然建设用地与居民生产、生活、发展息息相关，承载着贵州省绝大部分的能源消耗，产生了大量的碳排放，但因建设用地土地面积变化并不明显，所以建设用地与人均碳排放强度的相关性最低。

单位 GDP 碳排放强度与土地利用变化关联度排序结果是：园地>林地>耕地>建设用地>水域>牧草地。由关联度排序可知，园地、林地与单位 GDP 碳排放强度的关联性最大，而园地、林地、耕地皆为农用地，三类用地与单位 GDP 碳排放强度的相关性高意味着农用地与其相关性高，表明人们在农用地上的生产活动产生的碳排放或碳吸收高度影响着单位 GDP 碳排放强度。

地均碳排放强度与土地利用变化关联度排序结果是：水域>林地>园地>耕地>牧草地>建设用地。由关联度排序可知，对贵州省地均碳排放强度影响最大的是水域，其次是园地和林地，这三类是吸收碳排放的主要用地，且园地和林地在吸收碳排放的同时还释放氧气，是环境质量得以提升的重要来源，又因为近几年国家对生态环境的重视，碳汇面积有所提升，所以与地均碳排放强度有着高度相关性；虽然建设用地的关联度最低，但建设用地是主要的碳源，随着国家城市建设的发展、人口的增多，建设用地的增加是不可避免的，如何提高土地的集约利用度是贵州省可持续发展的重点和难点，优化建设用地利用模式，避免建设用地盲目扩张是贵州省发展的方向。

从图 10-1 ~ 图 10-3 可以明显看出，2005 ~ 2016 年贵州省土地利用变化与人均碳排放强度、单位 GDP 碳排放强度和地均碳排放强度关系密切。贵州省必须合理的配置土地利用结构，尽量避免因土地资源配置不合理造成的更多能源消耗，即更多碳排放。

10.4 本章小结

本章运用关联模型对贵州省土地利用变化与碳排放量的关系分析，探索土地利用变化与人均碳排放强度、单位 GDP 碳排放强度和地均碳排放强度关系。研究结果表明：2005 ~ 2016 年贵州省土地利用变化与人均碳排放强度、单位 GDP 碳排放强度和地均碳排放强度关系密切。人均碳排放强度与土地利用变化关联度排序结果是水域>林地>园地>耕地>牧草地>建设用地；单位 GDP 碳排放强度与土地利用变化关联度排序结果是园地>林地>耕地>建设用地>水域>牧草地；地均碳排放强度与土地利用变化关联度排序结果是水域>林地>园地>耕地>牧草地>建设用地。综合分析表明 2005~2016 年贵州省土地利用结构变化与人均碳排放强度和地均碳排放强度关联性最高的是水域，而与单位 GDP 碳排放强度关联度最高的是园地，与三者关联度较为紧密的是水域、林地和园地。所以贵州省应进一步加强水域、林地和园地等高生态用地的保护，把控好水域的安全性，从源头上减少水域被污染的可能性，加大破坏水域生态环境的处罚力度，同时还要合理提升园地和林地的有效利用率，研究结论为构建贵州省土地低碳集约利用提供一定的理论依据，为有关减少碳排放制度法规的制定提供理论指导，为人类实现与自然和谐相处而改进生活生产方式也具有一定的指导意义。

第 11 章 低碳经济视角下贵州省土地集约利用评价

土地承载着人类的一切活动，城市土地集约利用的概念来源于农业用地集约利用的发展。目前大多数学者认同城市集约利用主要通过合理规划布局、调整土地利用结构、提高土地利用效率来提升城市的土地集约利用，以适应越来越快的经济发展和人口增长。而伴随着城市集约利用的发展，低碳发展成为了发展土地集约利用的一大要点，因为城市的高碳排放、低效益阻碍了我国的生态文明建设。如今谈及城市土地集约利用还要考虑低碳、绿色，所以本研究探讨的低碳经济视角下贵州省土地集约利用，以低碳、经济和集约为基本特征，坚持以可持续发展为目标，以求实现贵州省土地集约利用的低碳排放、低污染、高效益。

11.1 评价指标体系的构建

土地集约利用评价指标体系的构建是土地集约利用评价的重点。本研究不仅仅关注贵州省的土地集约利用，更希望反映贵州省的土地利用是否低碳，关注指标是否能反映贵州省土地利用的生态效益和碳排放效益。

11.1.1 构建原则

贵州省土地低碳集约利用指标的选取必须直接或间接的反映贵州省土地利用的碳排放效益、生态效益、经济效益和社会效益，所以体系构建需要遵循以下几个原则。

（1）科学性原则

评价指标的建立要以科学性为基础，选取的指标要与研究目标保持一致，既要有科学的理论框架作为理论支撑，还要有科学的方法进行评价，保证选取的指标、构建的体系可以客观、真实地反映贵州省土地低碳集约利用的水平。

（2）综合性原则

评价一个城市土地低碳集约利用程度是从整体着手的，涉及面较广，包括社会、经济、人口、资源、环境和能耗等多方面内容。所以为了能够科学、真实地反映贵州省土地低碳集约利用内涵和状况，必须保证评价指标体系构建的综合性（周伟等，2012）。

（3）层次性原则

城市土地低碳集约利用的评价是一个复合型的复杂系统，其中包括了经济、社会和生态几大方面，所以构建评价体系时需要确保构建的体系层次分明、结构清晰。

（4）可比性原则

选取的指标要反映贵州省土地低碳集约利用内涵，所以指标必须具有可比性，要考虑到研究区域的横向或者纵向对比，增加比较对象之间的实际意义。

（5）可行性原则

影响城市土地低碳集约利用的因素有很多，而经过统计后量化的数据却有限，所以为了保证被选取的指标可操作、可采集必须坚持可行性原则。

11.1.2 评价指标体系构建

根据上述内容，基于构建原则，为了客观全面地评价贵州省低碳经济视角下土地集约利用水平，本研究将各学者的研究成果中使用频率较高的指标进行粗略统计，得到以下排列顺序：地均固定资产投资＝城市人口密度>地均 GDP＝建成区绿化覆盖率>地均社会消费品零售额＝人均公共绿地面积>地均就业人数＝人均建设用地面积，这 8 种指标是使用频率较高的指标。

本研究参考其他学者的指标选取，主要从两个方面对贵州省土地低碳集约利用进行评价，即土地集约利用水平和土地低碳利用水平。

反映土地集约利用水平的指标可分为土地投入程度、土地产出水平和土地利用程度，包括地均固定资产投资、地均就业人数、地均 GDP、地均社会消费品零售额、地均第二产业增加值、地均第三产业增加值、城市人口密度、人均耕地面积、人均建设用地面积、人均道路面积 10 个指标。

反映土地低碳利用水平的指标包括单位 GDP 碳排放强度、地均碳排放量、地均能源消费、地均环保投入、地均二氧化硫排放量、地均废水排放量、地均固废排放量、人均公共绿地面积、人均能源碳排放量、能源强度、能源消费弹性系数、单位耕地面积化肥使用量、环境污染治理投资占 GDP 的比例、森林覆盖率、建成区绿化覆盖率、生活垃圾无害化处理率、工业固废综合利用率 17 个指标，见表 11-1。

表11-1 低碳经济视角下贵州省土地集约利用评价指标体系

目标层	指标层	指标单位	极性
土地集约利用水平	地均固定资产投资（X_1）	万元/hm²	正向
	地均就业人数（X_2）	人/hm²	正向
	地均GDP（X_3）	万元/hm²	正向
	地均社会消费品零售额（X_4）	万元/hm²	正向
	地均第二产业增加值（X_5）	万元/hm²	正向
	地均第三产业增加值（X_6）	万元/hm²	正向
	城市人口密度（X_7）	人/km²	正向
	人均耕地面积（X_8）	hm²	正向
	人均建设用地面积（X_9）	hm²	逆向
	人均道路面积（X_{10}）	m²	正向
土地低碳利用水平	单位GDP碳排放强度（X_{11}）	t/万元	逆向
	地均碳排放量（X_{12}）	t/hm²	逆向
	地均能源消费（X_{13}）	t/hm²	逆向
	地均环保投入（X_{14}）	万元/hm²	正向
	地均二氧化硫排放量（X_{15}）	t/hm²	逆向
	地均废水排放量（X_{16}）	万t/hm²	逆向
	地均固废排放量（X_{17}）	万t/hm²	逆向
	人均公共绿地面积（X_{18}）	m²	正向
	人均能源碳排放量（X_{19}）	t	逆向
	能源强度（X_{20}）	t/万元	逆向
	能源消费弹性系数（X_{21}）	%	逆向
	单位耕地面积化肥使用量（X_{22}）	t/hm²	逆向
	环境污染治理投资占GDP的比例（X_{23}）	万元/hm²	正向
	森林覆盖率（X_{24}）	%	正向
	建成区绿化覆盖率（X_{25}）	%	正向
	生活垃圾无害化处理率（X_{26}）	%	正向
	工业固废综合利用率（X_{27}）	%	正向

指标值与目标值的发展方向一致则为正向指标，若相反则为逆向指标。本研究构建的低碳经济视角下贵州省土地集约利用评价指标体系中，共有27个指标，其中正向指标有16个，逆向指标有11个。从指标的选取中可以明显看出，本研究将评价的重点依托在土地低碳利用水平上，一个原因是关于城市土地集约利用

的研究已经太多,但关于土地低碳集约利用的研究却相对较少,虽然本研究是土地集约利用但却将目光放在了如何从低碳经济的视角入手;另一个原因是为了更好地为贵州省土地利用的可持续发展提供建议和意见,只有大力发展土地低碳集约利用才能正确地通往可持续发展的道路。

11.2 土地低碳集约利用评价

土地低碳集约利用评价的步骤与土地集约利用评价并无大的差异,二者不同之处在于在评价指标的选取上将低碳经济作为一个重要参考因素,其余的评价方法和步骤基本一致。

11.2.1 指标标准化

原始数据因为其量纲、经济意义等各不相同不具有可比性,所以首先要对这些数据进行无量纲化处理,无量纲化处理指通过一定的数学转换消除原本的量纲影响,使数据可以使用的方法。本研究采用极差标准化法对指标进行标准化处理,处理后的正向指标值越大越好,而逆向指标值越小越好,公式为

正向指标 $$X'_{ij} = \frac{X_{ij} - X_{ij,\min}}{X_{ij,\max} - X_{ij,\min}} \qquad (11\text{-}1)$$

逆向指标 $$X'_{ij} = \frac{X_{ij,\max} - X_{ij}}{X_{ij,\max} - X_{ij,\min}} \qquad (11\text{-}2)$$

式中,X'_{ij}为第i年第j个指标的标准化分值;X_{ij}为第i年第j个指标的原始数据;$X_{ij,\max}$为第j项的最大值;$X_{ij,\min}$为第j项的最小值。标准化后的值见表11-2。

表11-2　2005~2016年贵州省土地低碳集约利用评价体系各标准化值

指标	2005年	2006年	2007年	2008年	2009年	2010年	2011年	2012年	2013年	2014年	2015年	2016年
X_1	0.00	0.01	0.04	0.07	0.12	0.18	0.34	0.39	0.52	0.66	0.81	1.00
X_2	0.81	0.85	0.48	0.45	0.33	0.00	0.10	0.26	0.44	0.65	0.83	1.00
X_3	0.00	0.03	0.09	0.16	0.20	0.27	0.38	0.50	0.63	0.75	0.87	1.00
X_4	0.00	0.03	0.08	0.15	0.21	0.30	0.42	0.53	0.64	0.75	0.86	1.00
X_5	0.00	0.04	0.08	0.14	0.17	0.25	0.36	0.49	0.64	0.80	0.87	1.00
X_6	0.00	0.04	0.11	0.19	0.24	0.31	0.44	0.56	0.68	0.75	0.88	1.00
X_7	0.00	0.48	0.83	0.86	0.90	0.93	1.00	0.88	0.87	0.85	0.89	0.85
X_8	0.00	0.09	0.26	0.37	0.59	0.98	1.00	0.93	0.86	0.82	0.74	0.63

续表

指标	2005年	2006年	2007年	2008年	2009年	2010年	2011年	2012年	2013年	2014年	2015年	2016年
X_9	1.00	0.93	0.86	0.80	0.70	0.66	0.51	0.41	0.34	0.17	0.09	0.00
X_{10}	0.07	0.00	0.07	0.06	0.07	0.10	0.16	0.20	0.50	0.62	0.79	1.00
X_{11}	0.00	0.01	0.18	0.40	0.39	0.55	0.65	0.72	0.81	0.91	0.98	1.00
X_{12}	1.00	0.81	0.68	0.65	0.49	0.49	0.29	0.10	0.03	0.11	0.13	0.00
X_{13}	0.94	1.00	0.85	0.78	0.66	0.51	0.29	0.40	0.23	0.13	0.07	0.00
X_{14}	0.00	0.00	0.11	0.12	0.26	0.39	0.51	0.45	0.70	0.99	0.89	1.00
X_{15}	0.13	0.00	0.11	0.28	0.35	0.39	0.44	0.52	0.59	0.66	0.75	1.00
X_{16}	0.99	0.99	1.00	0.98	0.93	0.90	0.60	0.37	0.34	0.03	0.00	0.21
X_{17}	0.05	0.00	0.41	0.60	0.31	0.57	0.79	0.90	0.68	0.99	0.99	1.00
X_{18}	0.20	0.00	0.00	0.04	0.08	0.20	0.23	0.44	0.67	0.80	0.97	1.00
X_{19}	1.00	0.81	0.68	0.63	0.45	0.43	0.24	0.06	0.00	0.08	0.12	0.01
X_{20}	0.00	0.38	0.41	0.47	0.50	0.54	0.72	0.81	0.83	0.86	0.89	1.00
X_{21}	0.30	0.00	0.10	0.73	0.28	0.22	0.02	0.16	0.18	0.65	1.00	0.93
X_{22}	1.00	0.88	0.81	0.76	0.64	0.69	0.39	0.23	0.18	0.10	0.00	0.00
X_{23}	0.13	0.25	0.22	0.12	0.00	0.08	0.46	0.36	0.64	1.00	0.59	0.36
X_{24}	0.00	0.29	0.29	0.29	0.29	0.33	0.39	0.71	0.77	0.82	0.88	1.00
X_{25}	0.00	0.17	0.14	0.15	0.21	0.18	0.45	0.50	0.49	0.43	0.81	1.00
X_{26}	0.00	0.07	0.09	0.14	0.21	0.30	0.34	0.40	0.60	0.84	0.93	1.00
X_{27}	0.00	0.07	0.13	0.22	0.43	0.63	0.69	1.00	0.61	0.85	0.96	0.90

11.2.2 指标权重确定

指标权重直接决定着评价结果是否准确，其重要性不言而喻，本研究选择采用熵值法确定权重。因为熵值法可以体现各个指标的变异程度，对数据之间的相关性要求也不高，且数据主要来源于实际，得到的结果更加客观，可以较好地避免人为主观因素对评价产生影响。

（1）计算第 i 个样本下的第 j 个指标比例 P_{ij}

$$P_{ij} = \frac{X'_{ij}}{\sum_{i=1}^{m} X_{ij}} \tag{11-3}$$

式中，P_{ij}为第i个样本下的第j个指标比例；X'_{ij}为第i年第j项指标的标准化分值。

（2）计算各指标熵值e_j

$$e_j = -K \sum_{i=1}^{m} P_{ij} \ln P_{ij} \tag{11-4}$$

式中，e_j为第j个指标熵值且$e_j \geq 0$；$K>0$，一般令$K=1/\ln m$；P_{ij}为第i个样本下的第j个指标比例；$\ln P_{ij}$为第i年第j个指标比例P_{ij}的自然对数。

（3）计算各指标差异性系数h_j

$$h_j = 1 - e_j \tag{11-5}$$

式中，h_j为第j个指标差异性变异系数；e_j为第j个指标熵值。

（4）计算各指标权重w_j

$$w_j = \frac{h_j}{\sum_{j=1}^{m} h_j} \tag{11-6}$$

式中，w_j为第j个指标权重；h_j为第j个指标差异性变异系数。

（5）计算综合得分F_i

$$F_i = \sum w_j \times X'_{ij} \tag{11-7}$$

根据式（11-3）~式（11-6）得到各指标的熵值、差异性系数和权重，见表11-3。

表11-3 各指标熵值、差异性系数和权重

指标	熵值	差异性系数	权重
X_1	0.6102	0.3898	0.0424
X_2	0.6890	0.3110	0.0338
X_3	0.6448	0.3552	0.0386
X_4	0.6454	0.3546	0.0385
X_5	0.6388	0.3612	0.0393
X_6	0.6559	0.3441	0.0374
X_7	0.7238	0.2762	0.0300
X_8	0.6915	0.3085	0.0335
X_9	0.6840	0.3160	0.0343
X_{10}	0.5935	0.4065	0.0442
X_{11}	0.6744	0.3256	0.0354

续表

指标	熵值	差异性系数	权重
X_{12}	0.6405	0.3595	0.0391
X_{13}	0.6666	0.3334	0.0362
X_{14}	0.6423	0.3577	0.0389
X_{15}	0.6823	0.3177	0.0345
X_{16}	0.6742	0.3258	0.0354
X_{17}	0.6883	0.3117	0.0339
X_{18}	0.6058	0.3942	0.0428
X_{19}	0.6221	0.3779	0.0411
X_{20}	0.7126	0.2874	0.0312
X_{21}	0.6285	0.3715	0.0404
X_{22}	0.6499	0.3501	0.0381
X_{23}	0.6595	0.3405	0.0370
X_{24}	0.6918	0.3082	0.0335
X_{25}	0.6654	0.3346	0.0364
X_{26}	0.6462	0.3538	0.0385
X_{27}	0.6732	0.3268	0.0355

从表11-3可以看出，指标权重的排序为：X_{10}（人均道路面积）>X_{18}（人均公共绿地面积）>X_1（地均固定资产投资）>X_{19}（人均能源碳排放量）>X_{21}（能源消费弹性系数）>X_5（地均第二产业增加值）>X_{12}（地均碳排放量）>X_{14}（地均环保投入）>X_3（地均GDP）>X_4（地均社会消费品零售额）>X_{26}（生活垃圾无害化处理率）>X_{22}（单位耕地面积化肥使用量）>X_6（地均第三产业增加值）>X_{23}（环境污染治理投资占GDP的比例）>X_{25}（建成区绿化覆盖率）>X_{13}（地均能源消费）>X_{27}（工业固废综合利用率）>X_{16}（地均废水排放量）=X_{11}（单位GDP碳排放强度）>X_{15}（地均二氧化硫排放量）>X_9（人均建设用地面积）>X_{17}（地均固废排放量）>X_2（地均就业人数）>X_8（人均耕地面积）=X_{24}（森林覆盖率）>X_{20}（能源强度）>X_7（城市人口密度）。

贡献值排在前五位的分别是人均道路面积、人均公共绿地面积、地均固定资产投资、人均能源碳排放量和能源消费弹性系数，权重分别为0.0442、0.0428、0.0424、0.0411、0.0404。而贡献值排在后五位的分别是城市人口密度、能源强度、森林覆盖率、人均耕地面积和地均就业人数，其权重分别是0.0300、

0.0312、0.0335、0.0335、0.0338。

通过熵值法确定的权重不仅可以体现该指标在决策中起到的作用,还可以体现各个指标的变化差异程度,即 2005~2016 年贵州省在交通运输能力、政府对提升环境的重视程度、固定资产投资水平、能源碳排放量效率等方面具有较为明显的差异性;除前五项外,余下的 22 项指标则差异相对较小。

11.2.3 土地低碳集约利用程度分值计算

根据式(11-7)得到表 11-4。

表 11-4 2005~2016 年贵州省土地低碳集约利用分值

指标	2005年	2006年	2007年	2008年	2009年	2010年	2011年	2012年	2013年	2014年	2015年	2016年
综合得分	0.28	0.30	0.33	0.38	0.36	0.41	0.44	0.48	0.53	0.63	0.69	0.74

根据土地集约利用评价等级标准,划分 F(集约利用分值)≤ 0.40 为粗放利用,$0.40 < F < 0.60$ 为基本集约利用,$0.60 \leq F < 0.8$ 为较为集约利用,$0.80 \leq F < 1.00$ 为最佳集约利用,$F \geq 1.00$ 为过度利用。所以,2005~2009 年贵州省土地利用处于粗放利用的状态;到了 2010 年变为基本集约利用,这种状态持续了 4 年;从 2014 年开始,贵州省土地利用状态达到了较为集约利用的状态,且稳步提升,暂未出现下滑的趋势,说明贵州省对于资源环境的改善投入了大量的精力,已呈现出土地低碳集约利用状态逐步转好的趋势。

11.3 障碍因子诊断和协调度分析

为了进一步找到影响贵州省土地低碳集约利用的因子,本研究采用障碍度模型对贵州省土地低碳集约利用水平进行诊断,挖掘最为关键的障碍因子,寻求提升贵州省土地低碳集约利用的方法、对策。

11.3.1 障碍度模型介绍

障碍度模型主要通过计算因子贡献度、指标偏离度和障碍度进行诊断。
(1)因子贡献度 U_j
因子贡献度指第 j 个指标对总目标的权重。

$$U_j = w_j \times W_j \tag{11-8}$$

式中，U_j 为因子贡献度；w_j 为第 j 个指标的单项指标权重；W_j 为 j 个指标所属目标层的权重。

（2）指标偏离度 V_{ij}

指标偏离度指第 i 年第 j 个指标与土地利用目标（100%）之间的差距。

$$Y_{ij} = \frac{X'_{ij}}{X'_{ij,\max}} \tag{11-9}$$

式中，Y_{ij} 为第 i 年第 j 个指标的归一化标准值；X'_{ij} 为第 i 年第 j 个指标的标准值。

$$V_{ij} = 1 - Y_{ij} \tag{11-10}$$

式中，V_{ij} 为指标偏离度；Y_{ij} 为第 i 年第 j 个指标的归一化标准值。

（3）障碍度（M_{ij}，B_{ij}）

M_{ij} 指第 i 年第 j 个指标对城市土地低碳集约利用水平的影响程度；B_{ij} 指目标层指标对城市土地低碳集约利用水平的影响程度。

$$M_{ij} = \frac{V_{ij} \times U_j}{\sum_{j=1}^{n}(V_{ij} \times U_j)} \tag{11-11}$$

式中，M_{ij} 为第 i 年第 j 个指标的障碍度；V_{ij} 为指标偏离度；U_j 为因子贡献度。

$$B_{ij} = \sum M_{ij} \tag{11-12}$$

式中，B_{ij} 为第 i 年第 j 个目标层指标的障碍度。

11.3.2 障碍因子分析

根据式（11-8）~式（11-12）得到 2005~2016 年贵州省土地低碳集约利用指标障碍度，见表 11-5。然后根据表 11-5 对影响贵州省土地低碳集约利用的障碍因子排序得到表 11-6。

表 11-5　2005~2016 年贵州省土地低碳集约利用指标障碍度　（单位:%）

指标	2005年	2006年	2007年	2008年	2009年	2010年	2011年	2012年	2013年	2014年	2015年	2016年
X_1	0.00	0.14	0.01	0.02	0.04	0.06	0.12	0.15	0.22	0.34	0.46	0.60
X_2	6.33	6.52	0.11	0.12	0.08	0.00	0.03	0.08	0.15	0.27	0.37	0.48
X_3	0.00	0.30	0.02	0.05	0.05	0.08	0.13	0.18	0.25	0.35	0.45	0.55
X_4	0.00	0.26	0.02	0.05	0.06	0.09	0.14	0.19	0.25	0.35	0.44	0.55
X_5	0.00	0.34	0.02	0.04	0.05	0.08	0.12	0.18	0.26	0.38	0.46	0.56
X_6	0.00	0.33	0.03	0.06	0.06	0.09	0.14	0.20	0.26	0.34	0.44	0.53
X_7	0.00	3.24	0.17	0.20	0.20	0.23	0.26	0.25	0.27	0.31	0.36	0.36

续表

指标	2005年	2006年	2007年	2008年	2009年	2010年	2011年	2012年	2013年	2014年	2015年	2016年
X_8	0.00	0.70	0.06	0.10	0.14	0.27	0.29	0.29	0.29	0.34	0.33	0.30
X_9	7.90	7.23	0.20	0.22	0.17	0.19	0.15	0.13	0.12	0.07	0.04	0.00
X_{10}	0.73	0.00	0.02	0.02	0.02	0.04	0.06	0.08	0.23	0.33	0.47	0.63
X_{11}	0.00	0.13	0.07	0.19	0.17	0.27	0.33	0.40	0.49	0.66	0.78	0.85
X_{12}	15.21	11.99	0.30	0.33	0.23	0.26	0.17	0.06	0.02	0.09	0.12	0.00
X_{13}	13.21	13.80	0.35	0.37	0.29	0.25	0.15	0.23	0.14	0.10	0.06	0.00
X_{14}	0.05	0.00	0.05	0.06	0.12	0.21	0.29	0.28	0.47	0.79	0.78	0.93
X_{15}	1.77	0.01	0.04	0.13	0.15	0.18	0.22	0.28	0.35	0.47	0.58	0.83
X_{16}	13.62	13.40	0.40	0.46	0.40	0.44	0.31	0.21	0.21	0.02	0.00	0.18
X_{17}	0.61	0.00	0.15	0.27	0.13	0.27	0.39	0.48	0.40	0.69	0.76	0.81
X_{18}	3.26	0.06	0.00	0.02	0.04	0.12	0.14	0.30	0.49	0.70	0.93	1.02
X_{19}	15.99	12.71	0.31	0.34	0.23	0.24	0.14	0.04	0.00	0.07	0.11	0.01
X_{20}	0.00	4.47	0.15	0.19	0.19	0.23	0.33	0.40	0.45	0.55	0.63	0.75
X_{21}	4.66	0.00	0.04	0.39	0.14	0.12	0.01	0.10	0.12	0.54	0.91	0.89
X_{22}	14.80	12.77	0.35	0.39	0.29	0.36	0.22	0.14	0.11	0.08	0.00	0.00
X_{23}	1.88	3.47	0.09	0.06	0.00	0.04	0.25	0.21	0.41	0.76	0.49	0.32
X_{24}	0.00	3.75	0.11	0.13	0.12	0.15	0.19	0.37	0.44	0.57	0.67	0.80
X_{25}	0.00	2.31	0.06	0.07	0.09	0.09	0.24	0.29	0.31	0.32	0.66	0.87
X_{26}	0.00	1.09	0.04	0.07	0.10	0.16	0.19	0.24	0.39	0.67	0.81	0.92
X_{27}	0.00	0.96	0.05	0.10	0.19	0.31	0.36	0.56	0.37	0.62	0.77	0.76

表11-6　2005~2016年贵州省障碍因子排序

名次	2005年	2006年	2007年	2008年	2009年	2010年	2011年	2012年	2013年	2014年	2015年	2016年
1	X_{19}	X_{13}	X_{16}	X_{16}	X_{16}	X_{16}	X_{17}	X_{27}	X_{18}	X_{14}	X_{18}	X_{18}
2	X_{12}	X_{16}	X_{22}	X_{21}	X_{22}	X_{22}	X_{27}	X_{17}	X_{11}	X_{23}	X_{21}	X_{14}
3	X_{22}	X_{22}	X_{13}	X_{22}	X_{13}	X_{27}	X_{11}	X_{20}	X_{14}	X_{18}	X_{26}	X_{26}
4	X_{16}	X_{19}	X_{19}	X_{13}	X_{12}	X_{11}	X_{20}	X_{11}	X_{20}	X_{17}	X_{11}	X_{21}
5	X_{13}	X_{12}	X_{12}	X_{19}	X_{19}	X_8	X_{16}	X_{24}	X_{26}	X_{14}	X_{25}	X_{25}
6	X_9	X_9	X_9	X_{12}	X_7	X_{17}	X_{14}	X_{18}	X_{23}	X_{11}	X_{27}	X_{11}

续表

名次	2005年	2006年	2007年	2008年	2009年	2010年	2011年	2012年	2013年	2014年	2015年	2016年
7	X_2	X_2	X_7	X_{17}	X_{20}	X_{12}	X_8	X_8	X_{17}	X_{27}	X_{17}	X_{15}
8	X_{21}	X_{20}	X_{17}	X_9	X_{27}	X_{13}	X_7	X_{25}	X_{26}	X_{24}	X_{24}	X_{17}
9	X_{18}	X_{24}	X_{20}	X_7	X_9	X_{19}	X_{23}	X_{15}	X_{27}	X_{20}	X_{25}	X_{24}
10	X_{23}	X_{23}	X_{24}	X_{20}	X_{11}	X_{20}	X_{25}	X_{14}	X_{15}	X_{21}	X_{20}	X_{27}
11	X_{15}	X_7	X_2	X_{11}	X_{15}	X_7	X_{15}	X_7	X_{25}	X_{15}	X_{15}	X_{20}
12	X_{10}	X_{25}	X_{23}	X_{24}	X_8	X_{14}	X_{22}	X_{26}	X_8	X_5	X_{23}	X_{10}
13	X_{17}	X_{26}	X_{11}	X_{15}	X_{21}	X_9	X_{24}	X_{13}	X_7	X_4	X_{10}	X_1
14	X_{14}	X_{27}	X_{25}	X_2	X_{17}	X_{15}	X_{26}	X_{23}	X_6	X_3	X_1	X_5
15	X_6	X_8	X_8	X_{27}	X_{14}	X_{26}	X_{12}	X_{16}	X_5	X_6	X_5	X_3
16	X_1	X_5	X_{27}	X_8	X_{24}	X_{24}	X_{13}	X_6	X_4	X_1	X_3	X_4
17	X_3	X_6	X_{14}	X_{25}	X_{26}	X_{21}	X_9	X_4	X_3	X_8	X_4	X_6
18	X_4	X_3	X_{21}	X_{26}	X_1	X_{18}	X_6	X_3	X_{10}	X_{10}	X_6	X_2
19	X_5	X_4	X_{15}	X_{14}	X_2	X_6	X_{19}	X_5	X_1	X_{25}	X_2	X_7
20	X_7	X_1	X_{26}	X_{23}	X_6	X_4	X_{18}	X_1	X_{16}	X_7	X_7	X_{23}
21	X_8	X_{11}	X_6	X_6	X_4	X_{25}	X_4	X_{22}	X_2	X_2	X_8	X_8
22	X_{11}	X_{18}	X_3	X_3	X_3	X_3	X_3	X_9	X_{13}	X_{13}	X_{12}	X_{16}
23	X_{20}	X_{15}	X_{10}	X_1	X_5	X_5	X_1	X_{21}	X_{21}	X_{12}	X_{19}	X_{19}
24	X_{24}	X_{14}	X_5	X_5	X_{18}	X_1	X_5	X_{10}	X_9	X_{22}	X_{13}	X_{13}
25	X_{25}	X_{10}	X_4	X_1	X_1	X_{23}	X_{10}	X_2	X_{22}	X_9	X_9	X_{22}
26	X_{26}	X_{17}	X_1	X_{10}	X_{10}	X_{10}	X_2	X_{12}	X_{12}	X_{19}	X_{22}	X_{12}
27	X_{27}	X_{21}	X_{18}	X_{18}	X_{23}	X_2	X_{21}	X_{19}	X_{19}	X_{16}	X_{16}	X_9

注：排序以表11-5数据小数点第3位为准。

从表11-6可以看出，X_{16}（地均废水排放量）2007~2010年都是影响贵州省土地低碳集约利用的重要因子，从2011年开始，地均废水排放量对土地低碳集约利用的影响明显下降，这说明贵州省政府对于水资源的保护力度明显提升；2013年、2015年和2016年居首位的因子是人均公共绿地面积，这说明贵州省的公共绿地面积还不够，仍然需要大力发展，避免人均公共绿地面积成为阻碍贵州省土地低碳集约利用水平提高的因素。

将2005~2016年的障碍因子前五位出现的次数进行统计，X_{16}（地均废水排放量）>X_{22}（单位耕地面积化肥使用量）>X_{19}（能源强度）= X_{13}（地均能源消费）= X_{11}（单位 GDP 碳排放强度）> X_{18}（人均公共绿地）= X_{14}（地均环保投入）= X_{12}（地均碳排放量）> X_{17}（地均固废排放量）= X_{27}（工业固废综合利用率）= X_{21}（能源消费弹性系数）= X_{26}（生活垃圾无害化处理率）= X_{20}（能源强度）> X_{24}（森林覆盖率）> X_{23}（环境污染治理投资占 GDP 的比例）= X_{25}（建成区绿化覆盖率）= X_{8}（人均耕地面积），其出现次数分别为 7 次、6 次、5 次、5 次、5 次、4 次、4 次、4 次、3 次、3 次、3 次、3 次、3 次、2 次、1 次、1 次、1 次。

从这部分数据可以判断出对 2005~2016 年贵州省城市土地低碳集约利用水平影响最大的是地均废水排放量、单位耕地面积化肥使用量、能源强度、地均能源消费和单位 GDP 碳排放强度。为了减少以上 5 种因子对贵州省土地低碳集约利用水平提高的障碍度，应从以下几方面减小其障碍度：首先为了减少贵州省地均废水排放量，需要严格控制废水的排放，尤其是向河道偷排、乱排的现象，加大对废水处理器材技术资金的投入，从源头和处理技术上控制废水排放量；其次减少单位耕地面积化肥使用量，这更需要研发新的技术，争取使用危害度低的化肥，其中最本质、关键的是提高农作物自身的产出率，力求少使用甚至不使用化肥；剩下的 3 种因子都和碳排放直接相关，那就应该从增加碳排放量的源头入手，即从建设用地入手，建设用地面积的增加会导致碳排放量的增长已毋庸置疑，那贵州省就应该严格控制建设用地面积的增加，特别是由农用地转换为建设用地的申请需加强控制，还要预防某些不提交申请直接动工的情况，因为一旦发生类似情况即使拆除了违法建筑，依旧无法挽回其对土地造成的无可逆转的伤害，还需要时刻监控有无闲置土地，对闲置土地要在不伤害生态环境的基础上全力盘活，避免土地资源的浪费。

11.3.3 协调度分析

本研究的重点是探求贵州省未来土地低碳集约利用水平的提升对策，即土地集约利用与土地低碳利用同等重要，对二者协调程度的分析，使用式（11-13），如下所示：

$$CI = \frac{IU+LCU}{\sqrt{IU^2+LCU^2}} \tag{11-13}$$

其中，CI 为协调度指数；IU 为土地集约利用水平得分；LCU 为土地低碳利用水平得分。

根据式（11-13）得到图 11-1，协调度越大代表贵州省土地集约利用和土地低碳利用直接的发展越协调，即分值越高越好。

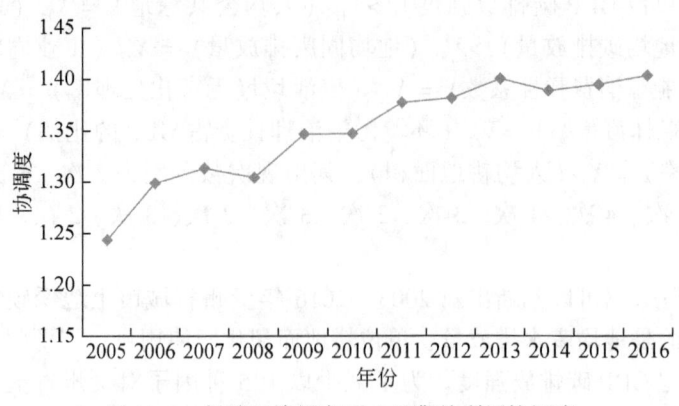

图 11-1 低碳经济视角下土地集约利用协调度

从图 11-1 可以看出，2005~2016 年贵州省的协调度变化总体呈现出上升的趋势，但在 2008 年和 2014 年呈现出下降的趋势，这表明虽然随着贵州省经济的发展偶尔会出现因环境限制经济发展的状况，但大体上仍然保持着环境与经济协调发展的趋势，这是贵州省土地低碳集约利用水平稳步提升的前提。同时也发现近几年的协调度保持平稳的状态，而不似之前的明显增长，这预示着土地集约利用与土地低碳利用之间的瓶颈，在发展城市土地低碳集约利用的道路上还任重道远，应该向那些发展较好的城市借鉴经验，如上海、浙江等（潘玲玲，2015）。

11.4 本章小结

本章运用熵值权和土地集约利用程度模型对 2005~2016 年贵州省土地集约利用水平与土地低碳利用水平进行系统的评价分析并对结果进行评价，运用障碍度模型和协调度模型对贵州省土地低碳集约利用的障碍因子进行分析并计算其协调度。研究主要结论如下：2005~2016 年贵州省土地低碳集约利用程度一直呈现出良好上升的趋势，2005~2009 年是粗放利用，2010~2013 年是基本集约利用，2014~2016 年是较为集约利用，说明贵州省对于资源环境的改善投入了大量的精力，已呈现出土地集约利用状态逐步转好的趋势。对土地利用障碍因子的诊断与协调度分析的结果表明，贵州省土地低碳集约利用影响最大的三个因子为地均废水排放量、单位耕地面积化肥使用量和能源强度。因此贵州省必须加强水域质量监测力度、加大化肥使用监控、严格把控建设用地动态变化、合理增加园地面积、合理调整土地利用结构，构建低碳、生态的土地利用模式，确保贵州省土地绿色、可持续利用；2005~2016 年贵州省协调度变化总体呈现出上升的趋势，但在 2008 年和 2014 年出现了下降的趋势，这表明虽然随着贵州省经济的发展偶尔会出现因环境限制经济发展的状况，但大体上仍然保持着环境与经济协调发展的趋势，这是贵州省土地低碳集约利用水平稳步提升的前提。为了促进土地低碳集约利用，贵州省必须调整和优化土地利用结构，减少建设用在的扩张、保护耕地、增加高生态用地，构建低碳、生态的土地利用模式，促进贵州省土地绿色低碳和可持续利用。

第 12 章　研究结论与对策建议

本篇在对典型喀斯特生态脆弱区贵州省 2005~2016 年土地利用变化及其碳排放现状进行分析的基础上，运用灰色关联模型计算贵州省土地利用方式变化与碳排放量之间的灰色关联度，确定两者的关系，然后构建低碳经济视角下贵州省土地集约利用评价指标体系，共 27 个指标，运用熵值权和土地集约利用程度模型对 2005~2016 年贵州省土地集约利用水平与土地低碳利用水平进行系统的评价分析并对结果进行评价，运用障碍度模型和协调度模型对贵州省土地低碳集约利用的障碍因子进行分析并计算其协调度，并进行结果分析与评价。从土地结构变化、土地碳排放变化、土地利用变化与土地碳排放变化关联度、集约利用度和碳排放影响因子 5 个方面得出以下结论，并根据研究结论提出了促进喀斯特生态脆弱区土地低碳集约利用的对策建议。

12.1　研究结论

本篇以贵州省为研究对象，首先对 2005~2016 年贵州省土地利用类型结构变化做出分析，再对耕地、园地、林地、牧草地、水域和建设用地产生的碳排放变化进行计算研究，其次利用灰色关联度分析计算 2005~2016 年贵州省人均碳排放强度、地均碳排放强度、单位 GDP 碳排放强度与土地利用结构的关系，在确保它们具有相关性的基础上，再进行 2005~2016 年贵州省土地低碳集约利用评价，根据前人的研究与数据的基础分析，从土地集约利用和土地低碳利用两方面选取 27 个指标构建评价体系，使用熵值法获得土地集约利用度分值，最后通过障碍度模型分析影响土地低碳集约利用的重要因子，得到以下研究结论。

1) 土地利用动态变化研究结果表明，贵州省土地利用数量变化最为明显的是牧草地和林地，前者的面积急剧下降，而后者的面积逐步攀升。与其他城市的土地利用数量变化较为不同的是，贵州省耕地的数量并未大幅度下降，反而有所提升。土地利用类型的结果变化是通过各类土地的数量变化计算而来的，从牧草地与林地的数量变化可以推断出其结构变化也十分巨大，通过计算可知，牧草地的结构变化为 -95.49%，而林地的结构变化为 12.78%，且未利用地的结构变化高达 21.05%，其他土地利用类型虽有变化，但其变化波动幅度不大。由此可知，大部分的牧草地转换为了林地，这种转换来自于国家发展方向的转变。从贵州省政府下发的很多政策文件可以明确感受到国家对大力建设、发展生态文明的决心，如贵州省政府2018年9月印发的《贵州省打赢蓝天保卫战三年行动计划》中明确提到要提升森林植被面积，以小见大。虽然牧草地数量急剧下降的同时，林地的数量在快速的上升，但可以发现未利用地、建设用地和耕地的数量也在增加，所以为了防止牧草地被大量转换为对生态环境危害较大的建设用地，需要贵州省政府加强对牧草地用途转换的管理。

2）土地利用碳排放变化研究结果表明，2005~2016年贵州省总碳排放量和净碳排放量的变化趋势相同，皆呈现出波动上升的趋势，二者都是在2005~2009年上升，2009~2010年略微下降，2010~2013年又呈现出上升的趋势，2013~2015年又呈现出轻微下降的趋势，2015~2016年则又开始呈现出上升的趋势；从二者的变化里可以看出，贵州省政府对土地利用碳排放的控制，当碳排放呈现不断上升的趋势时，政府便会加大对环境的治理，使碳排放增长的趋势有所减缓，且开始逐渐缩短可控年限，从需要4年才能减缓碳排放的增长趋势，逐渐变为3年就可以控制其增长的趋势，这些细微的变化使贵州省的碳排放虽然总体呈现出上升的趋势，但波动明显放缓，还呈现出下降的趋势。2005~2016年贵州省总碳吸收量在2009年出现陡然上升的状况，但2010~2016年并未出现明显增长。虽然贵州省现在的净碳排放量变化趋于平稳，但净碳排放总量仍然较高，依然不能掉以轻心。所以想要降低净碳排放量就要控制建设用地面积的增长和在建设用地上的能源消费。贵州省对各类土地产生的高碳排放、高污染采取的措施在2013年有了成效，这才出现了如今的减缓趋势。而无论是在2005年还是2016年，贵州省的碳排放量都远远高于碳吸收量，也就是说想要减缓贵州省今后的净碳排放量，不光要遏制碳排放的源头（建设用地），还有寻求增加碳吸收量的方法。从前文可知，对碳吸收影响较大的是林地和园地，那如何调整贵州省今后的土地利用结构便是增加碳吸收量的根本。

3）土地利用变化与碳排放量的关系分析结果表明，2005~2016年贵州省土地利用结构变化与人均碳排放强度和地均碳排放强度关联性最高的是水域，而与单位GDP碳排放强度关联度最高的是园地，与三者关联度较为紧密的是水域、林地和园地。水域属于未利用地，但在未利用地中的占比不大，不能够代表未利用地，所以不能将水域与人均碳排放强度、地均碳排放强度的高关联度代入未利用地与二者之间的关系，且水域对人均碳排放强度和地均碳排放强度的影响居于首位，不仅因为其碳排放系数仅次于林地，还因为水域的面积变化波动明显。水域的重要性毋庸置疑，因为水域不仅可以吸收碳排放，也容易被污染，如果生活、生产废水被毫无顾忌地排放在水域中，那么净碳排放无疑会增长，而这些被污染的水域又会影响人类的生产、生活,甚至导致生活在水域边缘的居住者患病乃至死亡,所以水域的变化会对人均碳排放程度造成直接的影响;而各地类的面积也与水域息息相关,这就导致水域与地均碳排放强度的关系紧密。所以政府对水域的面积和安全控制十分紧密,2018年11月贵州省政府对在饮用水域私自经营的商户进行处罚,并拆除违规私自搭建的小码头,责令违规商户购买鱼苗对被影响的水域进行生态补偿等,这些实际行动都展现了贵州省政府对水域安全的重视。而对于园地和林地而言,二者作为重要的碳汇资源,其面积直接影响着单位GDP碳排放强度和人均碳排放强度、地均碳排放强度,所以贵州省为提高土地低碳集约利用率必定要将园地的面积变化纳为重点监控对象。

4)土地低碳集约利用评价结果表明,2005~2016年贵州省土地低碳集约利用程度总体呈现出上升的趋势,除2009年稍微有所下降外,每年都有所增长。贵州省的集约利用程度在2005~2009年是粗放利用程度,在2010~2013年是基本集约利用程度,在2014~2016年是较为集约利用程度;从集约利用程度变化的时间可以明显看出,贵州省土地集约利用的程度快速上升,从粗放利用变为基本集约利用花费了4年时间,而从基本集约利用变为较为集约利用花费了3年时间,从这个变化趋势来推断,从较为集约利用变为最佳集约利用的时间不会太长。低碳集约利用程度的变化十分明显,这得益于国家对生态文明建设的重视程度不断增长,也得益于贵州省政府的切实发展。

5)障碍因子的诊断与协调度分析结果表明,根据障碍度模型的因子诊断,对贵州省低碳集约利用影响最大的几个因子是地均废水排放量、单位耕地面积化肥使用量、能源强度。地均废水排放量与建设用地紧密相关,因为无论是生活废水还是工业废水,其产生的地点都是在人们劳作生活的建设用地上;而单位耕地面积化肥使用量和耕地上作物的产量息息相关,对耕地投入大量的化肥最终目的是追求产量的提升;能源强度用来体现能源使用的经济效益,能源使用效率越高,获得的经济效益越大,而对于能源的消耗,建设用地排在首位,所以就以上结论而言,想要减轻这些障碍因子对贵州省低碳集约利用程度的影响,必须从建设用地的使用和绿色农作物产量的提升着手。2005~2016年贵州省土地集约利用与低碳经济之间的协调度呈现出波动上升的趋势,协调度呈现出明显的波浪状,但仍然可以看出协调度的下滑趋势随着生态文明建设的日益加深有所减缓,间隔时段越来越长。

12.2 对策建议

针对12.1节提出的土地利用类型结构变化、土地利用类型碳排放变化、人均碳排放、地均碳排放、单位 GDP 碳排放与各地类关联度、低碳集约利用度和障碍因子五点结论，提出促进研究区土地低碳集约利用的对策建议。

(1) 加强牧草地和林地的数量、质量监测力度

牧草地和林地的变化十分明显，特别是从 2009 年以来，所以为了确保贵州省生态安全、控制贵州省碳排放变化，必须加强贵州省牧草地和林地的数量、质量监测力度。牧草地和林地虽然不像耕地一样是保障国家粮食安全的基础，但其数量和质量的变化直接影响着贵州省土地利用碳排放量，所以牧草地和林地的面积、质量对贵州省的生态与经济都很重要。针对本研究而言，为了防止某些企业或个人为牟取利益而故意忽视政府提出的退耕还草、还林政策，必须加强对贵州省牧草地和林地质量监测的力度。为了能够加强监测力度，应将监测区域细化到乡镇，可以借鉴欧美部分国家监控耕地安全的经验，如美国等选取几十个监测点来长期监测耕地，再选择十几个点进行浮动监测（罗华艳，2018）；还需要完善牧草地和林地的动态监测的相关制度，构建数据库，与大数据时代相接轨；同时加大对相关技术人员的培训，提升牧草地和林地监测的软实力，争取做到软实力、硬实力两把抓。

(2) 严格控制建设用地的扩张，减少碳排放

土地利用变化产生的碳排放与建设用地紧密相关，但随着中国社会的经济发展，城市建设用地扩张的越发快速，而城市建设用地的无序蔓延则会导致城市土地利用的结构不协调，还会导致净碳排放量逐渐增多。所以为了避免建设用地无序蔓延，以及现在许多城市仍在建设的新城区面积过大等问题，贵州省必须严格把控建设用地的变化态势。城市的快速扩张造成了严重的城市病（人口急速膨胀、房价居高不下、交通经常拥堵等），并且破坏了自然生态系统的循环，人类正一步步逼近资源环境承载力的最后底线。为了防止贵州省建设用地的无序扩张应该科学、合理的规划城市增长边界，充分挖掘旧城区建设用地的潜力，加大旧城改造力度，提高旧城区土地利用效率，避免盲目扩张新城区；优化城市建设用地结构，学习国外丰富经验将贵州省建设为精明增长城市和智慧城市，克服城市现有的城市病，大力发展贵州省城市土地的混合使用，开辟更多城市绿色开敞空间，严格控制建设用地扩张，形成良好的土地利用格局（方创琳等，2017）；还要完善新城区审查机制、制度，严格把控新城区的审批，从根源上杜绝无序扩张城市建设，对已审批合格建成的新城区要规划好建设用地的使用，从源头上避免出现建设用地闲置、浪费的状况。

(3) 严格把控水域安全，合理增加园地、林地面积

针对人均碳排放强度、地均碳排放强度和单位 GDP 碳排放强度关系最为紧密的水域、园地和林地，应该严格把控水域安全且合理增加园地、林地的面积。

将严格把控水域安全放在首位，不仅仅是因为水域这一因素和人均碳排放强度、地均碳排放强度关联度高，还因为想要提升贵州省的水域面积可能性极低，所以将现有的水域安全把控好是最为重要的；园地和林地作为对人均碳排放量、地均碳排放量和单位 GDP 碳排放量影响较大的土地利用类型，且又是碳汇资源，增加园地和林地的面积对贵州省土地利用碳排放量的减少是毋庸置疑的。但土地总量是保持不变的，增加园地和林地的面积必定会减少其他用地的面积，也就是说，如何在保证生产、生活、经济发展的前提下增加园地、林地的面积或者二者的利用效率才是重点。为确保水域生态安全，首先要提升对水域的监控力度，对水域周边居民加强教育，降低周边居民为提高收入做危害水域生态安全的可能性，加强对破坏水域安全的处罚力度，如我国澳门的禁烟处罚，在规定不能吸烟的区域吸烟处 5000 元罚金，高额罚金只是一种震慑手段，目的是让人们意识到在规定区域不能做某些行为，贵州省需要的是提高破坏水域生态安全的代价，使人们意识到如果进行某种行为会产生沉重的代价，而确保会产生这些代价的前提是能够切实监控到那些行为，所以想要严控水域安全监控力度与惩罚措施缺一不可；从保护碳汇的角度来说，园地、林地是主要的碳汇，因为二者的碳吸收能力高，且对贵州省土地低碳集约利用水平具有较高的影响，所以贵州省必须严格执行国家退耕还林的政策，确保林地面积，鼓励群众植树造林，禁止砍伐森林，还可以将具有观赏价值的林地开发为旅游景区，将保护生态与发展经济相结合，合理调整园地的布局，大力推进经济效益好、利用率高的园地，即重点发展优质果园，对中产甚至低产的果园进行结构调整与产品改进，使用科学手段提高该园地的效益。

（4）合理开发利用土地，实现土地的集约和低碳利用

城市的集约利用程度已经受到了各个层级的关注，但土地低碳利用程度还需要加大关注。因为贵州省地形的限制，能源消耗巨大，产生的碳排放量很高，所以需要寻求适应贵州特色的新能源，减少煤炭等化石能源的消耗，逐渐提升贵州省土地集约利用水平与土地低碳水平的协调发展度。

（5）保护土地生态环境，提升土地低碳集约利用度

想要提升贵州省土地低碳集约利用度就要减少影响其发展的主要因子，由前述可知对贵州省土地低碳集约利用影响最大的三个因子是地均废水排放量、单位耕地面积化肥使用量和能源强度。为了降低地均废水排放量对贵州省的影响，首先加强对需要排放废水企业的准入门槛，从源头上限制废水乱排乱放；其次动员全民监控废水的乱排乱放，对提供准确信息的居民提供精神和物质双层奖励；最后对确有违法行为的企业或个人处以重罚。因为单位耕地面积化肥使用量是影响土地低碳集约利用的重要因子，所以耕地的减排手段十分明确：减少农药、化肥

的使用量，提倡使用牲畜粪便，发展绿色生态蔬菜，将低碳经济和循环经济的理念融入贵州省耕地利用，创造出生态、循环、高效、特色的贵州省现代农业。能源的利用效率越高，能源强度对贵州省低碳集约利用度的影响越低，建设用地是能源使用的主要场所，所以必须注意在建设用地上产生的能源消费，这些能源消费产生的碳排放是建设用地成为碳源的根本原因。而提升能源的利用效率主要从提升居民环保意识，调整、优化产业结构，盘活存量土地三大方面入手。提升居民环保意识可以逐步的从根源上减少碳排放，一旦居民具有了良好的环保意识会极大地降低私人交通工具的使用率，即减少汽车尾气的排放，也会降低污染治理的困难程度，不至于让经济发展远远地将污染治理甩在身后；调整、优化产业结构是减少建设用地碳排放的重要手段，第二产业产生的碳排放量是极大的，虽然近年来贵州省第三产业增加值要大于第二产业增加值，但第二产业所占比例仍然不少，因为第二产业是增加 GDP 的重要产业，这便成了要经济发展还是要青山绿水的问题，所以为了不过度的影响贵州省的经济发展，政府应该加大对服务行业的扶持，推动贵州省的产业结构升级，全力发展低碳行业，从政策上、资金上对高效益、低污染、低排放的产业进行大力发展，将传统的高碳产业转变为适应未来发展的低碳产业；盘活存量土地是一个老生常谈的话题，这是提升城市土地利用效率的重要手段，本研究认为应该将位于城市中心的存量土地用作金融业、服务业等占地面积较少、污染较小的行业，而位于城市边缘的存量土地可以用来建设占地较广、污染较大的重工业，这样一来便将土地的价值发挥到最大，表明了土地的闲置和资源的浪费，还可以有效地提升城市土地集约利用程度。

12.3 本篇小结

本篇在对低碳经济、土地集约利用、土地低碳集约利用等相关概念和理论提出理解的基础上，结合典型喀斯特生态脆弱区 2005～2016 年贵州省经济、社会实际，对其土地利用变化及其碳排放现状进行分析，运用灰色关联模型计算贵州省土地利用方式变化与碳排放量之间的灰色关联度，确定其关系，然后构建低碳经济视角下贵州省土地集约利用评价指标体系，运用熵值法和土地集约利用程度模型对 2005～2016 年贵州省土地集约利用水平与土地低碳利用水平进行系统的评价分析并对结果进行评价，运用障碍度模型和协调度模型对贵州省土地低碳集约利用的障碍因子进行分析并计算其协调度，并进行结果分析与评价。根据前述研究结果探讨了促进喀斯特生态脆弱区土地低碳集约利用的建议和对策，加强牧草地和林地的数量、质量监测力度；严格控制建设用地的扩张，减少碳排放；严格把控水域安全，合理增加园地、林地面积；合理开发利用土地，实现土地的集约和低碳利用；保护土地生态环境，提升土地低碳集约利用度。从而提高土地生态系统固碳减排功能，推进土地低碳绿色利用，协调土地利用与生态环境保护之间的关系，集喀斯特生态脆弱区土地利用过程中经济效益、生态效益和社会效益于一体，促进其低碳绿色土地发展模式快速培养。

第四篇

贵州省土地利用与生态环境耦合关系研究

协调发展主要内容从总体上看，可以大致分为总体结构协调、土地利用与生态环境关系协调两个方面。总体结构协调，即生态环境保护的协调和土地利用建设发展速度的协调。为了使土地利用与生态环境保持良性循环发展，要做到不过度追求土地利用的最快发展与效益，要保证土地利用与生态效益的最优化，绝不以牺牲生态环境为代价发展土地利用。土地利用与生态环境关系协调，要保证土地利用自身内部的协调发展，保证内部协调再关注外部协调，也就是各个土地利用类型与生态环境之间的协调关系。土地利用的广度和深度不断扩大，虽然极大地推动了人类社会向前发展，但生态环境问题也日益突出，主要表现为土地大量闲置、耕地急剧减少、生态环境质量下降、用地结构不合理等。如何正确处理土地利用与生态环境保护之间的关系，促进土地生态安全已成为当今社会发展的重要问题。本篇以典型的喀斯特生态脆弱区——贵州省为例，对其土地利用与生态环境的耦合发展机理、耦合关系的时间演变、空间差异进行分析，并对耦合关系的时间演变进行预测，根据分析结果，提出促进贵州省土地利用与生态环境耦合的对策建议。

第 13 章　贵州省土地利用与生态环境耦合发展机理研究

土地利用与生态环境是两个相互影响又相互关联的系统，通过 DPSIR 模型，从驱动力、压力、状态、影响、响应五个方面着手研究土地利用与生态环境耦合发展的机理。

13.1　贵州省驱动力、压力和状态分析

贵州省位于我国西南部，地处云贵高原东部山区，地势西高东低，东靠湖南省，南连广西壮族自治区，西邻云南省，北连四川省和重庆市，平均海拔为1100m 左右。截至 2018 年，贵州省辖贵阳、六盘水、遵义、安顺、毕节、铜仁 6 个地级市，黔东南、黔南、黔西南 3 个自治州，1 个国家级新区（贵安新区），8 个县级市和 78 个县（区、特区），其中少数民族自治县 11 个。属于亚热带季风气候，自然资源、矿产资源丰富，是我国西部地区矿产资源大省。2016 年年末全省总人口为 4395.33 万人。下面从驱动力、压力、状态三个方面对贵州省进行介绍。

13.1.1　贵州省社会经济现状——驱动力分析

从供给端来看，三大产业结构较为优化，产业发展也较为协同，2015 年全省地区生产总值为 10 502.56 亿元，比 2011 年增加 4800.72 亿元，地区生产总值增速连续 5 年位居全国前 3 位。经济总量持续上升的同时，产业结构也在协同发展，2015 年全省三次产业结构分别为 15.6%、39.5%、44.9%，与 2011 年（12.7:38.5:48.8）相比，第一产业提高 2.9 个百分点，第二产业提高 1.0 个百分点，第三产业降低 3.9 个百分点。贵州省近年大力推行特色山地高效农业，农业附加值不断增长，2013 年全省农林牧渔的增加值突破了 1000 亿元，此外工业也在发展中不断转型升级，具体表现在新兴产业增加，传统产业，如煤炭行业在经济发展中占比逐渐下降，私营企业和轻工业占比提高。

从需求端来看，投资以及消费增长较快。2015 年全社会固定资产投资为10 945.54 亿元，相较于 2004 年的 869.3 亿元增长了 10 076.24 亿元，其中第一

产业的固定资产投资为 251.20 亿元，第二产业为 2746.40 亿元，第三产业为 7947.94 亿元，三次产业投资结构比为 2.3∶25.1∶72.6，由于统计口径变化，采用 2011 年三次产业投资比（2.9∶32.1∶65.0）与 2015 年相比，可以看出第一产业投资比例基本持平，第三产业投资比例大幅度上升，第二产业投资比例下降。总体来看，全省消费水平总体较为稳定，消费对经济增长的贡献在 38% 左右，居民收入增长，生活质量提高，导致全省汽车、石油类消费品增长较快，此外贵州省人口增长较快，城镇化率从 2004 年的 24.8% 增长到 2015 年的 40.48%。贵州省经济飞速发展、经济结构迅速转型以及科学技术的发展对贵州省土地的利用类型、结构以及利用方向产生了剧烈的影响，所有的一切构成了土地利用变化的驱动力。

13.1.2 贵州省土地利用演变情况——压力分析

贵州省土地总面积为 17.6167 万 km^2，占全国土地面积的 1.8%，土地资源以山地和丘陵为主，平地仅占全省土地总面积的 7.5%，喀斯特地貌显著，占全省土地总面积的 61.9%，耕地面积为 454.39 万 hm^2，占全省土地总面积的 25.80%，地形复杂，山脉纵横，河流交错，土地类型的数量多，且分布具有多样性，山地多、平地少，中低产田比例高。

（1）农用地演变情况

图 13-1 为 2004～2016 年贵州省农用地面积变化情况。根据《贵州省国土资源公报》，农用地包括耕地、园地、林地以及牧草地，2004～2016 年贵州省农用地的变化可以概括为三个阶段：①第一阶段为 2004～2009 年，该阶段贵州省农用地面积较稳定，最高为 2005 年的 21 221.66 万亩[1]，最低为 2008 年的 21 163.54 万亩，该阶段农用地面积总体减少了 40.97 万亩，面积变化较少，基本可以忽略。②第二阶段为 2009～2010 年，该阶段贵州省农用地大幅度减少，从 2009 年的 21 183.32 万亩直接减少到 20 690.44 万亩，减少了 492.88 万亩，其原因是多方面的，既有贵州省喀斯特地貌这样特殊环境背景的影响，也有国家相关政策的影响，2000 年提出了"西部大开发"，经过多年的发展，贵州省经济取得了巨大发展，随着西部大开发的深入，贵州省城镇化、工业化迅速发展，而为此付出的代价就是生态环境恶化，耕地面积剧烈减少，建设用地迅速增加是其具体表现之一。③第三阶段为 2010～2016 年，该阶段农用地面积也在持续减少，但减少幅度相较于 2009～2010 年小很多，从 2010 年的 20 690.44 万亩减少到 2016 年的 20 555.43 万亩，减少了 135.01 万亩，这得益于贵州省近年来的土地保护政

---

[1] 1 亩 ≈ 666.67m^2。

策，如耕地红线的划定以及对建设用地的管制，限制建设用地无限制的增长并大量占用其他地类的现象。

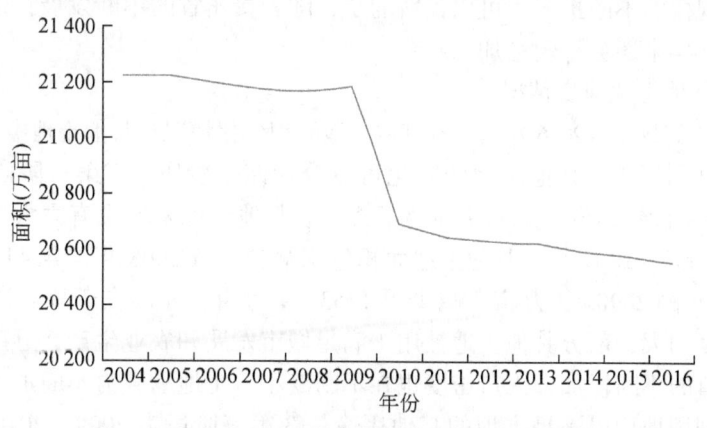

图 13-1　2004~2016 年贵州省农用地面积变化情况

（2）建设用地演变情况

图 13-2 为 2004~2016 年建设用地面积变化情况。贵州省建设用地的增长可以概括分为两个阶段：①第一阶段为 2004~2010 年，建设用地基本没有太大变化，2004 年 816.21 万亩增加到 2010 年 846.58 万亩，增加了 30.37 万亩，该阶段贵州省还处于缓慢发展的过程中，故建设用地处于缓慢但持续的增长中；②第二阶段为 2010~2016 年，建设用地也处于持续增长中，但从增长幅度来看明显快于 2004~2010 年，建设用地的增加直接反映了贵州省城镇化率的提升和城市化速度的加快，贵州省经济发展水平在 2004~2016 年也得到了较大提升，以往的贫困状况开始逐渐扭转。近年来，基础设施在不断完善，其中又以交通设施的

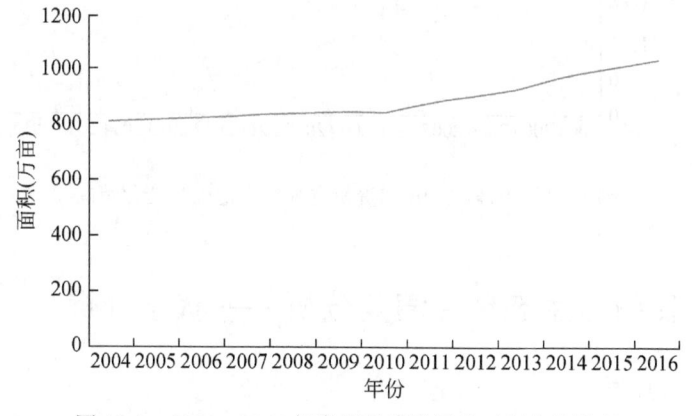

图 13-2　2004~2016 年贵州省建设用地面积变化情况

完善最为显著，贵州省山地较多，以往道路限制了外来资源的进入，随着交通的完善，带动了工业的发展，使城镇居民点、城市工厂增加，这些都极大地促进了建设用地规模的不断扩大，可以预料的是，随着贵州省的不断发展，建设用地面积在未来几年来还会呈现增加的趋势。

(3) 其他土地演变情况

图 13-3 为 2004~2016 年贵州省其他土地面积变化情况。其他土地中主要包括未利用地及难利用地，其他土地的变化可以分为四个阶段：①第一阶段为 2004~2008 年，该阶段贵州省土地利用强度不大，故其他土地基本没有太大变化。②第二阶段为 2008~2009 年，其他土地面积急剧减少，从 2008 年的 4044.11 万亩减少到 2009 年的 2690.52 万亩，减少了 1353.59 万亩，原因在于该阶段贵州省土地利用强度加大，部分其他土地被用于满足城市发展和农业生产，近些年，随着贵州省人口的不断增加，人口密度也在不断变小，土地承载力不断加大，故不得不开发未利用地用以满足土地的其他用途。③第三阶段为 2009~2010 年，其他土地面积缓慢增加。④第四阶段为 2010~2016 年，经过第三阶段缓慢增加后其他土地逐步趋向平稳的状态，2016 年达到 3244.84 万亩。由于贵州省地貌特殊，处于云贵高原喀斯特地区，土地资源利用的难度往往大于其他地区，以未利用地及难利用地为主的其他土地是很难满足经济发展和粮食生产的。

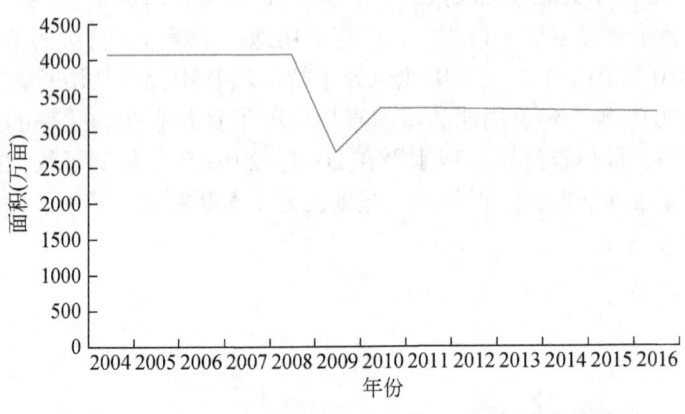

图 13-3　2004~2016 年贵州省其他土地面积变化情况

13.1.3　贵州省生态环境演变分析——状态分析

(1) 大气环境

根据《贵州统计年鉴》数据，2004 年贵州省城市空气质量达到国家环境空气质量二级标准的城市为 4 个，二氧化硫年均浓度值为 0.065mg/m³，二氧化氮年均浓度值为 0.020mg/m³，二氧化硫排放量为 131.50 万 t，烟尘排放量为 32.14 万 t；到 2015 年贵州省城市空气质量达到国家环境空气质量二级标准的城市为 10 个，二氧化硫年均浓度值为 0.02mg/m³，二氧化氮年均浓度值为 0.018mg/m³，二氧化硫排放量为 85.3 万 t，烟尘排放量为 32.14 万 t。总的看来，空气中污染物的含量以及烟尘废气的排放量都在逐渐下降（图 13-4）。

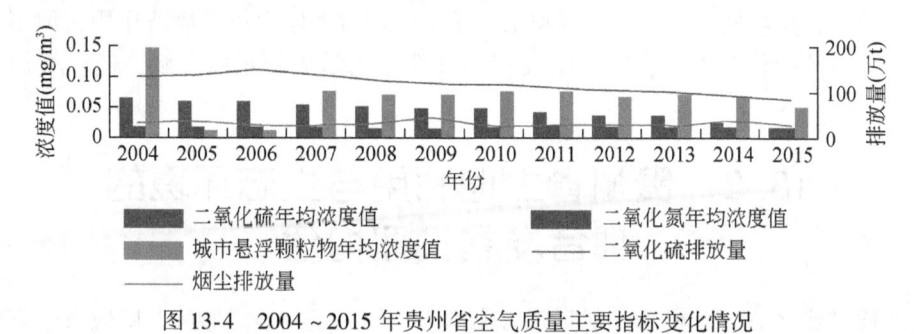

图 13-4　2004~2015 年贵州省空气质量主要指标变化情况

（2）水环境

贵州省水资源较为丰富，2015 年水资源总量为 1153.72 亿 m³，对全省 6539km 的河流进行水质状况评价，表明全年水质评价为Ⅱ类水的河长占总评价河长的 76.9%，Ⅲ类水的河长占总评价河长的 2.9%，全年水质评价为Ⅱ和Ⅲ类水的河长占总评价河长的 79.8%。从图 13-5 可以看出，贵州省 2004~2015 年废水排放总量在不断增长，从 2004 年 5.57 亿 t 增长到 2015 年 11.28 亿 t，增长了 5.71 亿 t，废水排放总量增加的同时城市污水处理率也在不断增长，2015 年已达到 97%，随着贵州省经济快速增长，环境污染在加重，但贵州省也采取了相应环境保护措施进行处理。

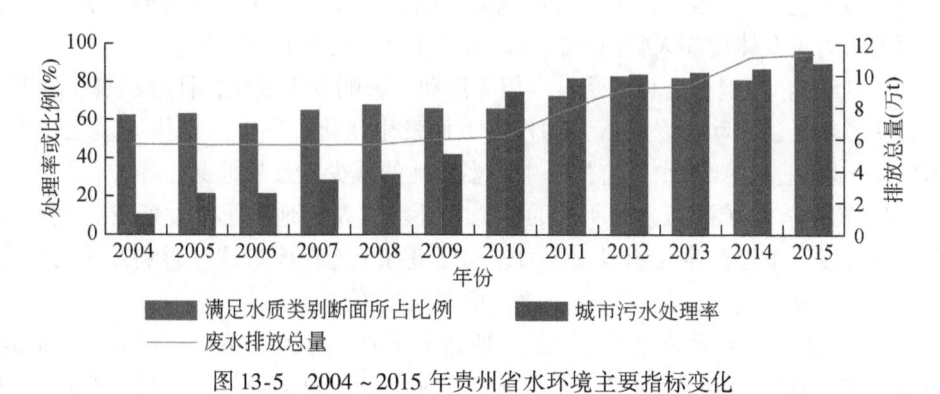

图 13-5　2004~2015 年贵州省水环境主要指标变化

（3）土壤环境

贵州省土壤地带性属于中亚热带常绿阔叶林红壤-黄壤地带，中部地区多位黄壤，西南部以红壤为主，西北部以黄棕壤为主，就农业生产而言，贵州省土壤资源严重不足，可用于农林牧业的土壤所占比例极少。除此之外，贵州省土壤污染较为严重，主要表现在重金属污染、化肥农药污染以及固体废弃物对土壤的污染，贵州省重金属污染主要为镉和汞，化肥农药对土地增长有显著作用，但不能长期大量依赖化肥农药，因化肥农药中大部分化学成分难以分解，使土壤污染严重。

13.2 贵州省土地利用与生态环境的耦合发展机理构建

通过建立 DPSIR 模型，从贵州省驱动力、压力、状态、影响、响应五个方面研究贵州省土地利用与生态环境两个系统相互影响又相互推进的运行机制。

13.2.1 指标体系建立

运用 DPSIR 模型，将贵州省土地利用与生态环境的耦合发展机理分为五个相互作用且密切相关的指标体系（陈龙高等，2009）。

1）驱动力：人类相关的经济活动对土地利用以及环境造成的潜在影响，人口增长、经济发展会导致人们现有生活方式或者消费模式的变化，最终这些因素会导致土地利用方式的转变，对环境造成影响。

2）压力：主要是人类活动对环境的影响，主要体现在资源的消耗上，土地利用的压力主要体现在人类由于自身需求对土地进行的相关规划。

3）状态：环境自然状态受人类相关活动的影响发生变化，社会经济、资源、生态环境在上述驱动力以及压力的作用下而发生变化，环境污染排放随之增多，体现在土地上，主要是水土流失、生物多样性的减少以及耕地退化等。

4）影响：系统的压力和所处的状态对环境以及土地的影响，所有人类活动会对环境以及土地产生影响以及压力，而环境和土地在面对这一影响及压力时也会反作用于社会经济，如水污染、耕地面积减少等。

5）响应：人类活动对环境以及土地造成影响，导致一系列环境问题，而这一系列环境问题不会一直恶化下去，人类为了满足自己的可持续发展，必然会对环境的恶化采取措施，制定积极的环境保护政策，减少污染物的排放、保护耕地等。

表 13-1　土地利用与生态环境耦合发展 DPSIR 评价指标

目标层	准则层	指标层	评估指标释义
土地利用与生态环境耦合发展	驱动力	人口数量（万人）	全省人口总量
		人口增长率（%）	人口增长速度、城镇化速度越快，人口越多，环境压力就越大
		人均 GDP（元）	反映贵州省近年来的总体经济发展水平
		城市化水平（%）	衡量城市化发展程度的指标，一般用城市人口占年末人口总数比例来表示
		固定资产投资额（亿元）	反映土地投资规模、速度、使用方向和比例关系的综合性指标，城市社会经济投入与环境变化存在正比关系
		工业产值年增长率（%）	工业发展上投入的力度
	压力	人均耕地（hm^2）	人均拥有耕地面积
		建设用地比例（%）	城市发展的显著特征之一就是建设用地面积的不断增加
		城镇人均建设面积（hm^2）	城镇用地总面积与城镇人口的比例
		人口密度（人/km^2）	地区总人口与地区土地总面积之比，反映人口的密集程度
		人均绿地（m^2）	城市中人均拥有的绿地面积，是反映绿化程度的重要指标
		生活垃圾清运量（万 t）	生活垃圾能够被清运至垃圾消纳场所或转运场所的量
	状态	森林覆盖率（%）	森林面积占土地面积的比例，城市森林覆盖率越高，生态环境越好
		恩格尔系数（%）	食品支出总额占个人消费支出总额的比例
		水域面积（hm^2）	湖泊水或其他水资源所占面积大小
		园地面积比例（%）	园地面积占土地总面积的比例
	影响	耕地面积净变化率（%）	耕地面积每年增加或减少的数量，反映人类土地利用方式
		人均水资源变化（m^3）	水资源人均变化情况
		工业废水排放量（万 t）	工厂厂区内所有排放口排到厂区外部的工业废水总量

续表

目标层	准则层	指标层	评估指标释义
土地利用与生态环境耦合发展	影响	粉尘去除率（%）	企业在生产工艺过程中排放的能在空气中悬浮一定时间的固体颗粒物排放量的去除率
		二氧化硫排放量（万 t）	企业在燃料燃烧和生产工艺过程中排入大气的二氧化硫总量
	响应	水土流失治理面积（$10^3 hm^2$）	对自然因素和人为活动造成水土流失所采取的预防与治理措施
		固体废弃物综合利用率	工业固体废弃物综合利用量占工业固体废弃物产生量的比例
		环境治理投资比例（%）	环境治理金额占 GDP 的比例
		环保资金投入（亿元）	政府对城市生态环境保护的财政支出，落实在具体经济上的响应指标
		二氧化硫去除率（%）	空气中二氧化硫含量的去除能力，环境响应主要指标

土地利用与生态环境耦合发展关系有一定复杂性及系统性，基于此，选择表 13-1 的 26 个指标，利用 DPSIR 模型，从驱动力、压力、状态、影响、响应五个方面构建指标层与目标层之间的关系。

13.2.2 相关权重确定

主观赋权法与客观赋权法是确定权重的两大主要方法，主观赋权法有专家打分、层次分析法等，主要是依据专家意见和经验，客观赋权法有主成分分析法、熵权法等，主要是依据数学公式进行计算，本研究采取熵权法确定相关指标权重（表 13-2）。

表 13-2　贵州省土地利用与生态环境耦合关系 DPSIR 指标权重

目标层	准则层	指标层	极性	权重
贵州省土地利用与生态环境耦合关系	驱动力（0.2198）	人口数量（万人）	负向	0.0378
		人口增长率（%）	负向	0.0246
		人均 GDP（元）	正向	0.0427
		城市化水平（%）	负向	0.0403
		固定资产投资额（亿元）	正向	0.0466
		工业产值年增长率（%）	负向	0.0278

续表

目标层	准则层	指标层	极性	权重
贵州省土地利用与生态环境耦合关系	压力（0.2395）	人均耕地（hm²）	正向	0.0344
		建设用地比例（%）	负向	0.0319
		人均建设用地面积（hm²）	负向	0.0275
		人口密度（人/km²）	负向	0.0378
		人均绿地（m³）	正向	0.0551
		生活垃圾清运量（万 t）	正向	0.0528
	状态（0.1431）	森林覆盖率（%）	正向	0.0332
		恩格尔系数（%）	正向	0.0302
		水域面积（hm²）	正向	0.0299
		园地面积比例（%）	正向	0.0498
	影响（0.1583）	耕地面积净变化率（%）	负向	0.0195
		人均水资源变化（m³）	正向	0.0332
		工业废水排放量（万 t）	负向	0.0318
		粉尘去除率（%）	正向	0.0405
		二氧化硫排放量（万 t）	负向	0.0333
	响应（0.2393）	水土流失治理面积（10³hm²）	正向	0.0649
		固体废弃物综合利用率（%）	正向	0.0367
		环境治理投资比例（%）	正向	0.0406
		环保资金投入（亿元）	正向	0.0465
		二氧化硫去除率（%）	正向	0.0506

1）对相关指标进行度量化，第 i 个方案的第 j 个指标 X_{ij} 的标准化值 x，越大越优的为正向指标，越小越优的为负向指标（赵磊等，2012）。

对于正向指标：

$$x = \frac{X - X_{\min}}{X_{\max} - X_{\min}} + 1 \tag{13-1}$$

对于负向指标：

$$x = \frac{X_{\max} - X}{X_{\max} - X_{\min}} + 1 \tag{13-2}$$

2）计算方案 i 和指标 j 的比例：

$$p_{ij} = x_{ij} \bigg/ \sum_{i=1}^{n} x_{ij} \tag{13-3}$$

式中，n 为指标数。

3）计算各指标熵值 e_i：

$$e_i = -k \sum p_{ij} \ln p_{ij}, \quad k = 1/\ln n \qquad (13\text{-}4)$$

式中，e_i 为指标熵值，为非负数；k 为正数，倘若 x_{ij} 对于给定的 j 值都相同，那么 $p_{ij} = x_{ij} \Big/ \sum_{i=1}^{n} x_{ij} = \dfrac{1}{n}$，此时 e_i 取最大值，即 $(e_i)_{\max} = k\ln n = 1$，因此 e_i 的取值区间为 [0, 1]。

4）计算不同指标之间的差异系数，如果熵值越小，则指标间 g_i 越大，即指标就越重要

$$g_i = 1 - e_i \qquad (13\text{-}5)$$

5）定义权重值 w_i

$$w_i = g_i \Big/ \sum_{i=1}^{m} g_i \qquad (13\text{-}6)$$

6）计算综合评价值 Z_i

$$Z_i = \sum_{j=1}^{p} w_{ij} p_{ij} \qquad (13\text{-}7)$$

13.2.3 土地利用与生态环境的耦合发展机理分析

利用 DPSIR 模型对 2004~2015 年贵州省土地利用与生态环境耦合发展指数进行测度，得到驱动力、压力、状态、影响、响应评价结果分析如下。

（1）驱动力指数

人类经济活动对环境产生的潜在的影响即驱动力，无论是人口的增长还是城镇化水平的提升，都会或多或少造成人类消费模式或原有生活方式的改变。从图 13-6 可以看出，虽然驱动力在不同年份会短暂的降低，但总体来说还是呈现出上升的趋势，2004 年驱动力指数为 0.049，在 2006 年、2009 年以及 2010 年有小幅度的降低外一直是上升的趋势，2015 年驱动力指数达到了 0.174 16，上升幅度为 255.43%，年均上升 25.54%，相较于 2004 年上升了 0.125 16；再看其主要指标的发展情况，2004 年贵州省总人口为 3831.19 万人，此后一直处于增长趋势的贵州省总人口在 2015 年达到 4395.33 万人，同时人均 GDP 也从 2004 年的 4317 元增长到 2015 年的 29 847 元，城市化水平 2015 年达到 40.8%。综合来看，驱动力各项指标基本都处于增长的过程，人口虽然在增长，但人口增长率却是有节制的，随着贵州省经济的进一步发展，总人口、人均 GDP 以及城市化水平等还会不断增长。

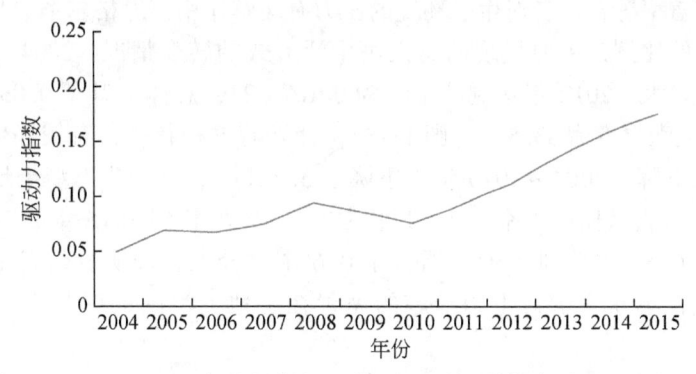

图 13-6　2004~2015 年贵州省土地利用与生态环境耦合关系驱动力指数

（2）压力指数

压力指由人类活动给环境造成的影响而造成的系统自然状态的改变，其中土地利用结构的变化体现的较为明显。2004~2015 年贵州省土地利用与生态环境耦合关系压力指数整体呈现出下降的趋势（图 13-7），2004 年为 0.131 297，2015 年下降到 0.065 863，总体下降 0.065，年均下降 0.006。压力指数分别在 2005 年、2010 年、2012 年达到峰值，压力指数主要指标中，2015 年人均耕地相较于 2004 年减少 0.0145hm^2，建设用地增加 0.74 个百分点，人口密度增加 0.3203km^2/人，对应驱动力指标中总人口以及城市化水平的增长，可以看出随着人口需求的增长，原本的土地利用方式已经不能满足经济发展的需要，土地投入强度在增长，建设用地比例在不断扩大，人口密度不断增长，给生态环境造成了压力，但人均绿地面积的增长可以看出贵州省在生态环境方面也做了很多努力。

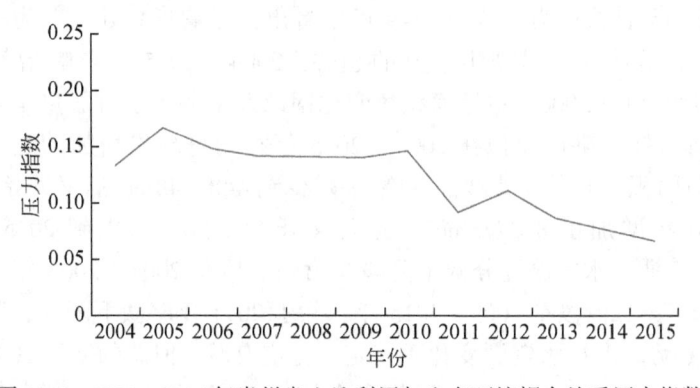

图 13-7　2004~2015 年贵州省土地利用与生态环境耦合关系压力指数

（3）状态指数

状态指数主要呈现的是贵州省各土地利用类型的状态，如水域面积、园地面积、森林覆盖率等，三者对生态环境的压力有缓解作用，恩格尔系数指食品支出占总支出中的比例，主要呈现的是人民生活方式的转变情况，2004~2015年状态指数波动较大，2012年达到峰值，为0.107 527，总体上升了0.036，年均上升0.003，上涨幅度为33.5%（图13-8）。伴随着这种状态，有较好生态功能的水域面积在下降，2004~2015年共下降了3.58hm²，其他生态型土地的面积都在不断增长，如森林覆盖率从2004年的23.83%增长到2015年的50%，园地面积比例从0.88增长到0.94，增长了0.6个百分点，表明贵州省生态环境保护相关措施在不断完善，生态措施的完善在土地上反映的就是生态型土地的增加。

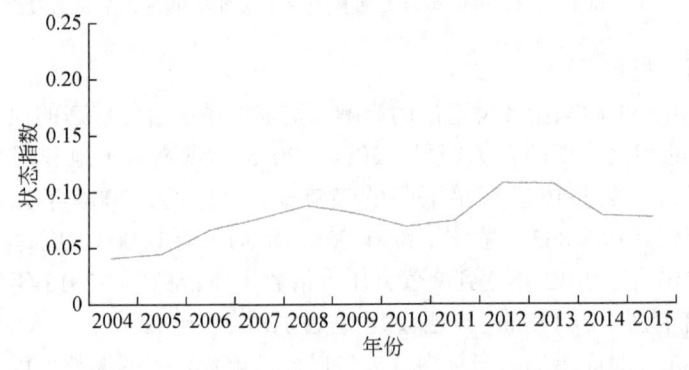

图13-8　2004~2005年贵州省土地利用与生态环境耦合关系状态指数

（4）影响指数

影响指数反映的是土地利用与生态环境在面对人类经济活动所造成的相关压力时而反作用与社会的力。从图13-9可以看出，影响指数处于较为波动但起伏不大的状态，整体还是呈现出上升的趋势，2004~2015年影响指数共上升了0.0568，年均上升0.006。耕地面积净变化率以及工业废水排放量是影响指数中的主要负向指标，耕地面积在2004~2015年稍稍呈现出增加的趋势，2004~2008年耕地面积一直趋于减少，2008年减少到448.348hm²后又开始缓慢增长，2008~2010年增加了8.2773hm²，此后又开始下降，一直到2015年下降到454.1hm²。工业废水排放量分两个阶段：第一阶段是2004~2008年，废水排放量逐年下降；第二阶段是2009~2015年，除了2011年略微下降外，其他时间呈现出上升的趋势。人均水资源变化不稳定，有增有减，但总的来说2004~2015年是增加的，增加了892.8m³；粉尘去除率从2004年的96.1%增加到2015年的99%。

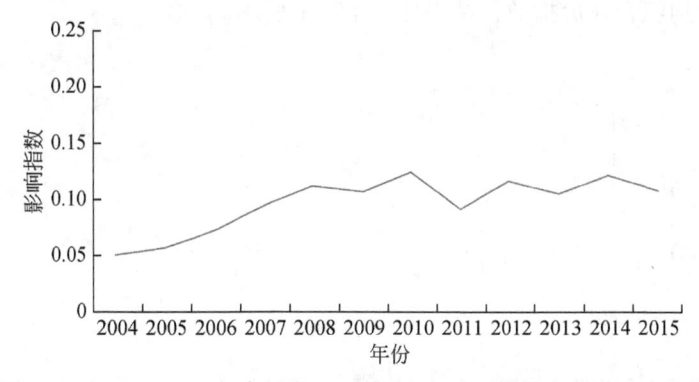

图 13-9　2004~2015 年贵州省土地利用与生态环境耦合关系影响指数

（5）响应指数

响应指数是人们对于生态环境以及土地利用承受的压力而做出对应解决的措施，是主要的正向指标。从图 13-10 可以看出，除了 2004 年和 2014 有降低外，其余年份都是呈现出上升的趋势。其主要指标中大部分在 2004~2015 年呈现出上升的趋势，但水土流失治理面积以及环境投资治理比例呈现出先下降后上升的趋势，水土流失治理面积 2004 年为 2484hm^2，2007 年下降到 2491hm^2，此后又开始上升，至 2015 年为 6297.78hm^2；环境治理投资比例 2004~2009 年从 2.3 下降到 0.54，2009~2014 年又从 0.54 上升到 1.9，2015 年下降到 1.5，总体下降了 0.8，其他指标，如固体废弃物综合利用率、环保资金投入、二氧化硫去除率在 2004~2015 年分别上升了 30.56%、130.46 亿元、54.1%。从水土流失治理面积以及环境投资比例的变化可以看出，贵州省近年来环保力度不断加大。

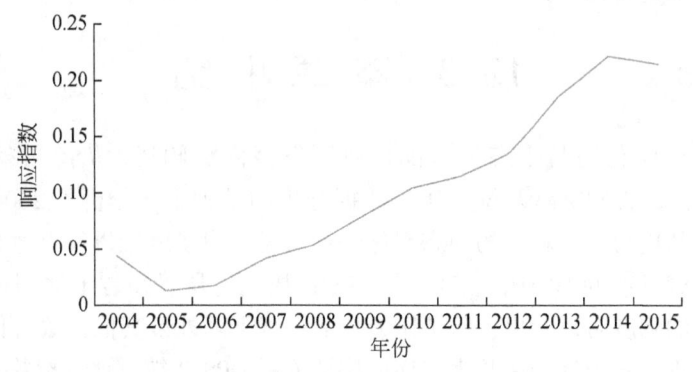

图 13-10　2004~2015 年贵州省土地利用与生态环境耦合关系响应指数

（6）综合评价指数

通过驱动力、压力、状态、影响、响应的指数计算结果，结合综合评价计算公式可以得到综合评价指数，结果如图 13-11 所示。

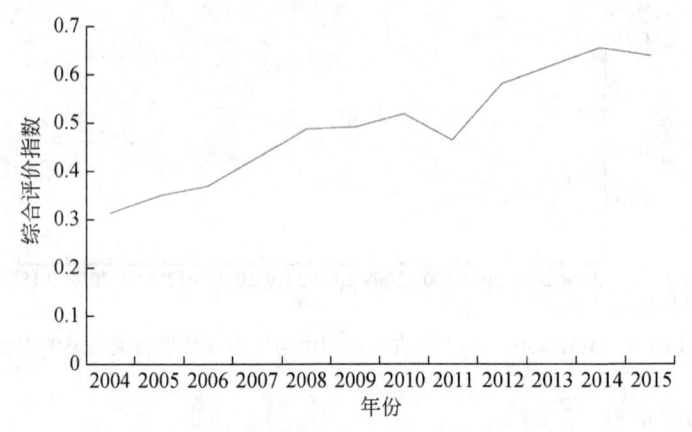

图 13-11　2004~2015 年贵州省土地利用与生态环境耦合关系 DPSIR 综合评价指数

贵州省土地利用与生态环境耦合关系在 2004~2015 年总体呈现出上升的趋势，2010~2011 年有小幅度下降，随后便迅速回升，至 2014 年达到峰值，从 2004 年的 0.3142 上升到 2015 年的 0.6381，总共上升了 0.3239。通常来说，经济快速发展期间，土地利用方式会产生矛盾，如城镇化进程的加快代表建设用地需求增多，但建设用地无限制的增多必然会对环境造成影响，从贵州省土地利用与生态环境五个指数的测度中可以看出，除了压力指数一直下降外，其他指数总体处于上升的状态，贵州省在国家相关政策、文件的引导下，不仅使经济快速发展，有序推进了城市化进程，还积极出台相关措施建设生态环境，以促进土地利用与生态环境耦合发展。

13.3　本 章 小 结

通过对土地利用与生态环境耦合协调发展内涵阐述，借鉴可持续发展中 DPSIR 框架，在查阅文献及统计年鉴数据分析的基础上，分析了 2004~2015 年贵州省土地利用与生态环境的动态变化分析情况，构建出贵州省土地利用与生态环境耦合协调发展的 DPSIR 框架，即 DPSIR 模型。从贵州省土地利用与生态环境五个指数的测度可以看出，除了压力指数一直下降外，其他指数总体处于上升的趋势。贵州省土地利用与生态环境耦合关系 DPSIR 综合评价指数总体呈现出不断上升的趋势，小于 0.7，揭示土地利用与生态环境耦合关系在 2004~2015 年总体呈现出上升的趋势，2010~2011 年有小幅度下降，随后便迅速回升，至 2014 年接近 0.7，表明贵州省在经济快速发展的同时，与土地利用方式产生了一定的矛盾，如城镇化进程的加快代表建设用地需求增多，建设用地无限制的增多必然会对环境造成影响。但贵州省在国家相关政策、文件的引导下，不仅使经济快速发展，有序推进了城市化进程，还积极出台相关措施建设生态环境，以促进土地利用与生态环境耦合协调发展。

第 14 章 贵州省土地利用与生态环境耦合关系的时间演变

综合运用耦合度与耦合协调度模型,研究 2004~2015 年贵州省土地利用与生态环境耦合度发展情况,从时间维度上观察贵州省土地利用与生态环境的开发情况。

14.1 构建评价指标体系

14.1.1 指标体系的原则

指标体系构建应当遵循一定的原则,土地利用与生态环境的耦合关系的评价指标体系遵循王敏等(2008)构建的原则。

(1) 兼顾科学性与实用性

在科学性的基础上建立指标,指标应能同时反映土地利用与生态环境协调发展,此外还应当考虑贵州省的特殊性,指标定量化操作的可行性及选取数据时数据的真实性。

(2) 结合层次性与系统性

系统具有多层次性,导致指标也有多个层次来构成,这样才可以反映出各个层次的特征。指标的多层次又构成一个整体,能够全面地反映土地利用与生态环境的状况。

(3) 独立性与关联性

系统具有多层次性,但系统中的元素既独立又相互联系,故而在挑选指标时应当考虑指标是否能反映自身的特点,但同时两个系统又需要相互关联。

(4) 普遍性和区域性

普遍性指土地利用和生态环境的普遍性,而不同区域有其自身的特点,指标选取时要综合考虑,指标既要反映当地情况,也要便于和其他地区做比较。

(5) 动态性与静态性

耦合协调发展既是动态过程也是静态过程,动态来说是一段时间发展的过程，静态来说是需要在一段时间保持稳定的状态。

14.1.2 指标体系的确定

综合以上指标建立原则，结合贵州省自身特点及研究内容本身的普遍性，本研究在土地利用方面选取土地利用结构、土地利用程度、土地利用效益三个准则层对土地利用水平进行测算；生态环境方面选取生态水平、生态环境压力及生态治理水平三个准则层对生态环境水平进行测算（表14-1）。

表14-1 贵州省土地利用与生态环境耦合关系评价指标体系

系统层	准则层	指标层	指标释义	指标代码
土地利用系统	土地利用结构	耕地比例（%）	重要地类的土地利用情况	X_1
		林地比例（%）		X_2
		居民点及工矿用地比例（%）		X_3
		水域比例（%）		X_4
		交通运输用地面积（hm²）		X_5
	土地利用程度	人均建设用地面积（hm²）		X_6
		人口密度（人/km²）		X_7
		城市化水平（%）		X_8
		地均GDP（万元/hm²）		X_9
	土地利用效益	地均工业总产值（万元/hm²）	单位面积土地投入情况，反映土地利用效益的高低	X_{10}
		地均农业总产值（万元/hm²）		X_{11}
		地均财政收入（万元/hm²）		X_{12}
		地均社会消费品零售总额（万元/hm²）		X_{13}
		地均劳动力资源总数（万人/hm²）		X_{14}
		地均第三产业产值（万元/hm²）		X_{15}
生态环境系统	生态水平	绿化覆盖率（%）	城市绿化覆盖比率	X_{16}
		城市居民生活用水量（万m³）	城市居民家庭用水量	X_{17}
		人均公共绿地面积（m²）	生态水平主要指标之一	X_{18}
		完成造林面积（万hm²）	在一定时段内荒山、荒地、沙丘、退耕地等一切可以造林的土地上，采用人工播种、飞机播种、植苗造林、分植造林等方法新植成片乔木林和灌木林	X_{19}

续表

系统层	准则层	指标层	指标释义	指标代码
生态环境系统	生态水平	森林覆盖率（%）	生态水平主要指标之一	X_{20}
		人均用水量（L）	城市居民人均日用水量	X_{21}
	生态环境压力	废水排放量（万t）	主要污染物排放情况，主要负向指标贡献准则层	X_{22}
		二氧化硫排放量（万t）		X_{23}
		烟尘排放量（万t）		X_{24}
		二氧化氮年均浓度值（mg/m³）		X_{25}
	生态治理水平	固体废弃物综合利用量（万t）	研究区生态环境治理情况，主要反映生态治理水平	X_{26}
		城市污水处理率（%）		X_{27}
		环境污染治理投资额（亿元）		X_{28}
		生活垃圾无害化处理率（%）		X_{29}

14.2 数据来源与处理

数据选择上应该遵循严谨可考的原则，本研究数据处理综合采取极差标准化法、耦合度模型、耦合协调度模型进行计算。

14.2.1 数据来源

相关数据主要来源于2005～2016年《贵州统计年鉴》，部分数据源自《贵州省环境状况公报》以及《贵州省国民经济和社会发展统计公报》。由于数据来源较广且不同数据纲量不同，故首先对数据进行标准化，采用变异系数法确定指标权重，最后对数据耦合度以及耦合协调度进行计算和分析。

14.2.2 数据标准化

本研究采用极差标准法对数据进行标准化，对于越大越好的数据采用正向指标处理方法对数据进行处理，对于越小越好的数据采用负向指标处理方法对数据进行处理。

对于正向指标：
$$x = \frac{X - X_{\min}}{X_{\max} - X_{\min}} + 1 \qquad (14-1)$$

对于负向指标：
$$x = \frac{X_{\max} - X}{X_{\max} - X_{\min}} + 1 \qquad (14-2)$$

式中，x 为指标标准化后的值，2004~2015 年贵州省土地利用与生态环境耦合评价各指标标准化值见表 14-2。

表 14-2　2004~2015 年贵州省土地利用与生态环境耦合评价各指标标准化值

指标	2004 年	2005 年	2006 年	2007 年	2008 年	2009 年	2010 年	2011 年	2012 年	2013 年	2014 年	2015 年
X_1	1.0000	0.8387	0.6452	0.5161	0.4839	0.3548	0.4194	0.2903	0.0968	0.1613	0.0000	0.0000
X_2	0.8444	1.0000	0.9778	0.8889	0.8444	0.8000	0.6444	0.3556	0.2000	0.1111	0.0000	0.0000
X_3	1.0000	0.9796	0.9184	0.8776	0.8367	0.7959	0.6939	0.4898	0.2857	0.1429	0.0000	0.1429
X_4	0.5451	0.5716	0.7324	0.9197	1.0000	0.7038	0.7038	0.5518	0.5518	0.6439	0.0030	0.0000
X_5	1.0000	0.9615	0.9231	0.8846	0.8462	0.8077	0.6538	0.4615	0.3462	0.2308	0.0000	0.0000
X_6	0.6179	0.6265	0.6977	0.7233	0.7971	1.0000	0.7670	0.5513	0.4143	0.1020	0.0214	0.0000
X_7	1.0000	0.8973	0.7777	0.6796	0.5772	0.3911	0.2974	0.2764	0.2069	0.1324	0.0000	0.0000
X_8	1.0000	0.8680	0.8304	0.7806	0.7251	0.6754	0.4254	0.3520	0.2596	0.1690	0.0300	0.0000
X_9	0.0000	0.0464	0.0838	0.1450	0.2210	0.2604	0.3378	0.4612	0.5903	0.7289	0.8613	1.0000
X_{10}	0.0000	0.0310	0.0737	0.1195	0.1909	0.2219	0.3162	0.4310	0.5717	0.7461	0.9154	1.0000
X_{11}	0.0000	0.0267	0.0367	0.0859	0.1570	0.1654	0.2227	0.3001	0.4269	0.5085	0.7243	1.0000
X_{12}	0.0000	0.0349	0.0764	0.1306	0.1895	0.2421	0.3373	0.5180	0.6756	0.8128	0.9189	1.0000
X_{13}	0.0000	0.0362	0.0703	0.1238	0.2022	0.2644	0.3495	0.5002	0.6326	0.7536	0.8749	1.0000
X_{14}	0.6994	0.7599	0.7866	0.8666	0.8879	0.9421	1.0000	0.0000	0.0587	0.1270	0.2079	0.2737
X_{15}	0.0000	0.0653	0.1070	0.1846	0.2659	0.3219	0.3917	0.5366	0.6568	0.7838	0.8596	1.0000
X_{16}	0.9544	0.0000	0.2057	0.1786	0.1872	0.2574	0.2217	0.5591	0.6195	0.6047	0.5320	1.0000
X_{17}	0.0609	0.0243	0.1469	0.0521	0.0000	0.0743	0.1091	0.3286	0.4937	0.5853	0.8186	1.0000
X_{18}	0.1896	0.2026	0.0037	0.0000	0.0390	0.0781	0.2045	0.4554	0.9572	0.6970	0.8234	1.0000
X_{19}	0.0000	0.3422	0.1163	0.1316	0.0688	0.1650	0.0951	0.3320	0.5925	0.6672	1.0000	0.9096
X_{20}	0.0000	0.0000	0.6152	0.6152	0.6152	0.6152	0.6378	0.6763	0.8854	0.9236	0.9618	1.0000
X_{21}	1.0000	0.7488	0.7876	0.5980	0.2625	0.1802	0.0000	0.2650	0.2916	0.3514	0.4275	0.4359
X_{22}	0.7905	0.8476	0.8952	0.9810	1.0000	0.9143	0.8857	0.5714	0.4429	0.4667	0.0000	0.1667
X_{23}	0.2451	0.1748	0.0000	0.1467	0.3742	0.4730	0.4956	0.5895	0.6926	0.7820	0.8810	1.0000

续表

指标	2004年	2005年	2006年	2007年	2008年	2009年	2010年	2011年	2012年	2013年	2014年	2015年
X_{24}	0.6308	0.4049	0.9414	0.7704	0.6052	0.0000	1.0000	0.7997	0.7741	0.9339	0.3298	0.8151
X_{25}	0.2500	0.2500	0.2500	0.5000	1.0000	1.0000	0.7500	0.0000	0.0000	0.0000	0.2500	0.7500
X_{26}	0.0566	0.0000	0.1412	0.1866	0.2141	0.5321	0.7910	0.7645	1.0000	0.7788	0.8347	0.8304
X_{27}	0.0000	0.1341	0.1341	0.2345	0.2621	0.3977	0.8093	0.8996	0.9235	0.9347	0.9611	1.0000
X_{28}	0.0000	0.2153	0.3680	0.2233	0.3760	0.2927	0.1500	0.6327	0.5273	1.0000	0.9280	0.4093
X_{29}	0.0000	0.1265	0.1958	0.2139	0.2605	0.3238	0.4081	0.4398	0.5015	0.6852	0.9111	1.0000

14.2.3 数据权重的确定

采用变异系数法对指标权重进行计算，公式详见式（5-1）和式（5-2），贵州省土地利用与生态环境耦合评价标准值权重计算见表14-3。

表14-3 贵州省土地利用与生态环境耦合评价标准值权重

系统分类	准则层	指标层	权重	极性
土地系统	土地利用结构（0.0769）	耕地比例（%）	0.0011	正向
		林地比例（%）	0.0010	负向
		居民点及工矿用地比例（%）	0.0186	正向
		水域（hm²）	0.0263	负向
		交通运输用地（hm²）	0.0299	负向
	土地利用程度（0.2270）	人均建设用地面积（hm²）	0.0120	负向
		人口密度（人/km²）	0.0121	负向
		城市化水平（%）	0.0415	正向
		地均GDP（亿元/hm²）	0.1614	正向
	土地利用效益（0.6961）	地均工业总产值（亿元/hm²）	0.1630	正向
		地均农业总产值（亿元/hm²）	0.1531	正向
		地均财政收入（亿元/hm²）	0.1786	正向
		地均社会消费品零售总额（亿元/hm²）	0.1630	正向
		地均劳动力资源总数（人/hm²）	0.0284	正向
		地均第三产业产值（万元/hm²）	0.0100	负向

续表

系统分类	准则层	指标层	权重	极性
生态系统	生态水平 (0.3659)	绿化覆盖率（%）	0.0271	正向
		城市居民生活用水量（万 m³）	0.0323	正向
		人均公共绿地面积（m²）	0.0805	正向
		完成造林面积（万 hm²）	0.1515	正向
		森林覆盖率（%）	0.0529	正向
		人均用水量（L）	0.0216	正向
	生态环境压力 (0.1947)	废水排放量（万 t）	0.0917	负向
		二氧化硫排放量（万 t）	0.0406	负向
		烟尘排放量（万 t）	0.0433	负向
		二氧化氮年均浓度值（mg/m³）	0.0191	负向
	生态治理水平 (0.4394)	固体废弃物综合利用量（万 t）	0.0871	正向
		城市污水处理率（%）	0.1413	正向
		环境污染治理投资额（亿元）	0.1019	正向
		生活垃圾无害化处理率（%）	0.1091	正向

14.3 贵州省土地利用与生态环境耦合关系的时间演变分析

综合运用土地利用指数函数、生态环境指数函数、耦合度、耦合协调度模型对 2004~2015 年贵州省土地利用与生态环境指数进行计算并分析，观察 2004~2015 年贵州省土地利用与生态环境的耦合关系时间演变。

14.3.1 土地利用与生态环境的耦合度与耦合协调度计算

本研究采用耦合度模型，土地利用指数函数为

$$F(x) = \sum_{i=1}^{m} W_i X_i \tag{14-3}$$

式中，$F(x)$ 为土地利用指数得分；W_i 为第 i 个评价指标的权重；X_i 为第 i 个评价指标标准化值；m 为土地利用系统中指标个数。

生态环境指数函数为

$$G(y) = \sum_{j=1}^{n} W_j Y_j \tag{14-4}$$

式中，$G(y)$ 为生态环境函数指数得分；W_j 为第 j 个评价指标权重；Y_j 为第 j 个评价指标标准化值；n 为生态环境系统中指标个数。

土地利用与生态环境耦合度评价函数为

$$C = \left\{ \frac{F(x)G(y)}{\left[\frac{F(x)+G(y)}{2}\right]^2} \right\}^2 \tag{14-5}$$

式中，C 为耦合度，取值范围为 $0 \leq C \leq 1$，C 值越接近 1 表明土地利用与生态环境耦合度越高，$C=1$ 表明土地利用与生态环境两个系统耦合达到最优。土地利用与生态环境耦合度类型划分见表 14-4（梁红梅等，2008）。

表 14-4 土地利用与生态环境耦合度类型划分

耦合等级	极不耦合	不耦合	勉强耦合	初级耦合	中级耦合	良好耦合
耦合度	0~0.39	0.4~0.49	0.5~0.59	0.6~0.69	0.7~0.79	0.8~1

根据式（14-3）~式（14-5）可以计算出 2004~2015 年贵州省土地利用与生态环境指数变化情况见表 14-5。

表 14-5 2004~2015 年贵州省土地利用指数与生态环境指数变化情况

年份	土地利用指数函数 $F(x)$	生态环境指数函数 $G(y)$	耦合度 C
2004	0.1455	0.1842	0.9727
2005	0.1692	0.2470	0.9314
2006	0.1974	0.2956	0.9223
2007	0.2436	0.3063	0.9742
2008	0.3006	0.3315	0.9952
2009	0.3232	0.3669	0.9920
2010	0.3722	0.4761	0.9702
2011	0.4328	0.5713	0.9623
2012	0.5346	0.6809	0.9712
2013	0.6332	0.7405	0.9879
2014	0.7220	0.7760	0.9974
2015	0.8397	0.8099	0.9994

相较于耦合度，耦合协调度更能反映耦合度所不能反映系统的发展状态，在稳定性和使用范围上操作性较高，土地利用与生态环境耦合发展度评价函数为

$$T = aF(x) + bG(y) \tag{14-6}$$

$$D=\sqrt{C\cdot T} \qquad (14\text{-}7)$$

式中，D 为耦合发展度指数；T 为综合发展指数；a 和 b 依据变异系数法计算结果取值分别为 0.5 和 0.5，耦合发展类型分类与评判标准见表 14-6。

表 14-6　耦合发展类型分类与评判标准

耦合发展度	耦合区间	耦合发展类型	$F(x)$ 与 $G(y)$ 对比关系	基本类型
耦合类	0.8~1	良好耦合	$F(x)>G(y)$	良好耦合发展生态环境滞后型
			$F(x)=G(y)$	良好耦合发展土地利用与生态环境同步型
			$F(x)<G(y)$	良好耦合发展土地利用滞后型
	0.7~0.79	中级耦合	$F(x)>G(y)$	中级耦合发展生态环境滞后型
			$F(x)=G(y)$	中级耦合发展土地利用与生态环境同步型
			$F(x)<G(y)$	中级耦合发展土地利用滞后型
	0.6~0.69	初级耦合	$F(x)>G(y)$	初级耦合发展生态环境滞后型
			$F(x)=G(y)$	初级耦合发展土地利用与生态环境同步型
			$F(x)<G(y)$	初级耦合发展土地利用滞后型
	0.5~0.59	勉强耦合	$F(x)>G(y)$	低度耦合发展生态环境滞后型
			$F(x)=G(y)$	勉强耦合发展土地利用与生态环境同步型
			$F(x)<G(y)$	勉强耦合发展土地利用滞后型
不耦合类	0.4~0.49	不耦合	$F(x)>G(y)$	不耦合发展生态环境滞后型
			$F(x)=G(y)$	不耦合发展土地利用与生态环境同步型
			$F(x)<G(y)$	不耦合发展土地利用滞后型
	0~0.39	极不耦合	$F(x)>G(y)$	极不耦合发展生态环境滞后型
			$F(x)=G(y)$	极不耦合发展土地利用与生态环境同步型
			$F(x)<G(y)$	极不耦合发展土地利用滞后型

根据式（14-6）和式（14-7）可以计算出 2004~2015 年贵州省土地利用与生态环境耦合发展度及发展类型见表 14-7。

表 14-7　2004~2015 年贵州省土地利用与生态环境耦合发展度及发展类型

年份	C	D	$F(x)$ 与 $G(y)$ 的对比关系	土地利用与生态环境耦合类型
2004	0.9727	0.4005	$F(x)<G(y)$	不耦合发展土地利用滞后型
2005	0.9314	0.4403	$F(x)<G(y)$	不耦合发展土地利用滞后型

续表

年份	C	D	$F(x)$与$G(y)$的对比关系	土地利用与生态环境耦合类型
2006	0.9223	0.4768	$F(x)<G(y)$	不耦合发展土地利用滞后型
2007	0.9742	0.5175	$F(x)<G(y)$	勉强耦合发展土地利用滞后型
2008	0.9952	0.5608	$F(x)<G(y)$	勉强耦合发展土地利用滞后型
2009	0.9920	0.5851	$F(x)<G(y)$	勉强耦合发展土地利用滞后型
2010	0.9702	0.6415	$F(x)<G(y)$	初级耦合发展土地利用滞后型
2011	0.9623	0.6951	$F(x)<G(y)$	初级耦合发展土地利用滞后型
2012	0.9712	0.7683	$F(x)<G(y)$	中级耦合发展土地利用滞后型
2013	0.9879	0.8237	$F(x)<G(y)$	良好耦合发展土地利用滞后型
2014	0.9974	0.8643	$F(x)<G(y)$	良好耦合发展土地利用滞后型
2015	0.9994	0.9079	$F(x)>G(y)$	良好耦合发展生态环境滞后型

14.3.2 土地利用与生态环境的耦合度与耦合协调度结果分析

通过构建土地利用与生态环境的函数模型、耦合度及耦合协调度模型，可以得出贵州省土地利用系统发展指数、生态环境系统发展指数，二者耦合度及耦合协调度。

（1）土地利用与生态环境指数分析

从图14-1可以看出，2004~2015年贵州省土地利用与生态环境耦合发展程度一直保持良好耦合，土地利用与生态环境单独的发展情况呈现出由低到高的趋势，生态环境系统的发展状况常年高于土地利用系统，2014年两者开始出现交叉，随后土地利用系统发展开始超过生态环境系统。2004年贵州省生态环境指数为0.1842，随后稳步增长，到2015年达到0.8099，总体上升了0.6257，年均上升0.0569；2004年贵州省土地利用指数为0.1455，随后也呈现出稳步增长的趋势，2015年达到0.8397，总体增长0.6942，可以看出贵州省对于土地以及生态的利用一直在加大，2014年以前，生态环境系统发展指数一直大于土地利用，2015年土地利用开发加大，超过了生态环境系统发展指数。

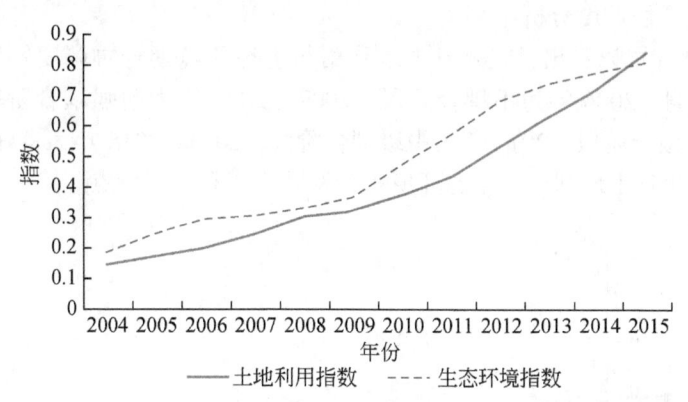

图 14-1 2004~2015 年贵州省土地利用与生态环境指数发展曲线

(2) 耦合度分析

从图 14-2 可以看出，贵州省土地利用与生态环境总体耦合度较高，2004 年耦合度为 0.9727，耦合度在 2006 年和 2011 年分别有过短暂的下降，随后开始稳定增长。贵州省土地利用与生态环境耦合度发展曲线下降最剧烈的两个阶段，2005~2006 年和 2010~2012 年也是土地利用指数与生态环境指数值相差最大的两个阶段，说明土地利用与生态环境利用在这两个阶段上存在一定问题，生态环境指数高于土地利用指数，可能存在为了发展经济而损害生态环境的行为，如大量使用化肥等，虽然会提升土地产出效益，但是对土地的损害是不可估量的。

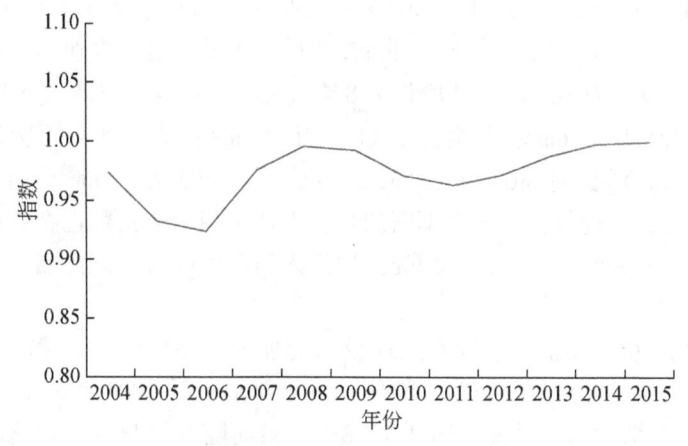

图 14-2 2004~2015 年贵州省土地利用与生态环境耦合度发展曲线

(3) 耦合协调度分析

从图 14-3 可以看出，贵州省土地利用与生态环境耦合协调度发展经历了六个阶段，2004~2006 年为不耦合阶段，2007~2009 年为勉强耦合阶段，2010~2011 年为初级合阶段，2012 年为中级耦合阶段，2013~2015 年为良好耦合阶段。总体来说贵州省土地利用与生态环境耦合发展演变有以下特点。

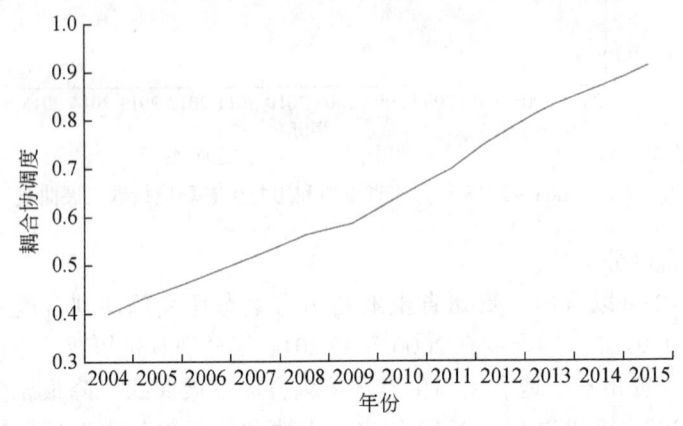

图 14-3　2004~2015 年贵州省土地利用与生态环境耦合协调度发展曲线

1) 土地投入的强度不断加大，2004~2015 年贵州省人口密度从 2.1756 人/km² 增长到 2.496 人/km²，人均建设用地面积从 0.0142hm² 增长到 0.0154hm²，随着土地利用程度的加大，土地投入强度也在不断增加。地均 GDP 从 770 万元/hm² 增长到 5964 万元/hm²，共增长了 5194 万元/hm²；地均工业总产值从 329 万元/hm² 增长到 1883 万元/hm²，共增长了 1554 万元/hm²；地均农业总产值从 169 万元/hm² 增长到 973 万元/hm²，共增长了 804 万元/hm²；地均财政收入从 134 万元/hm² 增长到 1301 万元/hm²，共增长了 1167 万元/hm²；地均社会消费品零售总额从 261 万元/hm² 增长到 1864 万元/hm²，共增长了 1603 万元/hm²。可以看出，随着经济的发展，土地投入强度在不断加强，土地利用综合指数也在不断上升，所以贵州省在接下来的发展中，在加强土地投入强度的同时应该更加注意土地利用效率。

2) 生态环境逐步上升，随着土地投入的加大，环境污染必然随之增加，尤其是在贵州省这种经济起步较晚的地区，废水排放量从 2004 年的 1.68 万 t 增长到 2015 年的 2.92 万 t，增长率达到 73.8%。然而随着贵州省工业化的起步，也越发注重对环境的保护，如二氧化氮年均浓度值从 2004 年的 0.02mg/m³ 下降到 2015 年的 0.018mg/m³；二氧化硫排放量从 132.29 万 t 下降到 85.3 万 t，下降了 35.5%；烟尘排放量从 39.13 万 t 下降到 28.68 万 t。

3）土地利用与生态环境耦合关系增强，虽然土地利用系统与生态环境系统都在不断增长，但是土地利用系统的增长明显低于生态环境，所以 2015 年以前贵州省属于土地利用滞后型的发展，但到 2015 年以后生态环境系统与土地利用系统的发展指数开始交叉并相反，表明贵州省从土地利用滞后型变成生态环境滞后型。贵州省近年来耦合协调度一直在不断上升，最高时为 2015 年，达到 0.9272，最低时为 2004 年，为 0.3301，此外贵州省生态环境保护不断加强，森林覆盖率从 34.9% 上升到 50%，绿化覆盖率、造林面积等都有不同程度的上升。整体来说，贵州省生态环境保护力度在不断加强，生态环境在不断改善，土地利用效益在不断提高，土地利用与生态环境耦合关系也越来越好。

14.4 贵州省土地利用与生态环境耦合发展趋势的预测

以 2004～2015 年贵州省土地利用与生态环境耦合度与耦合协调度为基础，运用灰色预测法对 2016～2025 年贵州省土地利用与生态环境耦合度与耦合协调度进行计算并分析其发展趋势与原因。

14.4.1 灰色预测模型的构建

灰色预测法步骤如下：设原始序列 $x^{(0)}=[x^{(0)}(1),x^{(0)}(2),\cdots,x^{0}(n)]$，为了弱化原始序列的随机性和波动性，为灰色模型提供更加有效的信息，在建立灰色预测模型前，对原始数据进行预处理，通常采用对序列 $x^{(0)}$ 进行一次累加生成的处理方式（肖继东等，2011；李悦等，2015）记生成序列为

$$x^{(1)}=[x^1(1),x^1(2),\cdots,x^1(n)]$$
$$=[x^{(0)}(1),x^{(1)}(1)+x^{(0)}(2),\cdots,x^{(1)}(n-1)+x^{(0)}(n)]$$
(14-8)

GM(1,1)模型是由一个包含单变量的一阶微分方程构成的动态模型：

$$x^{(0)}(k)+a z^{(1)}_z(k)=b \quad (k=1,2,3,\cdots,n) \tag{14-9}$$

为对 $x^{(1)}$ 作紧邻均值生成序列 $z^{(1)}$；即 $z^{(1)}(k)=0.5[x^{(1)}(k)-x^{(1)}(k-1)]$ 得

$$z^{(1)}k=(z^{(1)}(2),z^{(1)}(2),\cdots,z^{(1)}(n));k=2,3,\cdots,n \tag{14-10}$$

式（14-9）的动态模型的白化方程（也称影子方程）为

$$\frac{\mathrm{d}P}{\mathrm{d}t}+ax^{(1)}=b \tag{14-11}$$

式中，a 为发展灰数；b 为内生控制灰数。a 的有效区间是（-2，2）。应用最小

二乘法对参数列 $\hat{a} = [a, b]^T = (B^TB)^{-1}B^TY$ 求解可得

$$\hat{a} = (a,b)^T = (B^TB)^{-1} \cdot B^T \cdot Y_n \tag{14-12}$$

其中 $B = \begin{pmatrix} -1/2[x^{(1)}(1)+x^{(1)}(2)], & 1 \\ -1/2[x^{(1)}(2)+x^{(1)}(3)], & 1 \\ \vdots & \vdots \\ -1/2[x^{(1)}(n-1)+x^{(1)}(n)], & 1 \end{pmatrix}$; $Y_n = [x^{(0)}(2), x^{(0)}(3), \cdots, x^{(0)}(n)]^T$;

确定 GM(1, 1) 模型时间响应序列为

$$\hat{x}^{(1)}(k+1) = \left[x^{(0)}(1) - \frac{b}{a}\right]e^{-ak} + \frac{b}{a} \tag{14-13}$$

求 $x^{(1)}$ 的模拟值：

$$x^{(1)} = [x^1(1), x^1(2), \cdots, x^1(n)] = [x^{(0)}(1), x^{(1)}(1)+x^{(0)}(2), \cdots, x^{(1)}(n-1)+x^{(0)}(n)] \tag{14-14}$$

还原模拟值：

$$\hat{x}^{(0)}(k+1) = \hat{x}^{(1)}(k+1) - \hat{x}^{(1)}(k) \tag{14-15}$$

检验误差。为确保所建灰色模型有较高的预测精度和可信程度，需要进行残差检验及后验差检验（孟展等，2014）。

（1）残差检验

分别求出 $x^{(0)}(k)$ 与 $\hat{x}^{(0)}(k)$ 的残差序列 $e^{(0)}(k)$、相对误差序列 Δ_k 和平均相对误差 $\overline{\Delta}$：

$$e^{(0)}(k) = x^{(0)}(k) - \hat{x}^{(0)}(k) \tag{14-16}$$

$$\Delta_k = \left|\frac{e(k)}{x^{(0)}(k)}\right| \times 100\% \tag{14-17}$$

$$\overline{\Delta} = \frac{1}{n}\sum_{k=1}^{n}\Delta_k$$

（2）后验差检验

求出原始数据平均值 $\bar{x}$ 以及残差平均值 $\bar{e}$：

$$\bar{x} = \frac{1}{n}\sum_{k=1}^{n}x^{(0)}(k) \tag{14-18}$$

$$\bar{e} = \frac{1}{n-1}\sum_{k=2}^{n}e^{(0)}(k) \tag{14-19}$$

求出原始数据方差 s_1^2、残差方差 s_2^2 及其均方差比值 C 和小误差概率 P：

$$s_1^2 = \frac{1}{n}\sum_{k=1}^{n}[x^{(0)}(k) - \bar{x}]^2 \tag{14-20}$$

$$s_2^2 = \frac{1}{n-1}\sum_{k=2}^{n}[e^{(0)}(k) - \bar{e}]^2 \tag{14-21}$$

$$C=s_2/s_1, \quad P=p\{|e^{(0)}(k)-\bar{e}|<0.6745s_1\} \tag{14-22}$$

令 $\quad \xi_k=|e^{(0)}(k)-\bar{e}|, \ s_0=0.6745s_1,$ 则 $P=p\{\xi_k<s_0\}$ (14-23)

根据灰色系统理论，通常 $e^{(0)}(k)$、Δ_k、C 值越小，P 值越大，模型精度越好。当发展灰数 $a\in[-0.3,2)$，则所建 GM(1,1) 模型的一步预测精度在 98% 以上，2 步和 5 步预测精度都在 97% 以上，可用于中长期预测。

$C=s_2/s_1$ 为均方差比值，对于给定的 $C_0>0$，当 $C<C_0$ 时，称模型为均方差比合格模型；$P=P(|q^{(0)}(k)-\bar{Q}|<0.6745S_1)$ 称为小误差概率；对于给定的 $P_0>0$，当 $P>P_0$ 时，称模型为小误差概率合格模型。表 14-8 给出了模型精度等级评判标准（黄会平等，2010）。

表 14-8　模型精度等级评判标准

指标	精度等级			
	一	二	三	四
P	>0.95	>0.8	>0.7	<0.7
C	<0.35	<0.5	<0.65	>0.65

14.4.2　土地利用与生态环境的耦合发展趋势的预测

土地利用综合指数原始序列为 X^0 = (0.1353, 0.0932, 0.17372, 0.2007, 0.2453, 0.3052, 0.3387, 0.4018, 0.4642, 0.5706, 0.6737, 0.7848, 0.9050)；生态环境综合指数原始序列为 Y^0 = (0.1385, 0.2298, 0.2935, 0.3366, 0.3464, 0.3692, 0.4024, 0.5063, 0.5981, 0.7011, 0.7583, 0.7940, 0.8224)

通过 14.4.1 节建立的灰色模型 GM(1,1)，得到土地利用与生态环境预测方程为

土地利用预测方程：$x(k+1) = 0.996721 e^{0.159396k} - 0.851221$

生态环境预测方程：$x(k+1) = 1.947504 e^{0.123687k} - 1.763304$

2004~2015 年贵州省土地利用与生态环境预测值与实际值比较结果见表 14-9 和表 14-10。

表 14-9　土地利用预测值与实际值比较

年份	原始值	预测值	绝对误差	相对误差
2004	0.1455	—	—	—

续表

年份	原始值	预测值	绝对误差	相对误差
2005	0.1692	0.1739	0.0047	0.0278
2006	0.1974	0.2037	0.0063	0.0319
2007	0.2436	0.2385	−0.0051	−0.0209
2008	0.3006	0.2792	−0.0214	−0.0712
2009	0.3232	0.3269	0.0037	0.0114
2010	0.3722	0.3828	0.0106	0.0285
2011	0.4328	0.4482	0.0154	0.0356
2012	0.5346	0.5248	−0.0098	−0.0183
2013	0.6332	0.6144	−0.0188	−0.0297
2014	0.7220	0.7195	−0.0025	−0.0035
2015	0.8397	0.8425	0.0028	0.0033

表 14-10　生态环境预测值与实际值比较

年份	原始值	预测值	绝对误差	相对误差
2004	0.1842	—	—	—
2005	0.2470	0.2564	0.0094	0.0381
2006	0.2956	0.2901	−0.0055	−0.0186
2007	0.3063	0.3283	0.0220	0.0718
2008	0.3315	0.3716	0.0401	0.1210
2009	0.3669	0.4205	0.0536	0.1461
2010	0.4761	0.4759	−0.0002	−0.0004
2011	0.5713	0.5386	−0.0327	−0.0572
2012	0.6809	0.6095	−0.0714	−0.1049
2013	0.7405	0.6897	−0.0508	−0.0686
2014	0.7760	0.7805	0.0045	0.0058
2015	0.8099	0.8833	0.0734	0.0906

从表 14-9 和 14-10 进一步分析可得，预测均方差比都小于 0.35，小误差概率都大于 0.95，该模型预测效果较好，可以直接进行预测分析。2016～2025 年贵州省土地利用与生态环境耦合度及耦合协调度预测结果见表 14-11。

表 14-11 贵州省土地利用与生态环境耦合度及耦合协调度预测结果

年份	$F(x)$	$G(y)$	C	D
2016	0.9864	0.9996	0.9999	0.9964
2017	1.1540	1.1312	0.9998	1.0688
2018	1.3524	1.2801	0.9985	1.1464
2019	1.5835	1.4487	0.9961	1.2289
2020	1.8540	1.6394	0.9925	1.3166
2021	2.1709	1.8552	0.9877	1.4101
2022	2.5419	2.0995	0.9819	1.5095
2023	2.9763	2.3760	0.9750	1.6153
2024	3.4849	2.6888	0.9670	1.7277
2025	4.0804	3.0428	0.9580	1.8472

14.4.3 预测结果的评价分析

（1）耦合度分析

从表 14-11 中可以看出，按照目前发展方式 2016~2025 年贵州省的土地利用和生态环境指数都在不断上升，二者之间的差距也会越来越大，生态环境发展状况明显落后于土地利用。随着贵州省经济的不断发展，对于土地的开发利用强度会越来越大，贵州省土地利用与生态环境耦合度一直较高，保持在良好耦合状态上，2013~2014 年贵州省土地利用与生态环境耦合属于良好耦合土地利用滞后型，2016~2025 年贵州省将长期处于良好耦合生态环境滞后型。贵州省生态质量在 21 世纪初属于生态较好的状况，经济较为落后，土地利用强度也不大，较少的生态投入就能让生态环境指数保持较稳定的增长状态，甚至在 2014 年以前还要高于土地利用指数，但是根据预测结果来看，贵州省在未来发展阶段，在注重经济发展、土地开发的同时需要投入更多的精力到生态环境中来。

（2）耦合协调度分析

从预测值来看（表 14-11），贵州省土地利用与生态环境耦合协调度在未来一直处于不断上升的阶段，土地利用与生态环境耦合关系类型均为良好耦合发展生态环境滞后型，表明贵州省在未来，假如不出现地震、泥石流等特别大的自然事故，其在土地利用以及生态环境保护等方面会取得很大成就。随着两者的耦合度不断提升，虽然生态环境指数还像以前那样低于土地利用指数，但是这两个指数正在不停靠近着。最近几年，贵州省经济发展十分迅速，其经济增长率更是跃居全国前十。因为极其丰富的自然资源和矿产资源，贵州省的所有地级市和部分县城，受到了很多东部地区的投资者，甚至是外商的青睐。随着大量的外来资金的引进，贵州省土地开发的规模和水准都得到了很大的提高，同时土地的使用效率也得到很大的提升，由此我们可以看出贵州省的土地利用系数正呈现出逐渐上升的趋势。如果一个地区的经济水平和土地利用系数不断提高，将会极大地促进当地生态环保事业的发展，从而使其生态环境指数得到很大的提高。随着人民生活水平的不断提高，其对周围的环境质量越来越挑剔，尤其是对有山有水、空气清新、绿色遍布的原生态环境特别的钟爱。正因为贵州省拥有极其丰富并得天独厚的生态资源，才吸引了越来越多的游客前往贵州省旅游，同时也包括了很多来自我国东部省份以及国外的投资者，这为贵州省的经济腾飞创造了良好条件。通过对贵州省土地利用指数和生态环境指数进行对比，我们可以看出这几年贵州省对生态环境保护的极大重视，虽然生态环境指数依旧低于土地利用指数，但是从两种指数不断接近的状况来看，贵州省的生态环境保护工作还是较好的。

14.5 本章小结

本章通过构建土地利用与生态环境耦合关系的评价指标体系、发展函数模型、耦合度及耦合协调度理论模型，对2004~2015年贵州省土地利用系统发展指数、生态环境系统发展指数，二者耦合度及耦合协调度的动态变化进行测算分析，并对2016~2025年贵州省土地利用与生态环境耦合度及耦合协调度进行预测。研究主要结论如下：①根据指标体系构建的原则，结合贵州省的实际，建立贵州省土地利用与生态环境耦合协调发展评价指标体系，共29个指标。评价结果表明2004~2015年贵州省土地利用与生态环境耦合度发展程度一直保持在良好耦合的状态，土地利用与生态环境各自的发展情况呈现出由低到高的趋势，生态环境系统的发展状况常年高于土地利用系统，2014年二者开始出现交叉，随后土地利用系统的发展状况开始超过生态环境系统。2004年贵州省生态环境指数为0.1842，随后稳步增长，到2015年达到0.8099，总体上升了0.6257，年均上升0.0569；2004年贵州省土地利用指数为0.1455，随后也呈现出稳步增长的趋势，2015年达到0.8397，总体增长了0.6942，可以看出贵州省对于土地以及生态的利用一直在加大，2014年以前，生态环境系统发展指数一直大于土地利用，2015年土地利用开发加大，超过了生态。②贵州省土地利用与生态环境总体耦合度较高，从耦合度发展情况来看，贵州省土地利用与生态环境总体耦合度较高，2004~2015年耦合度指数一直处于0.9以上。③贵州省土地利用与生态环境耦合协调度发展经历了五个阶段，2004~2006年为不耦合阶段，2007~2009

年为勉强耦合阶段，2010～2011年为初级耦合阶段，2012年为中级耦合阶段，2013～2015年为良好耦合阶段。④通过灰色预测法对贵州省2016～2025年土地利用与生态环境耦合度及耦合协调度进行了测算，预测结果显示按照目前发展方式贵州省2016～2025年的土地利用和生态环境指数都在不断上升，两者的差距也会越来越大，未来土地利用水平和生态环境水平会越来越高。

第 15 章　贵州省土地利用与生态环境耦合关系空间差异分析

选择贵州省不同方位的三个市（州）（贵阳市、毕节市、黔东南州）为代表，对这三个市（州）的土地利用与生态环境耦合度和耦合协调度进行计算，从空间上观察贵州省土地利用与生态环境耦合状态。

15.1　土地利用与生态环境空间耦合度和耦合协调度测算

贵州省土地利用与生态环境空间耦合度和耦合协调度计算方法与第 14 章大致相同，由于数据可得性的限制在指标选择上会做一些修改，但是原则上还是遵循指标建立原则，并会依据研究区适当情况作调整。

15.1.1　指标体系的构建

为了更好地揭示贵州省土地利用与生态环境的整体耦合水平，本研究选择了贵州省经济发展水平分别处于高、中、低的三个市（州）进行土地利用与生态环境耦合关系的计算，分析原始数据均来自 2016 年《贵州统计年鉴》《毕节市统计年鉴》《黔东南统计年鉴》及相关环境统计公报、经济社会发展公报等。

指标体系的构建参照表 14-1，由于数据可得性的限制，将原指标中二氧化硫排放量（万 t）、烟尘排放量（万 t）、城市污水处理率（%），替换为二氧化硫平均浓度（mg/m^3）、氨氮排放量（万 t）、环境空气优良率（%），都属于生态环境压力指标层，指标体系见表 15-1。

第15章 | 贵州省土地利用与生态环境耦合关系空间差异分析

表 15-1 贵阳市、毕节市、黔东南州土地利用与生态环境耦合评价指标

系统层	准则层	指标层	指标释义	指标代码
土地利用系统	土地利用结构	耕地比例（%）	重要地类的土地利用情况	X_1
		林地比例（%）		X_2
		居民点及工矿用地比例（%）		X_3
		水域比例（%）		X_4
		交通运输用地（hm^2）		X_5
	土地利用程度	人均建设用地面积（hm^2）	单位面积土地投入情况，反映土地利用效益的高低	X_6
		人口密度（人/km^2）		X_7
		城市化水平（%）		X_8
		地均GDP（万元/hm^2）		X_9
	土地利用效益	地均工业总产值（万元/hm^2）		X_{10}
		地均农业总产值（万元/hm^2）		X_{11}
		地均财政收入（万元/hm^2）		X_{12}
		地均社会消费品零售总额（万元/hm^2）		X_{13}
		地均劳动力资源总数（万人/hm^2）		X_{14}
		地均第三产业产值（万元/hm^2）		X_{15}
生态环境系统	生态水平	绿化覆盖率（%）	生态水平主要指标	X_{16}
		城市居民生活用水量（万m^3）		X_{17}
		人均公共绿地面积（m^2）		X_{18}
		完成造林面积（万hm^2）		X_{19}
		森林覆盖率（%）		X_{20}
		人均用水量（L）		X_{21}
	生态环境压力	废水排放量（万t）	主要污染物排放情况	X_{22}
		二氧化硫平均浓度（mg/m^3）		X_{23}
		氨氮排放量（万t）		X_{24}
		二氧化氮平均浓度（mg/m^3）		X_{25}
	生态治理水平	环境空气优良率（%）	生态环境治理情况	X_{26}
		固体废弃物综合利用量（万t）		X_{27}
		环境污染治理投资额（亿元）		X_{28}
		生活垃圾无害化处理率（%）		X_{29}

15.1.2 标准化处理

根据式（14-1）和式（14-2），将评价指标原始数据代入后，对其进行标准化处理，贵阳市、毕节市、黔东南州土地利用与生态环境耦合评价指标标准化结果见表15-2。

表15-2 贵阳市、毕节市、黔东南州土地利用与生态环境耦合评价指标标准化结果

准则层	指标层	贵阳市	毕节市	黔东南州
土地利用结构	耕地比例（%）	0.7307	1.0000	0.0000
	林地比例（%）	0.3303	0.0000	1.0000
	居民点及工矿用地比例（%）	0.3568	0.0000	1.0000
	水域比例（%）	1.0000	0.0000	0.2571
	交通运输用地（hm²）	0.0000	1.0000	0.8529
土地利用程度	人均建设用地面积（hm²）	0.5099	1.0000	0.0000
	人口密度（人/km²）	0.0000	0.9425	1.0000
	城市化水平（%）	1.0000	0.0000	0.1093
土地利用效益	地均GDP（万元/hm²）	1.0000	0.0831	0.0000
	地均工业总产值（万元/hm²）	1.0000	0.0161	0.0000
	地均农业总产值（万元/hm²）	0.9727	0.0000	1.0000
	地均财政收入（万元/hm²）	1.0000	0.0000	0.0099
	地均社会消费品零售总额（万元/hm²）	1.0000	0.0000	0.0224
	地均劳动力资源总数（万人/hm²）	0.7409	1.0000	0.0000
	地均第三产业产值（万元/hm²）	1.0000	0.0392	0.0000
生态水平	绿化覆盖率（%）	0.0000	0.4223	1.0000
	城市居民生活用水量（亿m³）	0.8086	1.0000	0.0000
	人均公共绿地面积（m²）	0.1881	1.0000	0.0000
	完成造林面积（万hm²）	1.0000	0.2602	0.0000
	森林覆盖率（%）	0.1609	0.0000	1.0000
	人均用水量（L）	1.0000	0.6592	0.0000

续表

准则层	指标层	贵阳市	毕节市	黔东南州
生态环境压力	废水排放量（万t）	0.0000	1.0000	0.9263
	二氧化硫平均浓度（mg/m³）	1.0000	0.0000	0.4504
	氨氮排放量（万t）	0.2326	0.0000	1.0000
	二氧化氮平均浓度（mg/m³）	0.0000	0.0769	1.0000
生态治理水平	环境空气优良率（%）	0.0000	0.7308	1.0000
	固体废弃物综合利用量（万t）	0.5133	1.0000	0.0000
	环境污染治理投资额（亿元）	1.0000	0.0000	0.3535
	生活垃圾无害化处理率（%）	1.0000	0.6892	0.0000

15.1.3　权重计算

根据式（14-3）和式（14-4）对各指标权重进行计算，贵阳市、毕节市、黔东南州土地利用与生态环境耦合评价指标权重计算见表15-3。

表15-3　贵阳市、毕节市、黔东南州土地利用与生态环境耦合评价指标权重

系统分类	指标类别	指标名称	权重
土地利用	土地利用结构（0.1972）	耕地比例（%）	0.0475
		林地比例（%）	0.0289
		居民点及工矿用地比例（%）	0.0357
		水域面积（%）	0.0307
		交通运输用地（hm²）	0.0544
	土地利用程度（0.2483）	人均建设用地面积（hm²）	0.0543
		人口密度（人/km²）	0.0499
		城市化水平（%）	0.0475
		地均GDP（万元/hm²）	0.0964
	土地利用效益（0.5545）	地均工业总产值（万元/hm²）	0.0943
		地均农业总产值（万元/hm²）	0.0153
		地均财政收入（万元/hm²）	0.1426
		地均社会消费品零售总额（万元/hm²）	0.1410
		地均劳动力资源总数（人/hm²）	0.0323
		地均第三产业产值（万元/hm²）	0.1290

续表

系统分类	指标类别	指标名称	权重
生态环境	生态水平 (0.4389)	绿化覆盖率（%）	0.0411
		城市居民生活用水量（亿 m^3）	0.0316
		人均公共绿地面积（m^2）	0.0696
		完成造林面积（万 hm^2）	0.1399
		森林覆盖率（%）	0.0351
		人均用水量（升）	0.1216
	生态环境压力 (0.2916)	废水排放量（万 t）	0.0534
		二氧化硫平均浓度（mg/m^3）	0.1479
		氨氮排放量（万 t）	0.0332
		二氧化氮平均浓度（mg/m^3）	0.0572
	生态治理水平 (0.2694)	环境空气优良率（%）	0.0021
		固体废弃物综合利用量（万 t）	0.0915
		环境污染治理投资额（亿元）	0.1697
		生活垃圾无害化处理率（%）	0.0061

15.1.4 不同区域耦合度与耦合协调度测算

通过式（14-5）~式（14-9）对贵阳市、毕节市、黔东南州土地利用与生态环境耦合度及耦合协调度进行计算，并依据表14-6对贵阳市、毕节市、黔东南州土地利用与生态环境耦合关系进行判断，结果见表15-4。

表15-4 贵阳市、毕节市、黔东南州土地利用与生态环境耦合关系评价结果

地区	$F(x)$	$G(y)$	C	D	$F(x)$与$G(y)$的对比关系	土地利用与生态环境耦合类型
贵阳市	0.8524	0.6841	0.9762	0.8660	$F(x) > G(y)$	良好耦合发展生态环境滞后型
毕节市	0.2089	0.2812	0.9570	0.4843	$F(x) < G(y)$	不耦合发展土地利用滞后型
黔东南州	0.2159	0.2767	0.9698	0.4888	$F(x) < G(y)$	不耦合发展土地利用滞后型

15.2 贵州省土地利用与生态环境空间耦合发展评价

根据贵阳市、毕节市、黔东南州土地利用与生态环境耦合关系计算结果，对

贵州省土地利用与生态环境空间耦合发展类型进行评价，并分析空间差异的原因。

15.2.1　贵阳市土地利用与生态环境耦合发展评价

2015年贵阳市土地利用与生态环境耦合发展类型属于良好耦合发展生态滞后型，表明贵州省土地利用水平发展要高于生态环境水平发展，贵阳市土地利用发展水平为0.8524，按照表14-4耦合类型划分属于良好耦合类型，生态环境发展水平为0.6841，属于初级耦合类型，但从土地利用与生态环境耦合度评价结果C来看，$C=0.9762$，贵阳市土地利用与生态环境的耦合状况很好，二者虽然发展程度不一样，但总体来说都是处于发展中，属于良好耦合类型。贵阳市是贵州省经济、政治、交通以及文化中心，也是经济起步较晚的地区，经济起步初期，随着城市化以及工业化的快速推进，土地利用与经济发展水平之间的关系会越发明显，土地资源稀缺、土地资源粗放以及不合理利用的情况会越来越多，最终又会对环境产生影响，贵阳市土地发展水平要高于生态发展水平，今后的发展中除了要提高土地利用的效率外，更需要注意的是环境保护。

15.2.2　毕节市土地利用与生态环境耦合发展评价

2015年毕节市土地利用与生态环境耦合发展类型属于不耦合发展土地利用滞后型，土地利用与生态环境耦合协调度很低，其土地利用指数为0.2089，生态环境指数为0.2812，生态环境发展水平要高于土地利用发展水平，从土地利用与生态环境耦合度评价结果来看，$C=0.9570$，毕节市土地利用与生态环境的耦合状况很好，从耦合度来看，二者耦合情况较好，但耦合协调度上二者协调发展程度较低，毕节市在贵州省属于典型的经济落后地区，同时生态问题也较为严重，石漠化比例高达22.8%，改善目前石漠化状况，同时合理高效利用土地是目前促进毕节市土地利用与生态环境耦合协调发展的方法。

15.2.3　黔东南州土地利用与生态环境耦合发展评价

2015年黔东南州土地利用与生态环境耦合发展类型属于不耦合发展土地利用滞后型，土地利用与生态环境耦合协调度很低，其土地利用指数为0.2159，生态环境指数为0.2767，生态环境发展水平要高于土地利用发展水平，从土地利用与生态环境耦合度评价结果C来看，$C=0.9698$，黔东南州土地利用与生态环境的耦合状况很好，从耦合度来看，二者耦合情况较好，但耦合协调度上二者协调发展程度较低，黔东南州耕地面积比例为12.91%，但林地比例高达68.1%，在森林覆盖率上黔东南州在贵州省内也常年居第一，其主要原因是黔东南州工业化程度不算高，州内大型重工业以及化工企业不多，生态环境的原始状态保存较好，人均绿地、水资源等都较为丰富，生态压力相较于其他地方小很多，生态环境指数要高于土地，今后黔东南州应该更注重土地开发，开发中质量与力度要并存，同时也应该注意生态效益和社会效益。

15.3 贵州省土地利用与生态环境耦合关系的空间分异评价

从空间上看，贵阳市、毕节市和黔东南州分别位于贵州省的中部、西北部、东南部。其中贵阳市是贵州省政治、经济、文化和交通中心，经济发展水平相较于毕节市和黔东南州要高，其土地利用与生态环境发展水平较高，二者的耦合度也较好，土地开发程度较高，但对于生态环境的保护较落后，而黔东南州经济发展水平高于毕节市，但二者土地利用与生态环境发展水平都较低，但二者耦合程度较好，总体来看，贵州省土地利用与生态环境耦合度呈现中部土地利用与生态环境发展水平较高，土地利用与生态环境属于良好耦合发展生态环境滞后型，西北部地区，尤其是毕节市等经济发展水平较为落后的地区土地利用与生态环境发展水平都较低，但耦合度较好，总体属于不耦合发展土地利用滞后型。

15.4 本章小结

本章通过对贵州省2015年三个市（州）（贵阳市、毕节市、黔东南州）土地利用与生态环境耦合度与耦合协调度进行测算和评价，从空间上分析贵州省土地利用与生态环境耦合状态的区域差异。研究结果表明，2015年贵阳市、毕节市、黔东南州土地利用与生态环境耦合发展水平区域差异显著。贵阳市土地利用与生态环境耦合发展类型属于良好耦合发展生态滞后型，表明土地利用水平发展要高于生态环境水平发展，贵阳市土地利用发展水平为0.8524，属于良好耦合类型，但从土地利用与生态环境耦合度评价结果 C（0.9726）来看，贵阳市土地利用与生态环境的耦合状况很好，属于良好耦合类型，土地利用水平发展要高于生态环境水平发展。毕节市土地利用与生态环境耦合协调度很低，其土地利用指数为0.2089，生态环境指数为0.2812，生态环境发展水平要高于土地利用发展水平，从土地利用与生态环境耦合度评价结果 C（0.9570）来看，毕节市土地利用与生态环境的耦合状况很好，二者耦合情况较好，但耦合协调发展程度较低。黔东南州土地利用与生态环境耦合发展类型属于不耦合发展土地利用滞后型，土地利用与生态环境耦合协调度很低，其土地利用指数为0.2159，生态环境指数为0.2767，生态环境发展水平要高于土地利用发展水平，从土地利用与生态环境耦合度评价结果 C（0.9698）来看，黔东南州土地利用与生态环境的耦合状况很好，从耦合度来看，二者耦合情况较好，但耦合协调度上二者协调发展程度较低。总体来看，贵州省土地利用与生态环境耦合度在空间上呈现出中部地区>东南部地区>西北部地区。中部地区贵阳市土地利用与生态环境发展水平较高，土地利用与生态环境属于良好耦合发展生态环境滞后型，西北部地区，尤其是毕节市等经济发展水平较为落后的地区土地利用与生态环境发展水平都较低，但耦合度较好，总体属于不耦合发展土地利用滞后型。黔东南州经济发展水平高于毕节市，但二者土地利用与生态环境发展水平都较低，但二者耦合程度较好。

第16章 研究结论与对策建议

根据对贵州省土地利用与生态环境时间与空间的计算结果,总结出本篇的研究结论,提出促进贵州省土地利用与生态环境协调发展的对策。

16.1 研究结论

本研究在明确土地利用与生态环境的内涵上,通过构建结合贵州省经济状况、土地利用状况与生态环境状况的 DPSIR 模型,分析贵州省土地利用与生态环境机理,此外通过构建土地利用与生态环境耦合关系评价指标体系,综合利用熵值法、变异系数法、以统计年鉴、环境公报、国土资源公报、经济社会发展公报等数据,计算了 2004~2015 年贵州省土地利用与生态环境耦合关系以及贵州省下属三个市(州)2015 年土地利用与生态环境耦合情况。结合贵州省土地利用与生态环境特点和存在的问题,提出促进贵州省土地利用与生态环境耦合发展的对策。主要结论如下。

1)通过对土地利用与生态环境耦合协调发展内涵阐述,借鉴可持续发展中 DPSIR 框架,在查阅文献及统计年鉴数据分析的基础上,分析了 2004~2015 年贵州省土地利用与生态环境的动态变化分析情况,构建出贵州省土地利用与生态环境耦合协调发展的 DPSIR 框架,即 DPSIR 模型。贵州省土地利用与生态环境耦合关系在 2004~2015 年呈现出上升的趋势,2010~2011 年有小幅度下降,随后便迅速回升,至 2014 年达到峰值。

2)本研究采用耦合度和耦合发展度模型对贵州省土地利用与生态环境耦合关系进行评价。从耦合度发展情况来看,贵州省土地利用与生态环境总体耦合度较高,2004~2015 年耦合度指数一直处于 0.9 以上,耦合状态良好土地利用与生态环境的发展情况都呈现由低到高的趋势,生态环境系统的发展状况常年高于土地利用系统,2014 年二者开始出现交叉,随后土地利用系统的发展状况开始超过生态环境系统。

从耦合协调度来看,贵州省土地利用与生态环境耦合协调度发展经历了 5 个阶段,2004~2006 年为不耦合阶段,2007~2009 年为勉强耦合阶段,2010~2011 年为初级耦合阶段,2012 年为中级耦合阶段,2013~2015 年为良好耦合阶段。

3）通过灰色预测法对 2016~2025 年贵州省土地利用与生态环境耦合度及耦合协调度进行了测算，预测结果显示按照目前发展方式，2016~2025 年贵州省土地利用和生态环境指数都在不断上升，但二者的差距也会越来越大，生态环境发展状况明显落后于土地利用，二者耦合度也一直处于较好状态，2016~2025 年贵州省土地利用与生态环境耦合关系类型均为良好耦合发展生态环境滞后型，说明贵州省如果不发生大型变故（如自然灾害、地质灾害），未来土地利用水平和生态环境水平会越来越高。

4）对区域差异做了详细分析。2015 年贵州省贵阳市、毕节市、黔东南州土地利用与生态环境耦合发展水平区域差异显著。2015 年贵阳市土地利用与生态、环境耦合发展类型属于良好耦合发展生态滞后型，表明土地利用水平发展要高于生态环境水平发展。毕节市土地利用与生态环境耦合发展类型属于不耦合发展土地利用滞后型，土地利用与生态环境耦合协调度很低。黔东南州土地利用与生态环境耦合发展类型属于不耦合发展土地利用滞后型，土地利用与生态环境耦合协调度很低。

5）为提高贵州省土地利用与生态环境耦合发展水平，实现经济社会可持续发展，结合研究区土地利用与生态环境耦合关系分析结果，分别从实施生态环境综合治理，建立生态环境补偿机制，发展循环经济，大力推行清洁生产，发挥土地利用总体规划在生态环境保护中的作用，构建生态环境友好型土地利用模式，确保土地可持续利用等多个方面提出提高土地利用与生态环境耦合发展水平的对策。

16.2 对策建议

（1）健全土地利用总体规划，促进对环境保护的发展

土地利用总体规划指的是各级政府按照国家的相关规定，并充分结合当地的社会、经济、生态环境等方面的发展现状，对辖区内的土地使用情况制定一个长远的整体规划方案。制定土地整体规划方案的根本目标是对土地的使用方法进行合理的规划，使其能够在保障当地经济发展的基础上，对其进行更为充分的利用，实现对土地资源的有效保护。所以贵州省政府在制定本地的土地整体规划方案时，要对本地区政治、经济和环境等方面的总体状况进行全面思考，将保护生态发展的理念融入土地整体规划方案之中。一个完善且优良的土地整体规划方案，可以极大地提高不同性质的用地的使用效率，能够使城乡总体布局变得更加合理、和谐一致，能够减少土地资源的浪费，从而对生态环境进行很好的保障。

(2) 创建环境友好型土地使用方式，推动土地利用和生态环境和谐发展

首先，贵州省要充分结合自身丰富的自然资源、少数民族文化等突出优势，全力推进生态农业的发展模式。《贵州省"十三五"现代山地特色高效农业发展规划》也提出了贵州省现代山地高效农业的发展路径，如做强农业主导产业、加快转变农业发展方式、着力构建现代农业发展服务支撑体系等。现代山地高效农业在总体上以发展和生态为底线，农民增收为核心，以改革开放为抓手，在组织体系上以农业园区为平台，构建特色产业、质量安全、基础设施、科技支撑、市场开拓和政策保障六大体系，同时要严格对市场原则进行遵循，使用各种先进的农业生产技术，使生态环境保护和农业生产在发展中变得更加融洽。例如，各个地级市在对本地区的土地整体规划方案进行设计时，必须对当地的气候、耕地及生态资源等方面进行综合分析，对农业生产中的本地特色进行发掘，使其和生态环境保护进行有效的融合。在发展生态农业时，要坚持农林牧渔业等多个行业共同发展的原则，单独的种植方式要进行改变，将本地特色文化融入其中，从而推动其全面、快速的发展。

其次，积极打造生态城市。生态城市指一个城市的经济发展与生态环境保护能够同步伐向前迈进，能够对各种资源进行充分利用，拥有健全的市政设施，合理的城市空间结构，能够为城市居民提供一个环境优雅、配套设施完善的宜居城市。打造生态城市，最根本的目的是促进社会文明事业、经济事业以及生态事业在发展的过程中能够更加的和谐一致。总之，生态城市就是一种拥有良好的生态居住环境，能够极大地满足城市居民对健康等方面需求，实现人类与大自然的和谐发展，进一步推动城市的社会、经济等方面的发展的新型城市发展方式。在对生态城市进行建设时，要紧紧抓住其最核心的内容——循环经济方式，重点对传统行业进行经济转型，加强生产材料的可循环利用，提高对资源的使用效率，尽可能避免过度浪费，实现对生态环境的有效保护。要想打造一个生态城市，必须采取如下几种有效方法：第一，对土地利用方式进行改进，提高土地的使用效率，减少土地资源的浪费；第二，加快产业改革的速度，深入推进经济发展方式的改变；第三，对城市生态建设加大投入，扩大生物的种类数量；第四，加强对污染的治理力度，使城市环境切实得到改变。

(3) 对发展理念进行改变，促进循环经济的发展

自可持续发展这个定义出现以后，其理论得到很好的发展和完善。随着该理论研究的持续深入及在各行业的广泛应用，逐渐产生了一种新型的经济增长方式，即循环经济，一个通过对自然环境运行模式进行效仿，从而对各种材料进行持续的反复，减少在原材料上的支出，能够极大地对各种资源浪费情景进行避免。这种经济增长模式能够对土地资源进行有效的使用，并对生态环境的有力

保护。

作为一种新型的经济增长方式，循环经济最大的作用就是提高经济转型的速度。对贵州省来说，要想大力提倡循环经济，必须严格树立可持续的发展理念，加强对生态环境进行保护的意识，将生态环境保护放在与经济发展同等的地位上。而具体到现实中，就是坚持可持续发展理念，高举科技为先的大旗，采用各种先进的方法对以往的"三高"生产模式进行改革，对过时的生产技术和生产方法进行抛弃，加强环保督查，对偷排偷放污染物或者是排放不达标的企业要进行严肃处理，避免其对周边环境的污染；同时要积极发展各种高新技术产业和新兴旅游业，加快对矿产等相关行业的经济专业转型，使其重新焕发新的生机，从而为当地经济发展的速度不断提高提供坚实的后盾。

（4）确立生态环境补偿制度，减轻其所承受的压力

通过对2016~2015年贵州省土地利用与生态环境耦合关系进行预测发现，如果按照现在发展方式，贵州省也没有发生大型变故的话，2016~2025年土地利用指数增长速度将会大大超越生态环境指数的增长，也就代表随着贵州省经济的持续发展，对于土地的开发强度会越来越大，土地利用方式的转变可能对环境造成一系列影响，如水污染、建设用地的扩张等，故在贵州省尽快建立生态环境补偿制度极为有必要。政府部门要切实加强对环保的宣传，使环保意识深入居民内心，执行"谁开发谁保护，谁污染谁治理"等相关准则，对生态补偿制度确立并进一步完善，实现生态环境保护和土地利用的协调发展。贵州省于2017年已经提出了关于健全全省生态补偿机制的意见，主要在森林、湿地、水域等重点保护区域建立了生态补偿机制，但生态补偿机制建立还存在很多问题，如全国范围系统的生态补偿设定还欠缺，生态补偿标准太低、生态补偿对象不明确、监督机制也不够完善健全等，针对这些问题，贵州省更应该从国家层面建立健全生态补偿机制。

（5）加强对生态环境全面治理，使生态环境的开发和保护能够协调一致

在本研究实证环节，贵州省土地利用与生态环境耦合情况在空间上看，经济发达的地区，如贵阳市处于良好耦合状况，经济发展状况低于贵阳市的毕节市和黔东南州土地利用与生态环境指数较低。对此贵州省要结合各个城市在社会、经济以及环境等方面的现状，为其制定合理的城市土地利用规划，牢固树立土地使用和生态环境发展协调一致的理念，对生态环境保护制度进行确立和完善，从而实现生态治理工作的可持续发展：首先，对不同地区的土地利用规划要因地制宜，如毕节市石漠化极为严重，经济发展情况在全省范围内也比较偏低，早期人口密度较大，农民为了填饱肚子，向荒山荒坡要地，但这种建立在破坏生态环境上的经济发展方式使毕节市石漠化越发严重，毕节市应该注重石漠化综合治理，

固土保水、涵养水源是首要，必须始终坚持优先恢复林草植被，重建石漠化土地森林生态系统。对于经济发展状况较好，生态环境较为稳定的地区，其环境的治理应当从废水废气等着手，首先要加强对城市污染水源的处理，加强对企业的偷排偷放等行为的监督，一经发现要对其进行严肃处理。制定更为严格的工业污水和生活废水排放标准，切实减轻对环境的污染。其次，加强城市大气污染的整治工作。加大对空气污染源的监管处理，实行交通限行以减少汽车尾气的排放量，制定更高的汽车尾气和工业废气排放标准，加快高污染、高耗能企业的经济转型，抛弃已过时的生产技术，加强对新能源产品的研发和使用。最后加大对固体污染物的综合处理，对污染物的生产、运送、储存和循环使用等过程进行全方位的监管，大力提升对固体污染物循环利用，尽可能地减少其对环境所造成的极大危害。

（6）对城市土地构成进行调整，使土地利用朝集约化发展

土地构成主要指特定范围内的所有土地中不同的土地使用类别的比例关系。要想保证城市土地利用规划能够很好地实行下去，必须对其土地构成进行恰当的调整。对土地构成进行调整的根本目的是让该地区所有土地都能够实现最大化的使用，从而使其土地使用效益得到很大的提高。贵州省是喀斯特地貌典型地区，特殊地貌导致该区优质耕地稀少，在贵州省经济发展转型的重要时期，土地利用规划应该以耕地保护为前提，合理安排各类用地，积极推进土地复垦工作，向废弃工矿地要空间；此外贵州省各个城市对本地区的土地构成进行有效调整时，必须充分结合各自的城乡总体规划和土地利用规划等相关规划，从城市的全局入手，对所有土地的使用方式进行统一安排。在对城市土地构成进行调整的过程中，必须充分发挥各政府主管部门的调节和引领等作用，使土地利用朝集约化发展，使土地的价值能够得到充分的体现，从而为当地经济的发展提供强大的动力。

16.3 本篇小结

本篇在明确土地利用与生态环境内涵的基础上，结合贵州省经济状况、土地利用状况与生态环境状况，运用 DPSIR 模型分析贵州省土地利用与生态环境耦合机理；通过构建综合土地利用与生态环境耦合关系评价指标体系，综合利用熵值法、变异系数法、耦合度与耦合协调度模型计算贵州省土地利用与生态环境耦合的时空情况；提出促进贵州省土地利用和生态环境耦合关系的对策建议，得到如下结论。

贵州省土地利用与生态环境耦合关系在 2004~2015 年总体呈现出上升的趋

势，其中2010~2011年有小幅度下降，随后便迅速回升，至2014年达到峰值。采用耦合度和耦合发展度模型对贵州省土地利用与生态环境耦合关系进行评价，从时间来看，贵州省土地利用与生态环境总体耦合度较高，从耦合度发展情况来看，贵州省土地利用与生态环境总体耦合度较高，2004~2015年耦合度指数一直处于0.9以上。从耦合协调度来看，贵州省土地利用与生态环境耦合协调度发展经历了五个阶段，2004~2006年为不耦合阶段，2007~2009年为勉强耦合阶段，2010~2011年为初级耦合阶段，2012年为中级耦合阶段，2013~2015年为良好耦合阶段。通过灰色预测法对2016~2025年贵州省土地利用与生态环境耦合度及耦合协调度进行测算，预测结果显示按照目前发展方式2016~2025年贵州省土地利用和生态环境指数都在不断上升，但二者的差距会越来越大。从空间来看，2015年贵阳市土地利用与生态环境耦合发展类型属于良好耦合发展生态滞后型，表明土地利用水平发展要高于生态环境水平发展。毕节市土地利用与生态环境耦合发展类型属于不耦合发展土地利用滞后型，土地利用与生态环境耦合协调度很低。黔东南州土地利用与生态环境耦合发展类型属于不耦合发展土地利用滞后型，土地利用与生态环境耦合协调度很低。为此，应分别从实施生态环境综合治理，建立生态环境补偿机制，发展循环经济，大力推行清洁生产，发挥土地利用总体规划在生态环境保护中的作用，构建生态环境友好型土地利用模式，确保土地可持续利用等多个方面提出提高土地利用与生态环境耦合发展水平的对策。

第五篇

贵州省生态脆弱区可持续生计与生态环境耦合协调发展研究

第 17 章 贵州省可持续生计与生态环境的现状、特征

贵州省 2016 年地区生产总值为 11776.73 亿元，人均地区生产总值为 33 246 元，年末常住总人口为 3555.50 万人，户籍总人口为 4452.80 万人。随着贵州省工业化、城镇化的快速推进，经济发展水平、人民生活水平不断提高，但人地矛盾逐渐突出、资源环境承载能力日趋下降、生态环境问题日益突显，已制约和影响了贵州省社会经济的绿色持续发展。因此，进一步协调好可持续生计和生态环境保护之间的关系是目前研究的焦点问题之一。

17.1 贵州省可持续生计现状

本研究采用可持续生计分析框架的思想构建多维贫困评价指标体系。可持续分析框架由 DFID 于 2000 年建立，可持续分析框架从贫困产生的多种原因出发，力图提供多种解决方案，是一种多维视角下的分析框架。DFID 的可持续分析框架将生计资本确定为 5 种，即金融、自然、人力、物质和社会资本，构建生计五边形，用于刻画不同资本的数量和结构组合。

17.1.1 金融资本分析

金融资本主要指在生产过程和消费过程中维持生计所需要的积累和流动，其可以向其他形式的资本转化。本研究在金融资本变化分析中主要选择人均地区生产总值、农村居民人均纯收入及农村居民家庭恩格尔系数（以下简称农村恩格尔系数）三个指标，2006~2016 年贵州省金融资本变化统计分析结果见表 17-1。

表 17-1　2006~2016 年贵州省金融资本分析

年份	人均地区生产总值（元）	农村居民人均纯收入（元）	农村恩格尔系数（%）
2006	5 750	1 985	51.5
2007	7 878	2 374	52.2
2008	9 855	2 797	51.7

续表

年份	人均地区生产总值（元）	农村居民人均纯收入（元）	农村恩格尔系数（%）
2009	10 971	3 005	45.2
2010	13 119	3 472	46.3
2011	16 413	4 145	47.7
2012	19 710	4 753	44.6
2013	23 151	5 434	43.0
2014	26 437	6 671	41.7
2015	29 847	7 387	39.8
2016	33 246	8 090	38.7

从表17-1可以看出，2006~2016年贵州省人均地区生产总值、农村居民人均纯收入均呈现出不断上升的趋势，农村恩格尔系数呈现出波动下降的趋势。其中人均地区生产总值由2006年的5750元增长到2016年的33 246元，增长了5.8倍；农村居民人均纯收入由2006年的1985元增长到2016年的8089元；农村恩格尔系数由2006年的51.5%降低到2016年的38.7%，分析表明2006~2016年贵州省经济发展水平稳步上升，农村居民人均纯收入在不断增加。

17.1.2 自然资本分析

自然资本主要指自然资源存量。本研究在自然资本变化中主要选择森林覆盖率、年平均降水量及人均耕地面积三个指标进行分析。2006~2016年贵州省自然资本变化统计分析结果见表17-2。

表17-2　2006~2016年贵州省自然资本分析

年份	森林覆盖率（%）	年平均降水量（mm）	人均耕地面积（亩）
2006	28.9	1015.1	1.69
2007	34.3	1160.0	1.68
2008	35.6	1266.5	1.78
2009	37.1	949.9	1.78
2010	40.5	1105.9	1.97
2011	41.5	820.6	1.97
2012	47.0	1117.1	1.96
2013	48.0	981.9	1.95

续表

年份	森林覆盖率（%）	年平均降水量（mm）	人均耕地面积（亩）
2014	49.0	1273.3	1.94
2015	50.0	1256.2	1.93
2016	52.0	1268.8	1.93

从表17-2可以看出，2006~2016年贵州省森林覆盖率呈现出不断上升的趋势，由2006年的28.90%上升到2016年的52.0%，上升幅度为79.93%；年平均降水量呈现出波动上升的趋势，由2006年的1015.1mm上升到2016年的1268.8mm，上升幅度为25.0%；人均耕地面积呈现出先升后降的趋势，但变化幅度小，2006~2011年呈现出上升的趋势，2010年和2011年达最高，为1.97亩，2011~2016年逐渐下降，2016年为1.93亩。

17.1.3 人力资本分析

人力资本主要指知识、技能和健康状况。本研究在人力资本变化中主要选择高中、中专及以上学历占总人口的比例，农村劳动力人口的平均受教育年限，义务教育普及率三个指标进行分析。2006~2016年贵州省人力资本指标变化统计分析结果见表17-3。

表17-3 2006~2016年贵州省人力资本分析

年份	高中、中专及以上学历占总人口的比例（%）	农村劳动力人口的平均受教育年限（年）	义务教育普及率（%）
2006	26.00	6.79	98.62
2007	32.00	6.86	98.57
2008	29.00	7.02	97.24
2009	27.00	7.05	98.35
2010	30.00	7.14	97.89
2011	34.00	7.07	98.57
2012	33.00	7.11	99.34
2013	35.00	7.28	99.29
2014	38.00	7.59	99.09
2015	44.00	7.76	99.47
2016	45.00	7.84	99.57

从表 17-3 可以看出，2006~2016 年贵州省高中、中专及以上学历占总人口的比例由 2006 年的 26% 上升到 2016 年的 45%，总体呈现出上升的趋势，上升幅度为 73.08%；农村劳动力人口的平均受教育年限和义务教育普及率在 2006~2016 年呈现出不断上升的趋势，分别由 2006 年的 6.79 年和 98.62% 上升到 2016 年的 7.84 年和 99.57%，上升幅度为 15.46% 和 0.96%。综合分析表明贵州省的知识、技能水平以及健康状况在不断提高，但与全国相比还存在一定的差距。

17.1.4 物质资本分析

物质资本主要指维持生计的相关基础设施和生产资料，本研究在物质资本变化中主要选择农村人均用电量、农村居民人均住房面积、安全饮用水行政村比例三个指标进行分析。2006~2016 年贵州省物质资本变化统计分析结果见表 17-4。

表 17-4　2006~2016 年贵州省物质资本分析

年份	农村人均用电量（kW·h）	农村居民人均住房面（m²）	安全饮用水行政村比例（%）
2006	159.01	23.84	72.46
2007	187.90	24.54	73.35
2008	235.04	25.27	75.65
2009	279.67	26.43	77.64
2010	352.48	27.26	77.16
2011	417.56	29.63	79.17
2012	488.94	30.00	79.80
2013	500.18	27.00	83.02
2014	546.00	32.00	84.51
2015	559.68	32.33	86.43
2016	612.97	34.16	92.47

从表 17-4 可以看出，2006~2016 年贵州省农村人均用电量、农村居民人均住房面积、安全饮用水行政村比例呈现出稳步增长的趋势，增长幅度分别为 285.49%、43.29% 和 27.62%，年均增长幅度分别为 28.55%、4.33% 和 2.76%，说明基础设施和生产资料条件逐渐完善。

17.1.5 社会资本分析

社会资本主要指家庭追求生计过程中所利用的社会资源，本研究主要选择农村与城镇居民收入之比，新型农村合作医疗参合率，享受农村最低生活保障人口所占比例三个指标进行社会资本变化分析。2006~2016年贵州省社会资本变化统计分析结果见表17-5。

表17-5 2006~2016年贵州省社会资本变化情况　　（单位:%）

年份	农村与城镇居民收入之比	新型农村合作医疗参合率	享受农村最低生活保障人口所占比例
2006	21.77	72.32	0.29
2007	22.23	84.92	9.84
2008	23.78	92.12	12.68
2009	23.36	94.25	13.06
2010	24.55	96.28	23.22
2011	25.13	97.10	23.53
2012	25.42	98.00	23.16
2013	26.29	98.70	21.91
2014	26.59	98.90	19.77
2015	30.05	99.12	16.22
2016	30.25	99.26	15.36

从表17-5可以看出，2006~2016年贵州省农村与城镇居民收入之比、新型农村合作医疗参合率均呈现出逐年上升的趋势，上升幅度分别为38.95%和37.25%，享受农村最低生活保障人口所占比例呈现出先升后降的趋势，分析表明贵州省家庭追求生计过程中所利用的社会资源越来越好。

17.2 生态环境现状

贵州省在生态文明建设上加快体制改革，实行最严格的生态环境保护制度，提供更多优质生态产品以满足人民日益增长的对良好生态环境的需要，生态文明建设取得了丰硕成果，生态环境良好。2016年，贵州森林面积和森林覆盖率分别为916万hm^2和52%，水资源总量达到1066.10亿m^3。但随着工业化和城镇化的快速推进，经济在快速发展的同时，对生态环境产生了一定的压力。

17.2.1 生态环境容量

（1）森林覆盖率

森林覆盖率是反映生态环境容量的指标之一。2006～2016年贵州省森林覆盖率动态变化情况如图17-1所示。

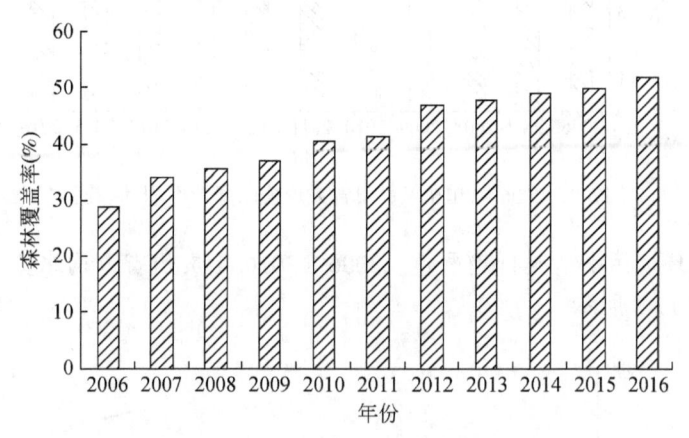

图17-1 2006～2016年贵州省森林覆盖率动态变化

由图17-1可以看出，2006～2016年贵州省森林覆盖率呈现出不断上升的趋势，由2006年的28.90%上升到2016年的52.0%，上升幅度为79.93%，年均上升幅度为7.99%，说明贵州省森林资源丰富覆盖率高，生态环境容量在逐渐增大。

（2）人均公园绿地面积

人均公园绿地面积园林城市、园林县城和园林城镇达标值均为≥9m²/人，生态城市达标值为≥11m²/人。2006～2016年贵州省人均公园绿地面积动态变化情况如图17-2所示。

从图17-2可以看出，2006～2016年贵州省人均公园绿地面积呈现出波动上升的趋势，与2006年相比，2016年上升幅度为78.51%，年均上升幅度为7.85%，人均公园绿地面积为2006年的1.79倍，说明研究区整体环境水平和居民生活质量在不断提高，生态环境容量在逐渐增大。在人均公园绿地面积方面，与发达国家相比还存在一定的差距，说明贵州省在环境保护力度方面还有一定差距，环境绿化方面尚待加强。

（3）人均水资源量

贵州省水资源较为丰富，随着贵州省经济社会的快速发展，水资源消费量不

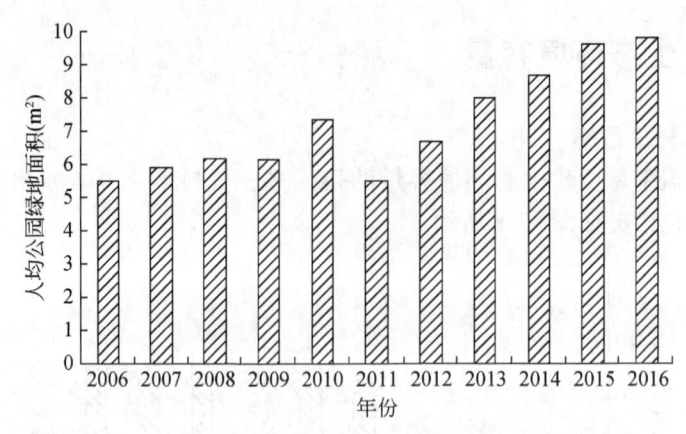

图 17-2 2006~2016 年贵州省人均公园绿地面积动态变化

断增加，水环境污染情况日趋严重。2006~2016 年贵州省人均水资源量统计分析结果如图 17-3 所示。

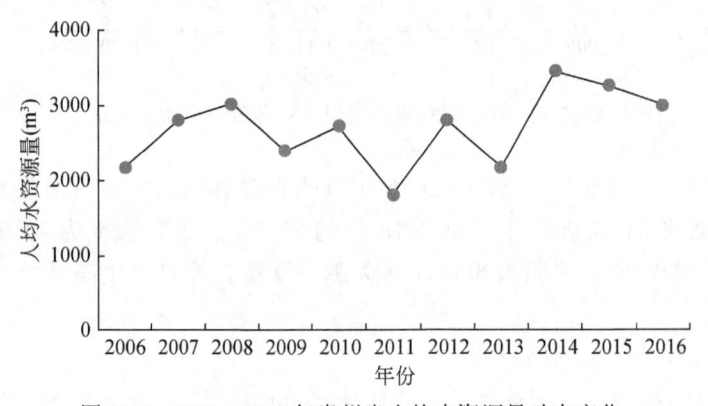

图 17-3 2006~2016 年贵州省人均水资源量动态变化

2016 年贵州省水资源总量为 1062.03 亿 m³。从图 17-3 可以看出，2006~2016 年贵州省人均水资源量呈现出波动上升的趋势，最低值为 2011 年的 1802.11m³，最高值为 2014 年的 3461.1m³，虽然总体来说贵州省人均水资源量居于全国前列，但是近年来不断增加的生产和生活用水量及不合理的利用，水资源问题日渐显现。

17.2.2 生态环境压力

随着工业化、城镇化的快速推进，人口的快速增长，经济发展过程中排放的

"三废"在不断地增加,使生态环境压力越来越明显。根据研究特点,本研究选择工业废水排放量,二氧化硫、烟尘排放量,工业固体废弃物产生量,农用化肥施用折纯量及人口自然增长率等作为反映生态环境压力的指标,其统计分析结果如下。

(1) 工业废水排放量

工业废水排放量将影响水资源的质量。2006~2016 贵州省工业废水排放量动态变化情况如图 17-4 所示。

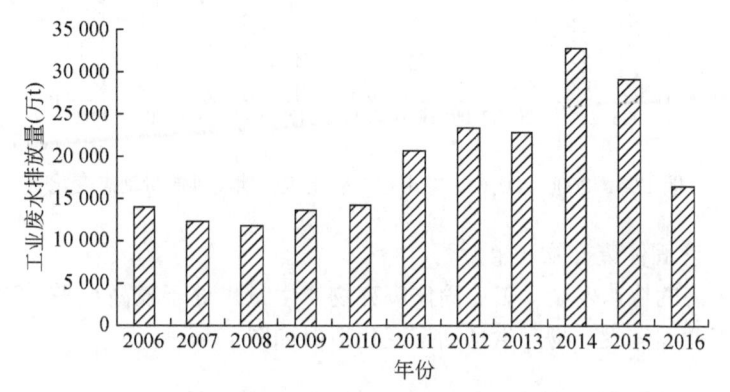

图 17-4 2006~2016 年贵州省工业废水排放量动态变化

从图 17-4 可以看出,2006~2016 年贵州省工业废水排放量总体上呈现出降-升-降的变化趋势,2006~2008 年呈现出下降的趋势,2009~2014 年呈现出上升的趋势,2014 年达 32 700 万 t 的峰值,之后呈现出工业废水排放量逐年下降的趋势,2014~2016 年下降幅度为 49.85%,说明贵州省在工业废水的综合利用方面取得了一定的成效,但由于排放总量较大,导致虚拟治理成本仍比较高,因此贵州省应进一步加强对工业废水的治理(魏媛,2017)。

(2) 二氧化硫、烟尘排放量

贵州省的能源消费结构具有富煤、贫油、少气的特点,研究区煤炭消费量比较大,因此大气污染物中二氧化硫、烟尘排放量占比较高。2006~2016 年贵州省二氧化硫、烟尘排放总量动态变化情况如图 17-5 所示。

从图 17-5 可以看出,2006~2016 年贵州省二氧化硫、烟尘排放量总体呈现出波动下降的趋势,分别从 2006 年的 104 万 t、26.31 万 t 下降到 2016 年的 41.18 万 t、20.43 万 t,下降幅度分别为 60.40% 和 22.34%,说明贵州省在可持续生计发展的过程中高度注重对环境的保护,但二氧化硫、烟尘排放量下降的速度比较低,表明研究区在可持续生计过程中,生态环境保护力度有待于进一步加强。

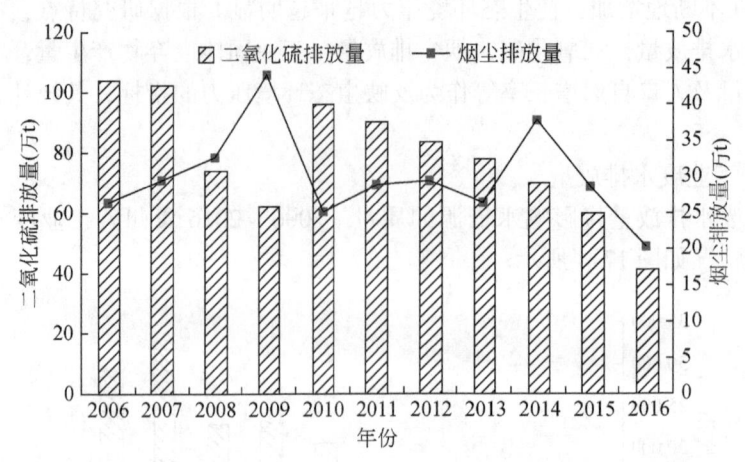

图 17-5　2006~2016 年贵州省二氧化硫、烟尘排放量动态变化

(3) 工业固体废弃物产生量

随着经济的快速发展，工业固体废弃物产生量也处于较高水平。2006~2016 年贵州省工业固体废弃物产生量动态变化情况如图 17-6 所示。

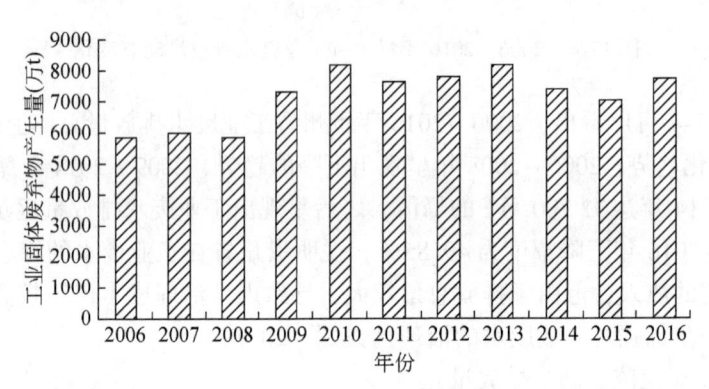

图 17-6　2006~2016 年贵州省工业固体废弃物产生量动态变化

从图 17-6 可以看出，2006 年以来，工业固体废物产生量呈现出一种缓慢上升后下降的态势，且工业固体废弃物产生量在 2013 年达到 8194 万 t，排放总量规模最大，这说明当前贵州省土壤环境污染主要来自于工业固体废弃物的排放，且形势非常严峻。其主要原因在于，技术水平不高、设施比较落后，对于工业固体废弃物的处理不达标，严重污染了土壤。近年来政府加大了对环境治理的投入，工业固体废弃物产生量有所减少，但资源综合利用率较低，成效相对迟缓。

(4) 工业废水中 COD 排放量

本书主要是对贵州省工业废水中 COD 排放量进行分析。2006~2016 年贵州省工业废水中 COD 排放量动态变化情况如图 17-7 所示。

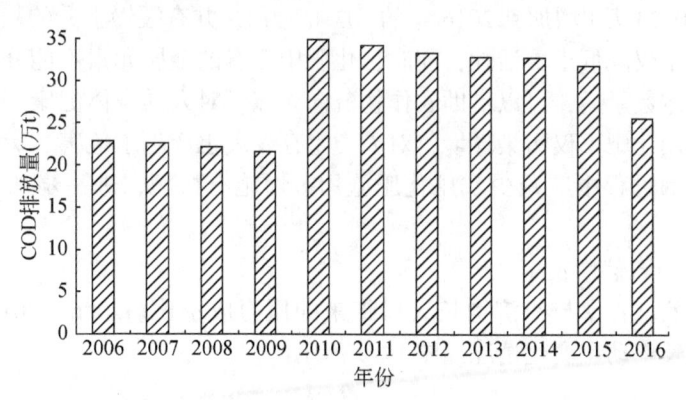

图 17-7 2006~2016 年贵州省工业废水中 COD 排放量动态变化

从图 17-7 可以看出，2006~2016 年贵州省工业废水中 COD 排放量总体呈现出先升后降的变化趋势，2006~2010 年呈现出上升的趋势，2011~2016 年呈现出下降的趋势，2010 年排放量达到峰值，为 34.83 万 t，之后呈现出排放量逐年下降的趋势，2010~2016 年下降幅度为 26.50%，说明近年来贵州省在 COD 污染治理方面取得了一定的成效，但由于排放总量较大，下降幅度较低，贵州省应进一步加强工业废水中 COD 的治理。

（5）农用化肥施用折纯量

农用化肥施用折纯量是指本年内实际用于农业生产的化肥数量（氮肥、磷肥、钾肥）分别按含氮、含五氧化二磷、含氧化钾的百分之百成分进行折算后的数量。2006~2016 年贵州省农用化肥施用折纯量动态变化如图 17-8 所示。

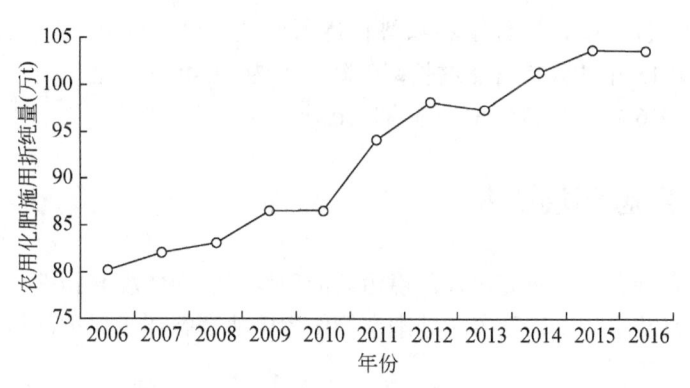

图 17-8 2006~2016 年贵州省农用化肥施用折纯量动态变化

从图 17-8 可以看出，贵州省农用化肥施用折纯量逐年增加，贵州省土地贫瘠，加大化肥的使用量来提高农业的产量就成了必然选择，农用化肥的施用量从2006年的80.23万t增加到2016年的103.67万t，并有缓慢上升的趋势。长期大量使用化肥不仅降低土壤活性，同时，化肥中含有的金属元素不能分解，在土地里积累到一定数量后，可以借助农作物流向人体，对人的身体健康产生危害。因此，大量使用化肥不仅污染环境，对人类生存发展也产生了危害。贵州省在实现可持续生计的过程中应减少农用化肥施用，增施有机肥，进一步加强生态环境保护。

（6）人口自然增长率

人口自然增长率与经济增长人口带来的压力成正比。2006~2016年贵州省人口自然增长率动态变化情况如图17-9所示。

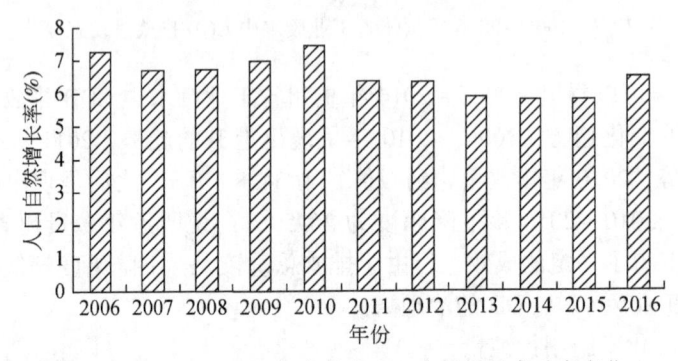

图17-9　2006~2016年贵州省人口自然增长率动态变化

从图17-9可以看出，2006~2016年贵州省人口自然增长率呈现出波动下降的趋势，由2006年的7.26%下降到2016年的6.50%，下降幅度为10.47%，表明贵州省人口自然增长的程度和趋势在逐渐变缓，对资源环境的压力也随之减缓。2006~2015年的人口自然增长率下降幅度为21.46%，这是由于国家出台了二孩政策，2016年人口自然增长率有所上升。

17.2.3　生态环境保护

根据研究特点，本研究选择环境污染治理投资、固体废弃物综合利用率、城市污水处理率及生活垃圾无害化处理率等作为反映生态环境保护的指标，其动态变化分析结果如下。

（1）环境污染治理投资

贵州省在经济快速发展的过程中，不断注重环境污染的治理，2006~2016年贵州省环境污染治理投资总额及环境污染治理投资占GDP的比例如图17-10

所示。

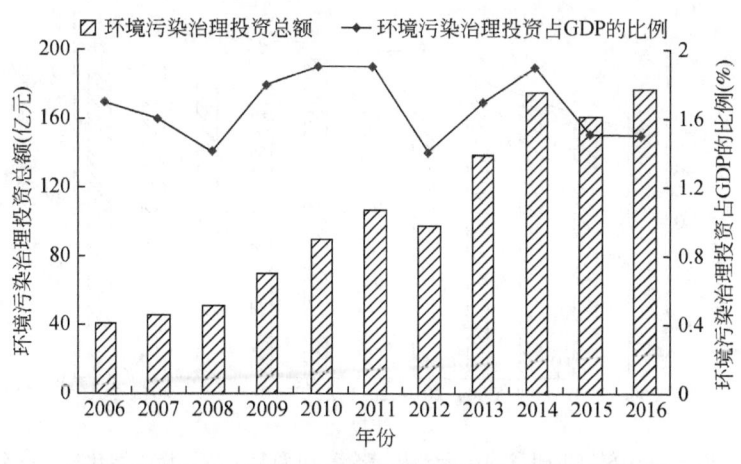

图 17-10　2006～2016 年贵州省环境污染治理投资动态变化

从图 17-10 可以看出，2006～2016 年贵州省环境污染治理投资总额是在不断上升的，从 2006 年的 40.34 亿元上升到 2016 年的 177.18 亿元，上升幅度为 339.22%，这说明随着贵州省经济的快速发展，政府加大了在环保方面的投资。但从环境污染治理投资占 GDP 的比例角度来看，为 1.4%～1.9%，低于 2%，对改善生态环境的效果不是明显。根据国际惯例只能对环境恶化趋势进行控制，若要改善生态环境应将环境污染治理投资占 GDP 的比例提高到 2% 以上。因此，贵州省应增加环境污染治理投资占 GDP 的比例，使生态环境改善得以进一步加强。

（2）固体废弃物综合利用率及生活垃圾无害化处理率

2006～2016 年贵州省固体废弃物综合利用率及生活垃圾无害化处理率动态变化如图 17-11 所示。

从图 17-11 可以看出，2006～2016 年贵州省固体废弃物综合利用率及生活垃圾无害化处理率总体呈现出波动上升的趋势，分别从 2006 年的 51.2% 及 68.0% 上升到 2016 年的 58.1% 及 97.8%，上升幅度分别为 13.48% 和 43.82%，说明贵州省通过环保资金的投入和科技水平的提高，生态环境建设取得了一定的成效，但同时我们也看到，贵州省固体废弃物综合利用率低于全国平均水平（60.3%）、生活垃圾无害化处理率高于全国平均水平（93.7%），揭示贵州省有待于进一步加强绿色低碳经济的发展，以实现可持续生计与生态环境保护的协调发展。

（3）城市污水处理率

近几年贵州省随着城市污水处理设施的不断更新，城市污水处理率随之不断提高，2006～2016 年贵州省城市污水处理率动态变化如图 17-12 所示。

从图 17-12 可以看出，2006～2016 年贵州省城市污水处理率表现出不断上升

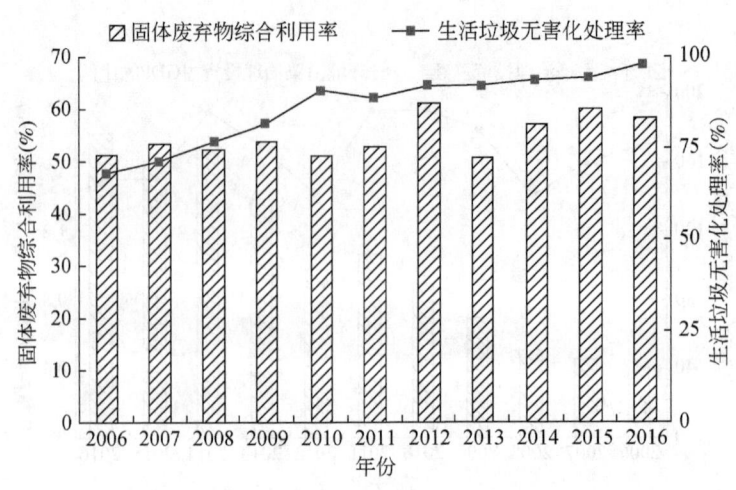

图 17-11 2006～2016 年贵州省固体废弃物综合利用率及生活垃圾无害化处理率动态变化

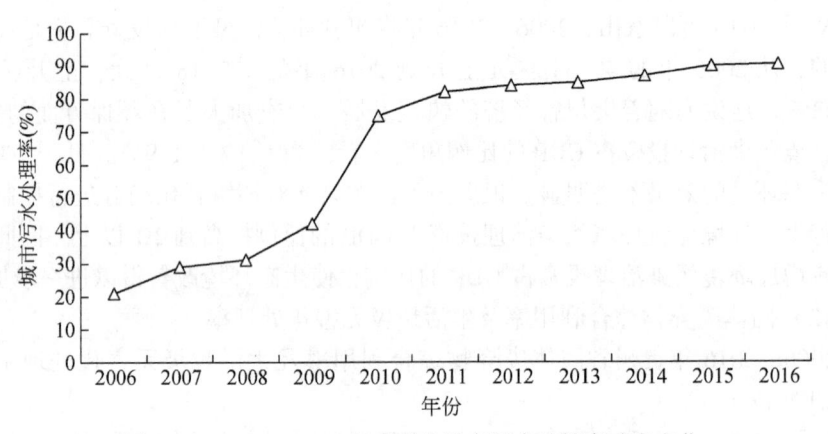

图 17-12 2006～2016 年贵州省城市污水处理率动态变化

的趋势，从 2006 年的 21.0% 上升到 2016 年的 90.5%，上升幅度为 330.95%，年均上升幅度为 33.10%，这说明贵州省在国家政策鼓励的作用下，污水处理投资和建设规模在不断加大，但城市污水处理率还有一定的提升空间。

(4) 工业二氧化硫去除率

随着低碳经济的不断发展和节能减排政策的实施，贵州省工业二氧化硫去除量不断增加，2006～2016 年贵州省工业二氧化硫去除率动态变化如图 17-13 所示。

从图 17-13 可以看出，2006～2016 年贵州省工业二氧化硫去除率基本呈现出逐年上升的趋势，由 2006 年的 22.8% 上升到 2016 年的 85.0%，上升幅度为

第 17 章 | 贵州省可持续生计与生态环境的现状、特征

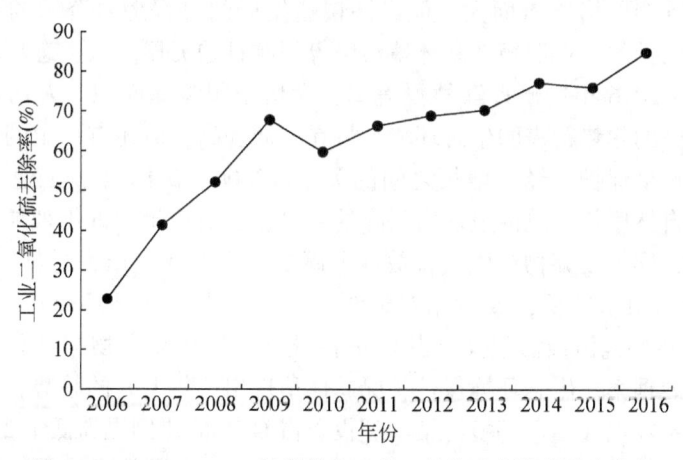

图 17-13　2006～2016 年贵州省工业二氧化硫去除率动态变化

272.81%，年均上升幅度为 27.28%，这说明贵州省工业二氧化硫排放问题相对较高，但随着节能减排政策的大力推行及环保资金投入的提高，贵州省工业二氧化硫去除率大幅度上升，不过贵州省还需要加大生态环境建设力度，进一步提高工业二氧化硫去除率。

17.3　本章小结

本章首先分析了 2006～2016 年贵州省可持续生计现状，包括金融资本（人均地区生产总值、农村居民人均纯收入及农村恩格尔系数）、自然资本（森林覆盖率、年平均降水量及人均耕地面积）、人力资本（高中、中专、及以上学历占总人口的比例，农村劳动力人口的平均受教育年限及义务教育普及率）、物质资本（农村人均用电量、农村居民人均住房面积及安全饮用水行政村比例）和社会资本（农村与城镇居民收入之比、新型农村合作医疗参合率及享受农村最低生活保障人口所占比例），其次分析了同期生态环境容量（森林覆盖率、人均公园绿地面积、人均水资源量）、生态环境压力（工业废水排放量，二氧化硫、烟尘排放量，工业固体废弃物产生量，工业废水中 COD 排放量，农用化肥施用折纯量，人口自然增长率）和生态环境保护（环境污染治理投资、固体废弃物综合利用率及生活垃圾无害化处理率、工业二氧化硫去除率、城市污水处理率）。研究结果表明：2006～2016 年，贵州省经济发展水平稳步上升，农村居民人均纯收入在不断增加、生态环境容量逐渐提高，但人均自然资源存量在逐渐减少；知识、技能水平以及健康状况在不断提高，但与全国相比还存在一定的差距；基础设施和生产资料条件逐渐完善、家庭追求生计过程中所利用的社会资源越来

好，家庭的社会网络覆盖面大。但经济快速发展的过程随着资源的不断开发利用、废弃物的排放，资源短缺和环境污染等问题日趋突显。从生态环境状况分析来看：2006~2016年贵州省森林覆盖率、人均公园绿地面积、人均水资源量总体呈现出上升的趋势，表明生态环境容量在不断提高，但还有一定的差距，需要进一步协调环境保护与经济增长之间的关系。2006~2016年，工业"三废"排放量、人口自然增长率总体呈现出下降的趋势，表明贵州省近年来加大了对环境治理的投入，固体废弃物产生量排放有所减少，生态环境压力得到一定的缓解，但资源综合利用率较低，成效相对迟缓，需要大力发展循环经济、低碳经济。2006~2016年环境污染治理投资占GDP的比例、固体废弃物综合利用率及生活垃圾无害化处理率、生态环境保护状况总体呈现出逐年上升的趋势，表明生态环境保护力度不断加强，但环境污染治理投资占GDP的比例提高低于2%，贵州省应增加环境污染治理投资占GDP的比例，同时进一步提升固体废弃物综合利用率及生活垃圾无害化处理率、城市污水处理率，使生态环境改善得以进一步加强，实现经济系统与生态环境系统协调可持续发展。

第 18 章 贵州省可持续生计与生态环境耦合协调发展机理研究

可持续生计与生态环境是两个相互影响又相互关联的系统，本章在分析二者相互影响的基础上，运用 DPSIR 模型，从驱动力、压力、状态、影响、响应五个方面着手研究可持续生计与生态环境耦合协调发展的机理。

18.1 可持续生计与生态环境

18.1.1 可持续生计对生态环境的影响

可持续生计对生态环境有主导促进作用，可持续生计对维护和改善生态环境起着重要作用。这种促进作用表现在：可持续生计为生态环境保护和优化提供物质基础与技术基础。可持续生计系统从生态环境中获取生产要素，同时又会为人类带来更多可使用的资源，进而可以为生态环境的改善创造条件，通过对技术创新的投入，获得更多的新技术，使经济效率提高，减少资源的使用，污染排放就会相对减少，从而间接地增强生态环境系统的稳定性和承载力；可持续生计又会对生态环境产生负影响，可持续生计活动影响着生态环境的结构、性质和功能。可持续生计系统是不断扩张的，这种扩张是没有极限的；生态环境系统则是稳定的，无论是容量还是速度都有一定的限度和阈值。因此，可持续生计系统的运行受制于生态环境系统的稳定，环境承载力的上升取决于环保投资和生态环境改造技术水平，而可持续生计活动在生产过程中会产生一定量的副产品和废弃物，当这些副产品和废弃物超过环境承载能力时，引起生态环境系统的崩溃；人类经济社会发展总要受到自然生态环境的限制，在可持续生计过程中提供生态环境资源的原材料供给和改善生态环境公共品的投入力度，通过生态环境系统排放环境废弃物和污染物，这一过程提高了生态环境的利用效率，也实现了生态环境系统和经济系统的动态平衡。

综上所述，针对可持续生计发展对生态环境的影响，目前主要任务是减少可持续生计活动对生态环境的污染，强化环境保护、环境治理与生态环境发展的极端重要性，强调由末端治理转向前端预防，把可持续生计过程中的生态资源消耗进行"减量化"的刚性约束。当然在实践中可持续生计发展对生态环境的这种影响要通过制度化、政策化、机制化的结构性安排，实现生态环境和可持续生计系统的正负反馈机制平衡，达到合理化控制的作用。

18.1.2 生态环境对可持续生计的影响

生态环境对可持续生计发展起基础性作用。生态环境是各种生物存在和发展的空间，可持续生计发展过程同自然生态系统的再生产过程交织在一起。作为生产活动的投入，生态环境为人类的各种经济活动提供自然资源，同时消纳经济活动过程中产生的废弃物。生态环境主要从两个方面来影响经济活动：一是存在于生态环境中的各种自然资源作为可持续生计发展的生产要素对可持续生计产生直接影响；二是通过影响可持续生计发展的因素（劳动和人力资本），影响人类的生存和生产进而对可持续生计活动产生间接影响。这是生态环境经济功能的体现，通过生态环境资源为人类提供物质基础和生存空间，并制约人类活动的规模、强度和效果；生态环境可以优化可持续生计过程中的各种技术组合方式。在可持续生计发展过程中，针对不同的生态环境的状况，开发和改造生态环境的难易程度不同，生态环境治理手段也不同。生态环境的恶化导致政府提供必要的资金和技术来治理生态环境，最终促进可持续生计发展；同时生态环境质量的下降又可以通过技术创新以及产业转移等手段来促进可持续生计发展。不管运用何种治理手段，但是最终目标是一致的，即促使生态环境与可持续生计相互作用、相互影响、共同协调发展；生态环境质量情况影响着可持续生计的速度与效益。生态环境的阈值制约着可持续生计的限度，生态环境是一种自然资产，超过这一限度的空气污染或水污染排放将导致空气质量或水质量的迅速下降，因此生态环境的承载力是一定的，其在提供资源和接受废弃物方面的作用是有限的。生态环境与可持续生计系统的反馈机制不相同决定了生态环境因素对可持续生计发展的制约作用相对有限，可持续生计系统的反馈机制是增长型的，生态环境系统的反馈机制是稳定型的，在发展动态中维持平衡，供应有限的资源，这两种反馈机制导致了在长期间和大范围内的资源枯竭、环境污染和生态破坏，最终使可持续生计发展会受到限制。

18.2 贵州省可持续生计与生态环境的耦合发展机理研究

通过构建 DPSIR 模型，本研究从驱动力、压力、状态、影响、响应五个方面研究贵州省可持续生计与生态环境两个系统相互影响又相互推进的运行机理。

18.2.1 指标体系构建

可持续生计与生态环境耦合发展关系有一定复杂性及系统性，基于此，选择表 18-1 的 22 个指标，利用 DPSIR 模型，从驱动力、压力、状态、影响、响应五个方面构建指标层与目标层之间的关系。

表 18-1　可持续生计与生态环境系统耦合发展 DPSIR 评价指标

目标层	准则层	指标层	极性
贵州省可持续生计与生态环境耦合发展机理	驱动力	人均 GDP（元）	正向
		人口自然增长率（%）	负向
		农村居民人均纯收入（元）	正向
		义务教育普及率（%）	正向
		高中、中专及以上学历占总人口的比例（%）	正向
		新型农村合作医疗参合率（%）	正向
	压力	人均公园绿地面积（m^2）	正向
		农用化肥施用折纯量（万 t）	负向
		农村居民人均住房面积（m^2）	正向
		人均水资源量（m^3）	正向
	状态	森林覆盖率（%）	正向
		农村与城镇居民收入之比例（%）	正向
		安全饮用水行政村比例（%）	正向
		农村恩格尔系数（%）	正向
	影响	工业固体废弃物产生量（万 t）	负向
		工业废水排放量（万 t）	负向
		COD 排放量（万 t）	负向
		工业二氧化硫排放量（万 t）	负向
	响应	固体废弃物综合利用率（%）	正向
		生活垃圾无害化处理率（%）	正向
		环境污染治理投资占 GDP 的比例（%）	正向
		工业二氧化硫去除率（%）	正向

18.2.2 指标权重确定

主观赋权法与客观赋权法是确定权重的两大主要方法，主观赋权法有专家打分、层次分析法等，主要是依据专家意见和经验，客观赋权法有主成分分析法、熵权法等，主要是依据数学公式进行计算，本研究采取熵权法确定相关指标权重，计算步骤与方法详见第 4 章。贵州省可持续生计与生态环境耦合关系 DPSIR 指标权重计算见表 18-2。

表 18-2　贵州省可持续生计与生态环境耦合关系 DPSIR 指标权重

系统层	准则层	指标层	极性	权重
贵州省可持续生计系统与生态环境耦合发展机理	驱动力（0.4926）	人均 GDP（元）	正向	0.2549
		人口自然增长率（%）	逆向	0.0067
		城镇居民人均可支配收入（元）	正向	0.1924
		农村居民人均纯收入（元）	正向	0.0001
		全社会固定资产投资（亿元）	正向	0.0309
		社会消费品零售总额（亿元）	正向	0.0076
	压力（0.0992）	人均公园绿地面积（m^2）	正向	0.0438
		农用化肥施用折纯量（万 t）	逆向	0.0087
		GDP 增长率（%）	正向	0.0134
		全社会固定资产投资增长率（%）	正向	0.0333
	状态（0.0562）	森林覆盖率（%）	正向	0.0303
		第三产业占 GDP 的比例（%）	正向	0.0109
		固定投资占 GDP 的比例（%）	正向	0.0051
		恩格尔系数（%）	正向	0.0099
	影响（0.2329）	人均水资源量（m^3）	正向	0.0149
		工业废水排放量（万 t）	逆向	0.1237
		工业固体废弃物产生量（万 t）	逆向	0.0348
		二氧化硫排放量（万 t）	逆向	0.0595
	响应（0.1191）	固体废弃物综合利用率（%）	正向	0.0042
		生活垃圾无害化处理率（%）	正向	0.0128
		环境污染治理投资占 GDP 的比例（%）	正向	0.0152
		环保资金投入（亿元）	正向	0.0869

18.2.3 可持续生计与生态环境的耦合发展机理分析

利用 DPSIR 模型对 2006~2016 年贵州省可持续生计与生态环境耦合发展指数进行测度，得到驱动力、压力、状态、影响、响应评价结果分析如下。

（1）驱动力指数

驱动力指标是促进可持续生计与生态环境建设的最原始的、最关键的指标。人类生计活动对生态环境产生的潜在影响即驱动力，无论是人口的增长还是城镇化水平的提升，都会导致人类消费模式或原有生活方式的改变。2006~2016 年贵州省可持续生计与生态环境耦合关系驱动力指数计算分析结果如图 18-1 所示。

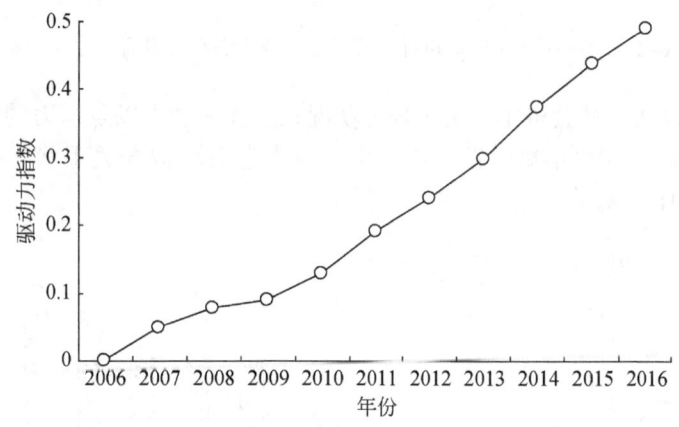

图 18-1　2006~2016 年贵州省可持续生计与生态环境耦合关系驱动力指数

从图 18-1 驱动力指数的动态变化可以看出，2006~2016 年贵州省驱动力呈现出逐年上升的趋势，分别由 2006 年的 0.001 上升到 2016 年的 0.4897，表明贵州省经济社会在 2006~2016 年发展良好。

（2）压力指数

压力指数通过可持续生计系统的驱动力作用之后直接施加于生态环境系统之上，促使生态环境系统发生变化的压力。2006~2016 年贵州省可持续生计与生态环境耦合关系压力指数统计分析结果如图 18-2 所示。

从图 18-2 压力指数的动态变化可以看出，2006~2016 年贵州省压力总体呈现出波动上升的趋势，分别由 2006 年的 0.0162 上升到 2012 年的 0.0812。说明人类生计作用于生态环境系统而造成的系统自然状态改变的压力在波动上升。

（3）状态指数

状态指数反映可持续生计过程中生态环境系统在压力的作用下所处的状态，

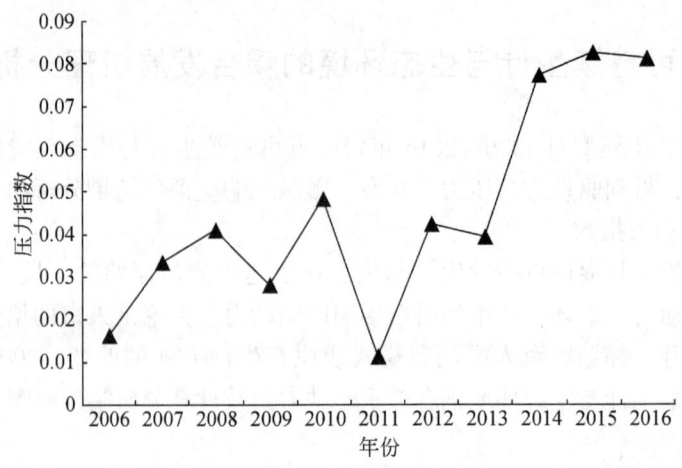

图 18-2　2006~2016 年贵州省可持续生计与生态环境耦合关系压力指数

金融资本、自然、社会资本、生态环境状况在上述驱动力以及压力的作用下而发生变化。2006~2016 年贵州省可持续生计与生态环境耦合关系状态指数统计分析结果如图 18-3 所示。

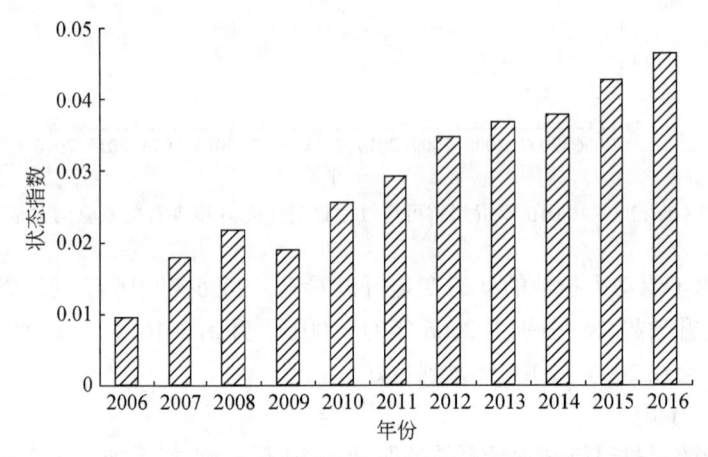

图 18-3　2006~2016 年贵州省可持续生计与生态环境耦合关系状态指数

从图 18-3 状态指数的动态变化可以看出，2006~2016 年贵州省状态指数总体呈现出快速上升的趋势，分别由 2006 年的 0.0097 上升到 2016 年的 0.0463，上升幅度为 393.57%，年均上升幅度为 39.36%。分析结果表明金融资本、自然、社会资本、生态环境状况在上述驱动力以及压力的作用下发生了明显变化，随着可持续生计的发展，生态环境系统在驱动力以及压力的作用下所处的状态越来越好。这主要是由于贵州省生态型土地的面积（园地面积、林地面积等）在不断增长,森林覆盖率从 2006 年的 23.83% 增长到 2016 年的 52%,园地面积比例从 0.88 增长到了 0.94,上升了 0.24 个百分点,揭示贵州省在可持续生计的过程中生态环境保护相关措施在不断完善,生态型土地的增加对生态环境压力有一定的缓解作用,生态环境保护取得了一定的成效。

(4) 影响指数

影响指数反映生态环境对人类生计活动造成的相关压力反作用于社会的情况,即生态环境的状态对生计活动、公众生活、人类健康的影响。2006~2016 年贵州省可持续生计与生态环境耦合关系影响指数统计分析结果如图 18-4 所示。

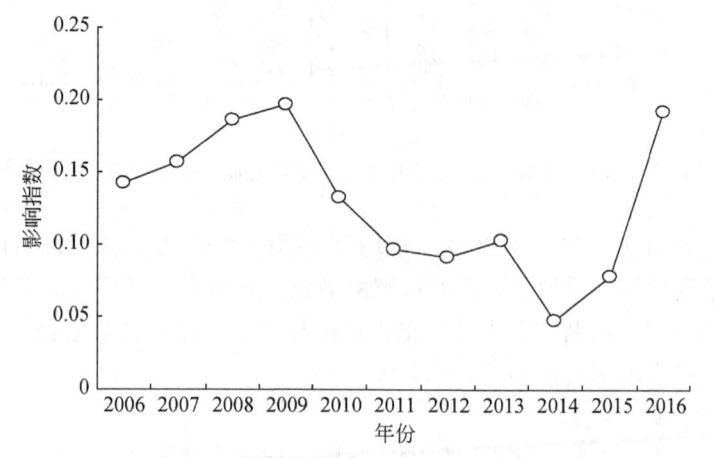

图 18-4　2006~2016 年贵州省可持续生计与生态环境耦合关系影响指数

从图 18-4 影响指数的动态变化可以看出,2006~2016 年贵州省影响指数总体呈现出先升后降再上升的趋势,分为三个阶段:2006~2009 年呈现出上升的趋势,2009~2014 年呈现出下降的趋势,2014~2016 年回升,分别由 2006 年的 0.1419 波动上升到 2016 年的 0.1919,年均上升幅度为 3.52%。这主要是因为随着经济的快速发展,生态环境系统在驱动力以及压力的作用下状态发生变化,生态环境的状态对可持续生计发展、公众生活、人类健康的影响呈现出波动的变化趋势。

(5) 响应指数

响应指数是指人类在促进可持续生计发展的过程中对生态环境保护采取的回应措施,如制定积极的环境保护政策、增加环保投资、提高资源循环利用效率、增强污染物的处理能力、减少污染物的排放等。2006~2016 年贵州省可持续生计与生态环境耦合关系响应指数统计分析结果如图 18-5 所示。

从图 18-5 响应指数的动态变化可以看出,2006~2016 年贵州省响应指数总体呈现出波动上升的发展态势,分别由 2006 年的 0.0003 上升到 2016 年的

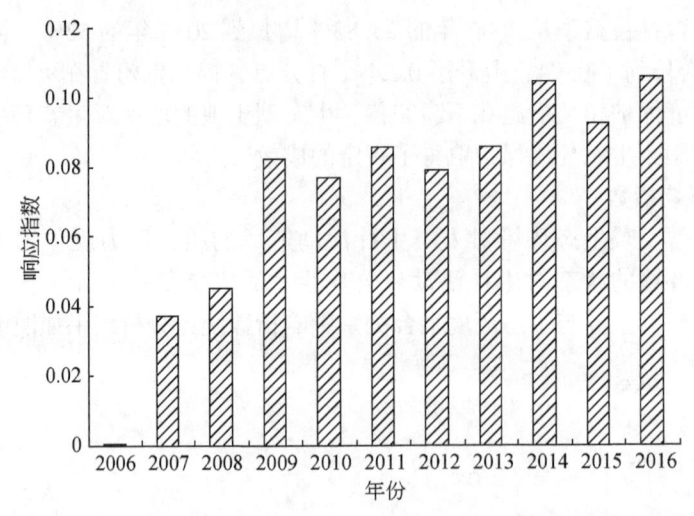

图 18-5　2006~2016 年贵州省可持续生计与生态环境耦合关系响应指数

0.1059，上升幅度为 37 291.20%，年均上升幅度为 3729.12%。说明贵州省对于生态环境承受的压力采取了积极对应解决措施，如积极制定环境保护政策、环保投资不断增加、资源循环利用效率得以逐渐提高、污染物的处理能力不断增强，生态环境保护力度不断加强。

（6）综合评价指数

通过驱动力、压力、状态、影响、响应的指数计算结果，结合综合评价计算公式，计算得出 2006~2016 年贵州省可持续生计与生态环境耦合关系综合评价指数结果，如图 18-6 所示。

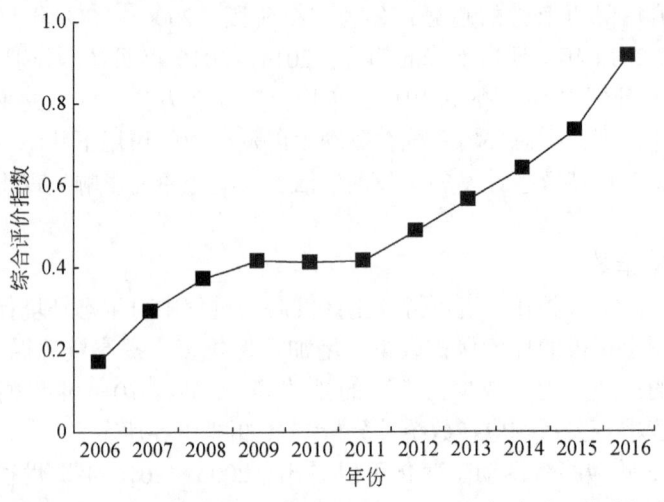

图 18-6　2006~2016 年贵州省可持续生计与生态环境耦合关系综合评价指数

从图18-6综合评价指数的动态变化可以看出，2006~2016年贵州省综合评价指数总体呈现出持续上升的趋势，分别由2006年的0.1685上升到2016年的0.9149，上升幅度为443.15%，年均上升幅度为44.328%。说明随着贵州省经济的快速发展，可持续生计与生态环境保护之间矛盾逐渐得到缓解，揭示贵州省在国家相关政策扶持和引导下，不仅经济取得了快速发展，有序推进了城市化进程，而且积极制定了与生态环境建设相关的措施，以促进可持续生计与生态环境保护的耦合协调发展。

18.3 本章小结

可持续生计与生态环境是两个相互影响又相互关联的系统，本研究在分析二者相互影响的基础上，运用DPSIR模型，从驱动力、压力、状态、影响、响应五个方面进行贵州省可持续生计与生态环境耦合协调发展机理研究。研究结果表明，2006~2016年贵州省可持续生计与生态环境耦合关系的5个指数测度中，驱动力指数、状态指数、响应指数总体均呈现出上升的趋势，上升幅度分别为75 362.00%、393.57%及37 291.20%，年均上升幅度分别为7536.20%、39.36%及3729.12%。压力指数总体呈现出波动上升的态势，分别由2006年的0.0162上升到2012年的0.0812，上升幅度为401.05%。这说明人类生计作用于生态环境系统而造成的系统自然状态改变的压力在波动上升。人类相关的生计活动对生态环境造成的潜在影响、生态环境自然状态受人类相关活动的影响发生变化及人类在促进可持续生计发展的过程中采取回应措施在不断地加大；影响指数总体呈现出先升后降再上升的趋势，分为三个阶段：2006~2009年呈现出上升的趋势，2009~2014年呈现出下降的趋势，2014~2016年回升，分别由2006年的0.1419上升到2016年的0.1919，年均上升幅度为3.52%。这主要是因为随着经济的快速发展，生态环境系统在驱动力以及压力的作用下状态发生变化，生态环境的状态对可持续生计发展、公众生活、人类健康的影响呈现出波动的变化趋势。2006~2016年贵州省综合评价指数总体呈现出持续上升的趋势，分别由2006年的0.1685上升到2016年的0.9149，上升幅度为443.15%，年均上升幅度为44.328%。说明随着贵州省经济快速发展，可持续生计与生态环境保护之间矛盾逐渐得到缓解，揭示贵州省在国家相关政策扶持和引导下，不仅经济取得了快速发展，有序推进了城市化进程，而且还积极制定了与生态环境建设相关的措施，以促进可持续生计与生态环境保护的耦合协调发展。2006~2016年贵州省可持续生计与生态环境耦合关系总体呈现出上升的趋势，在可持续生计发展的驱动下，资源开发利用对生态环境产生压力，这种压力导致在可持续生计发展模式下，当前的经济社会、生态环境状态对可持续生计、生态环境保护产生影响。贵州省通过采取制定积极的环境保护政策、增加环保投资、提高资源循环利用效率、增强污染物的处理能力、减少污染物的排放、保护耕地等措施促进可持续生计与生态环境耦合协调可持续发展。

第 19 章　贵州省可持续生计与生态环境耦合协调发展研究

可持续生计过程中需要注重生态环境保护、协调好可持续生计与生态环境保护之间的关系，集经济效益、生态效益和社会效益于一体。本章综合运用耦合度与耦合协调度模型，定量分析贵州省 2006～2016 年可持续生计与生态环境系统耦合度、耦合协调度的动态变化情况，从时间维度上对贵州省可持续生计与生态环境系统耦合协调发展响应机制进行研究。

19.1　可持续生计与生态环境耦合协调发展评价

19.1.1　评价指标的构建

贵州省可持续生计与生态环境系统耦合协调发展评价需要构建指标体系，指标体系的构建必须遵循一定的原则。参考前人相关研究，在空间贫困理论和可持续生计分析框架理论指导下，遵循数据的可获得性、动态性、指标的相关性、典型性、指标间的区分度等原则，考虑自然、生态、环境等非社会性因素对反贫困的作用，兼顾以前国家层面全面脱贫战略的核心监测指标，并考虑贫困与区位、环境、资源禀赋、经济、社会等要素间的动态影响和相互作用，构建贵州省可持续生计与生态环境系统耦合协调发展评价指标体系。指标体系构建原则参考 5.1.1 节。

本研究在参考了大量关于可持续生计与生态环境耦合协调评价方面研究的基础上，对已有的研究取得的成就和有待于深入研究的方面进行了归纳总结，确定了本研究构建指标体系的思路。同时，根据指标体系构建的原则，结合贵州省的具体情况，选取了对系统内部和外部有重要影响的因子，整理构建了贵州省可持续生计与生态环境耦合协调发展评价的指标体系，可持续生计系统、生态环境系统分别选取 15 个评价指标，共 30 个指标，具体指标构建见表 19-1。

表 19-1 贵州省可持续生计与生态环境耦合协调性综合评价指标体系

目标层	系统层	分类层	指标层	极性
可持续生计与生态环境耦合协调系统	可持续生计系统（X）	金融资本（X_1）	人均 GDP（x_1）	正向指标
			农村居民人均纯收入（x_2）	正向指标
			农村恩格尔系数（x_3）	正向指标
		自然资本（X_2）	森林面积（x_4）	正向指标
			年平均降水量（x_5）	正向指标
			人均耕地面积（x_6）	正向指标
		人力资本（X_3）	高中、中专及以上学历占总人口的比例（x_7）	正向指标
			农村劳动力人口的平均受教育年限（x_8）	正向指标
			义务教育普及率（x_9）	正向指标
		物质资本（X_4）	农村人均用电量（x_{10}）	正向指标
			农村居民人均住房面积（x_{11}）	正向指标
			安全饮用水行政村比例（x_{12}）	正向指标
		社会资本（X_5）	农村与城镇居民收入之比（x_{13}）	正向指标
			新型农村合作医疗参合率（x_{14}）	正向指标
			享受农村最低生活保障人口所占比例（x_{15}）	正向指标
	生态环境系统（Y）	生态环境容量（Y_1）	森林覆盖率（y_1）	正向指标
			人均公园绿地面积（y_2）	正向指标
			人均水资源量（y_3）	正向指标
		生态环境压力（Y_2）	工业废水排放量（y_4）	负向指标
			COD 排放量（y_5）	负向指标
			二氧化硫排放量（y_6）	负向指标
			烟尘排放总量（y_7）	负向指标
			工业固体废弃物产生量（y_8）	负向指标
			农用化肥施用折纯量（y_9）	负向指标
			人口自然增长率（y_{10}）	负向指标
		生态环境保护（Y_3）	环境污染治理投资占 GDP 的比例（y_{11}）	正向指标
			固体废弃物综合利用率（y_{12}）	正向指标
			城市生活污水处理率（y_{13}）	正向指标
			工业二氧化硫去除率（y_{14}）	正向指标
			生活垃圾无害化处理率（y_{15}）	正向指标

19.1.2 指标数据来源及标准化

19.1.2.1 指标数据来源

本章指标基础数据主要来源于 2006~2016 年《贵州统计年鉴》和《中国统计年鉴》，2006~2016 年《贵州省国民经济和社会发展统计公报》和《贵州省环境状况公报》等。

19.1.2.2 评价指标标准化处理

本研究综合考虑实际情况和对结果的影响，选取标准化法对指标数据进行标准化处理。按照不同指标对其系统正向影响的不同，分为正向指标和负向指标，系统数据标准化处理公式及步骤详见式（4-1）和式（4-2）。根据指标标准化的计算公式，对贵州省可持续生计与生态环境系统各指标的基础数据进行标准化处理，得到各指标的标准化值，其结果见表 19-2。

表 19-2 贵州省可持续生计与生态环境系统各指标的标准化值

指标	2006年	2007年	2008年	2009年	2010年	2011年	2012年	2013年	2014年	2015年	2016年
x_1	0.00	0.08	0.15	0.19	0.27	0.39	0.51	0.63	0.75	0.88	1.00
x_2	0.00	0.06	0.13	0.17	0.24	0.35	0.45	0.56	0.77	0.88	1.00
x_3	0.95	1.00	0.96	0.48	0.56	0.67	0.44	0.32	0.22	0.08	0.00
x_4	0.00	0.00	0.00	0.00	0.05	0.13	0.59	0.67	0.75	0.83	1.00
x_5	0.43	0.75	0.98	0.29	0.63	0.00	0.65	0.36	1.00	0.96	0.99
x_6	0.03	0.00	0.34	0.34	1.00	1.00	0.97	0.93	0.90	0.86	0.86
x_7	0.00	0.32	0.16	0.05	0.21	0.42	0.37	0.47	0.63	0.95	1.00
x_8	0.00	0.07	0.22	0.25	0.33	0.27	0.30	0.47	0.76	0.92	1.00
x_9	0.59	0.57	0.00	0.48	0.28	0.57	0.90	0.88	0.79	0.96	1.00
x_{10}	0.00	0.06	0.17	0.27	0.43	0.73	0.75	0.85	0.88	1.00	1.00
x_{11}	0.00	0.07	0.15	0.33	0.56	0.60	0.31	0.79	0.82	1.00	1.00
x_{12}	0.00	0.04	0.16	0.26	0.23	0.34	0.37	0.53	0.60	0.70	1.00
x_{13}	0.00	0.05	0.24	0.19	0.33	0.40	0.43	0.53	0.57	0.98	1.00
x_{14}	0.00	0.47	0.73	0.81	0.89	0.92	0.95	0.98	0.99	0.99	1.00
x_{15}	0.00	0.41	0.53	0.55	0.99	1.00	0.98	0.93	0.84	0.69	0.65
y_1	0.00	0.10	0.29	0.35	0.50	0.55	0.78	0.83	0.87	0.91	1.00
y_2	0.00	0.09	0.16	0.15	0.43	0.00	0.28	0.58	0.74	0.96	1.00
y_3	0.23	0.60	0.73	0.36	0.56	0.00	0.60	0.22	1.00	0.88	0.72
y_4	0.89	0.98	1.00	0.92	0.88	0.57	0.44	0.47	0.00	0.17	0.78

续表

指标	2006年	2007年	2008年	2009年	2010年	2011年	2012年	2013年	2014年	2015年	2016年
y_5	0.90	0.92	0.96	1.00	0.00	0.05	0.12	0.15	0.16	0.23	0.70
y_6	0.00	0.03	0.48	0.66	0.13	0.22	0.32	0.42	0.54	0.70	1.00
y_7	0.75	0.61	0.48	0.00	0.80	0.64	0.62	0.74	0.26	0.65	1.00
y_8	1.00	0.93	0.99	0.37	0.00	0.23	0.15	0.00	0.34	0.48	0.19
y_9	1.00	0.92	0.88	0.73	0.73	0.41	0.24	0.27	0.10	0.00	0.00
y_{10}	0.09	0.45	0.43	0.28	0.00	0.64	0.68	0.94	1.00	1.00	0.57
y_{11}	0.00	0.60	0.00	0.80	1.00	1.00	0.00	0.60	1.00	0.20	0.20
y_{12}	0.07	0.27	0.17	0.30	0.04	0.21	1.00	0.00	0.62	0.89	0.73
y_{13}	0.00	0.11	0.14	0.30	0.77	0.88	0.90	0.92	0.95	0.99	1.00
y_{14}	0.00	0.30	0.47	0.73	0.60	0.70	0.74	0.76	0.87	0.86	1.00
y_{15}	0.00	0.11	0.30	0.46	0.76	0.69	0.80	0.81	0.85	0.87	1.00

19.1.3 指标权重的确定及计算

贵州省可持续生计系统与生态环境系统各指标权重值计算结果见表19-3。

表19-3 贵州省可持续生计系统与生态环境系统各指标权重值

系统层	分类层	指标层	权重
可持续生计系统	金融资本 (0.2180)	人均GDP	0.0741
		农村居民人均纯收入	0.0785
		农村恩格尔系数	0.0654
	自然资本 (0.2138)	森林面积	0.1052
		年平均降水量	0.0509
		人均耕地面积	0.0577
	人力资本 (0.2006)	高中、中专及以上学历占总人口的比例	0.0766
		农村劳动力人口的平均受教育年限	0.0773
		义务教育普及率	0.0467
	物质资本 (0.2132)	农村人均用电量	0.0655
		农村居民人均住房面积	0.0725
		安全饮用水行政村比例	0.0752
	社会资本 (0.1544)	农村与城镇居民收入之比	0.0741
		新型农村合作医疗参合率	0.0372
		享受农村最低生活保障人口所占比例	0.0431

续表

系统层	分类层	指标层	权重
生态环境系统	生态环境容量（0.2012）	森林覆盖率	0.0582
		人均公园绿地面积	0.0888
		人均水资源量	0.0542
	生态环境压力（0.4724）	工业废水排放量	0.0507
		COD 排放量	0.0845
		二氧化硫排放量	0.0724
		烟尘排放量	0.0434
		工业固体废弃物产生量	0.0856
		农用化肥施用折纯量	0.0762
		人口自然增长率	0.0596
	生态环境保护（0.3264）	环境污染治理投资占 GDP 的比例	0.0823
		固体废弃物综合利用率	0.0873
		城市生活污水处理率	0.0606
		工业二氧化硫去除率	0.0431
		生活垃圾无害化处理率	0.0531

从表 19-3 可以看出，在可持续生计系统中，森林面积的权重最大（0.1052），新型农村合作医疗参合率权重最小（0.0372），其中农村居民人均住房面积，人均 GDP，农村与城镇居民收入之比，安全饮用水行政村比例，高中、中专及以上学历占总人口的比例，农村劳动力人口的平均受教育年限，农村居民人均纯收入以及森林面积的权重值大于可持续生计系统的平均权重值（0.0667），这 8 个指标对可持续生计的贡献度较大。在生态环境系统中，人均公园绿地面积、固体废弃物综合利用率、工业固体废弃物产生量、COD 排放量、环境污染治理投资占 GDP 的比例、农用化肥施用折纯量和二氧化硫排放量的权重值大于生态环境系统的平均权重值（0.0667），这 7 个指标对生态环境有较大影响。人均公园绿地面积的权重最大（0.0888），工业二氧化硫去除率的权重最小（0.0430）。

19.1.4 模型构建与计算

（1）发展指数模型构建与计算分析

贵州省可持续生计系统发展指数、生态环境系统发展指数及系统综合发展指数评价函数分别构建详见式（5-4）~式（5-5）。2006~2016年贵州省可持续生计系统发展指数、生态环境系统发展指数及系统综合发展指数的动态变化分析结果如图19-1~图19-3所示。

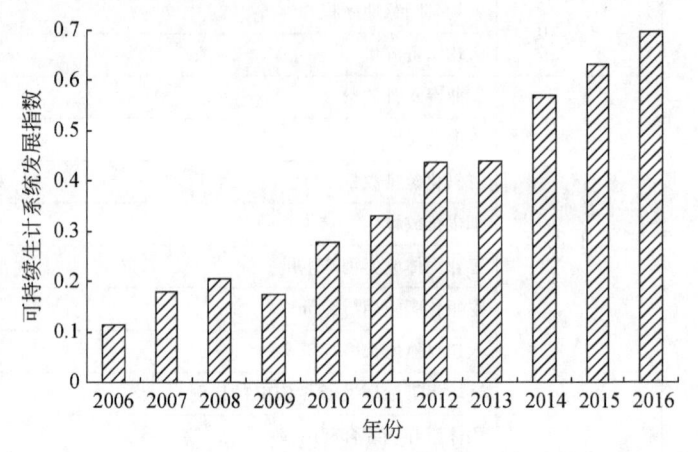

图19-1　2006~2016年贵州省可持续生计系统发展指数动态变化

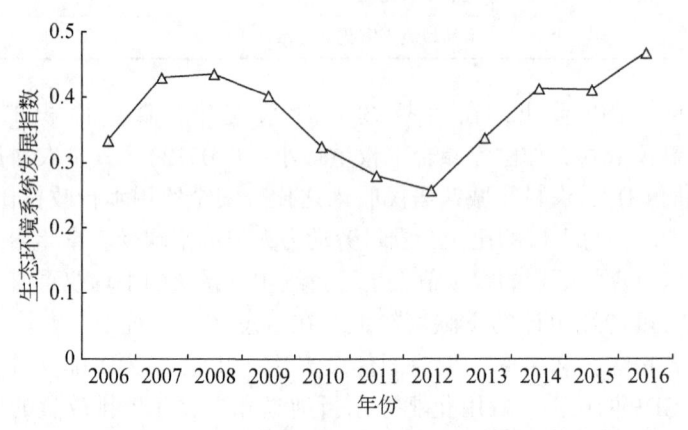

图19-2　2006~2016年贵州省生态环境系统发展指数动态变化

从图19-1可以看出，2006~2016年贵州省可持续生计系统发展指数呈现出逐年上升的趋势，最低值为2006年的0.11，最高值出现在2016年，为0.70，是2006年的6.36倍。说明贵州省随着工业化、城镇化的快速推进，可持续生计水平在不断提高。

从图19-2可以看出，2006~2016年贵州省生态环境系统发展指数呈现出波动上升的趋势，总体上升幅度为39.80%，年均上升幅度为3.98%。生态环境系统发展指数2012年的值最低，为0.26，2016年的值最高，达到0.47，为2006

第19章 贵州省可持续生计与生态环境耦合协调发展研究

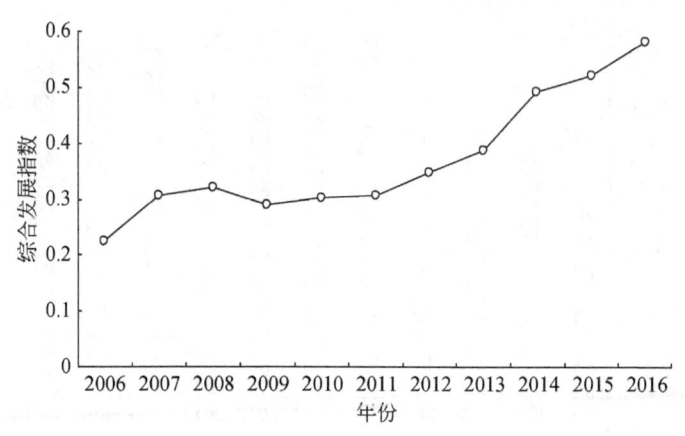

图19-3　2006~2016年贵州省可持续生计与生态环境系统综合发展指数动态变化

年1.81倍。研究结果表明"十一五"以来，政府加大了对生态环境的资金投入和治理力度，贵州省生态环境质量逐年改善，但同期贵州省可持续生计系统发展指数为生态环境系统发展指数的1.49倍，揭示贵州省经济快速发展的同时，生态环境保护力度有待于进一步加强。

从图19-3可以得出，2006~2016年贵州省可持续生计与生态环境系统综合发展指数呈现出持续上升的趋势，为0.22~0.58，由2006年的0.22上升到2016年的0.58，上升幅度为163.64%，年均上升幅度为16.36%。研究结果表明贵州省可持续生计和生态环境系统综合发展能力在不断增强。这主要体现在可持续生计的快速发展，以及环境保护力度的加强、环境治理力度的加大。

（2）耦合度模型构建与计算分析

耦合度可衡量整个系统的发展状况，为此，本研究参考物理学中的耦合概念和理论，将其推广至多系统之间进行相互作用的耦合度计算模型（鲁明月，2014），计算公式详见式（5-6）。耦合度 $C= [0, 1]$，重点反映了在可持续生计与生态环境条件下，可持续生计与生态环境水平的最大值，协调发展程度。C 值越大，表明协调越理想，反之，则表明协调不理想（张浩，2016）。当 C 值由0到1逐渐变大时，表明系统的耦合度逐渐变强，达到有序结构。2006~2016年贵州省可持续生计与生态环境系统耦合度的动态变化计算结果如图19-4所示。

从图19-4可以看出，2006~2016年贵州省可持续生计与生态环境系统耦合度总体呈现出波动上升的趋势，由2006年的0.57上升到2016年的0.92，上升幅度61.4%，年均上升幅度为6.14%。表明2006~2015年贵州省可持续生计与生态环境整个系统之间的耦合协调发展状况逐渐变好。

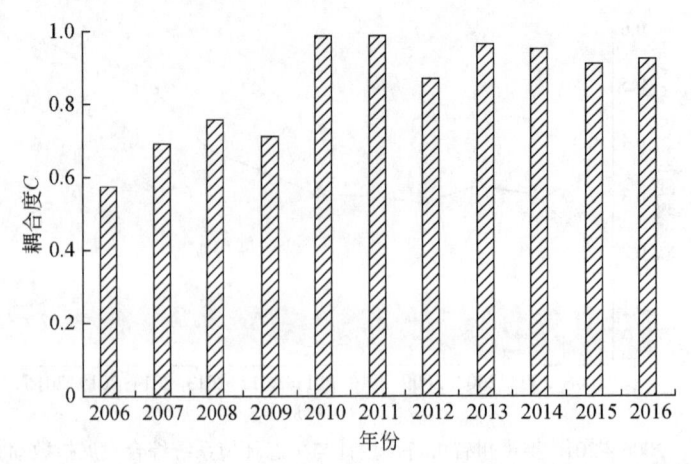

图 19-4　2006~2016 年贵州省可持续生计与生态环境系统耦合度的动态变化

（3）耦合协调度模型构建与计算分析

耦合度不能反映协调发展水平的高低，为了更好地评判贵州省可持续生计与生态环境交互耦合的协调程度，引入耦合协调度模型（杨峰和孙世群，2010），其公式见式（5-7）。2006~2016 年贵州省可持续生计与生态环境系统耦合协调度的动态变化统计分析结果如图 19-5 所示。

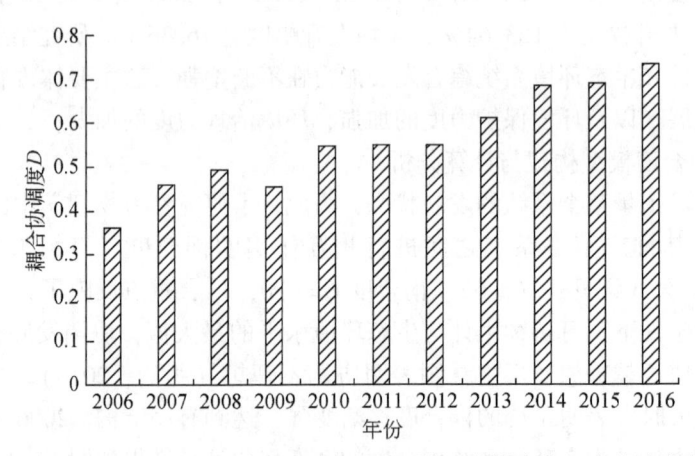

图 19-5　2006~2016 年可持续生计与生态环境系统耦合协调度的动态变化

从图 19-5 可以看出，2006~2016 年贵州省经济系统和环境系统耦合协调度总体呈现出上升的趋势，从 2006 年的 0.36 上升到 2016 年的 0.73，上升幅度为 104.50%，年均上升幅度为 10.45%。表明贵州省经济系统与环境系统耦合协调发展水平在逐渐提高，循环、低碳、绿色经济发展水平取得了一定的成效。

19.2 系统耦合度协调发展评价

19.2.1 综合发展指数

综合发展指数显示可持续生计与生态环境系统整体发展的稳定状态，为了更好地分析可持续生计与生态环境系统的动态变化，本研究运用生态环境系统发展指数与可持续生计系统发展指数的比值 $f(y)/f(x)$ 指标来进行进一步的分析，2006~2016 年其统计分析结果动态变化如图 19-6 所示。

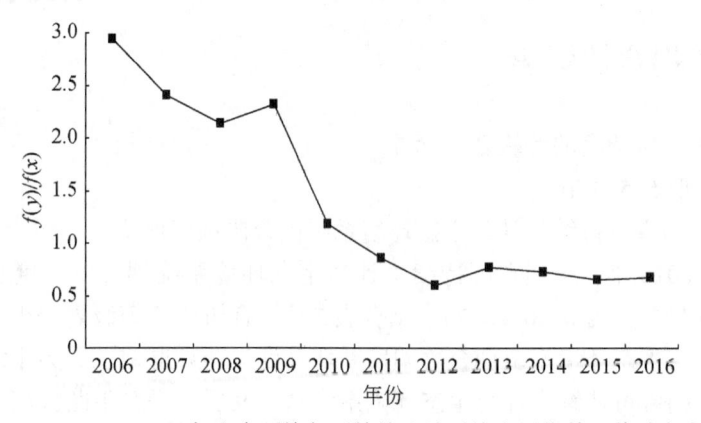

图 19-6　2006~2016 年生态环境与可持续生计系统发展指数比值动态变化

从图 19-6 可以看出，2006~2016 年贵州省生态环境系统发展指数与可持续生计系统发展指数的比值大幅度下降。具体来看，由 2006 年的 2.94 下降到 2016 年的 0.67，下降幅度为 77.21%，年均下降幅度为 7.72%，说明贵州省的生态环境质量总体较好，但是可持续生计相对滞后。2005~2010 年，二者的比值逐渐下降；2006~2010 年比值大于 1，表明可持续生计发展水平较低，生态环境质量相对较好；"十二五"期间，比值小于 1，表明生态环境质量逐渐落后于可持续生计发展。总体来看，贵州省经济在快速发展的过程中，生态环境保护取得了一定的成效，但可持续生计发展过程中生态环境质量提高的速度较慢，揭示可持续生计发展与生态环境质量有待于进一步协调。

19.2.2 耦合度

2006~2016 年贵州省可持续生计与生态环境系统的耦合度总体呈现出波动

上升的趋势，为 0.57~0.92，结合表 5-4 经济发展与生态环境系统耦合度等级划分得出，贵州省可持续生计与生态环境系统耦合度从中等水平耦合发展为良好水平耦合，这说明可持续生计与生态环境系统之间耦合度较高，贵州省在可持续生计发展的同时注重对生态环境的保护，森林覆盖率由 2006 年的 34.9% 增加到 2016 年的 52.0%，同时环保投入一直在增加，这在很大程度上加强了可持续生计过程中生态环境的保护。但贵州省可持续生计与生态环境系统耦合度整体上还没有达到 1，没有达到优质耦合水平，且不稳定。这是因为新一轮西部大开发以来，产业的大力发展带动了可持续生计的发展，但同时也伴随着资源、能源的大量消耗和废弃物排放量的增加。因此，贵州省在可持续生计发展的过程中需进一步加强生态环境保护，促进经济系统与生态环境系统优质耦合稳定发展。

19.2.3 耦合协调度

（1）耦合协调度的等级划分标准

此处参照 5.5.3 节。

（2）贵州省可持续生计与生态环境系统耦合协调度评价

2006~2016 年，贵州省可持续生计与生态环境系统耦合协调度总体呈现出不断上升的趋势，为 0.36~0.73，结合表 5-5 耦合协调度等级划分得出，贵州省可持续生计与生态环境系统耦合协调发展从轻度失调衰退型发展为中级协调发展型，说明贵州省可持续生计与生态环境系统耦合发展水平在不断提高，但没有达到良好和优质协调发展型。系统间的耦合协调性达到良好、优质发展型的条件是可持续生计发展指数与生态环境发展指数相等，研究区系统或各因素之间耦合协调等级水平还有待于进一步提高。因此，贵州需要进一步协调可持续生计和生态环境之间的关系，提高耦合协调度，进一步促进其绿色脱贫。

19.3 本 章 小 结

本章运用变异系数赋权法和动态耦合理论模型对贵州省 2006~2016 年可持续生计与生态环境系统耦合协调性动态演变机理进行了系统的评价分析，研究主要结论如下：①根据指标体系构建的原则，结合贵州省的实际，构建了贵州省可持续生计与生态环境系统耦合协调发展评价指标体系，共 30 个指标。结果表明，贵州省可持续生计发展指数、生态环境系统发展指数及系统综合发展指数均呈现出上升的趋势；2006~2016 年贵州省生态环境系统发展指数与可持续生计系统发展指数的比值大幅度下降，且 2006~2010 年比值大于 1，表明可持续生计发展水平较低，生态环境质量相对较好。2011~2016年比值小于1，表明生态环境质量逐渐落后于可持续生计发展。总体来看，贵州省经济在快速发展的过程中，生态环境保护取得了一定的成效，但可持续生计发展过程中生态环境质量提高的速度较慢，揭示可持续生计发展与生态环境质量有待于进一步协调。②2006~2016年贵州省可持续生计与生态环境系统耦合度总体呈现出波动上升的趋势，为0.57~0.92，系统之间的耦合度从中等水平耦合发展为良好水平耦合，这说明可持续生计与生态环境系统之间耦合度较高，贵州省在可持续生计发展的同时注重对生态环境的保护，但贵州省可持续生计与生态环境系统之间耦合度整体上还没有达到1，没有达到优质耦合水平，且不稳定。③2006~2016年贵州省可持续生计与生态环境系统耦合协调度总体呈现出不断跃升的趋势，为0.36~0.73，系统耦合协调发展从轻度失调衰退型发展为中级协调发展型，说明贵州省可持续生计与生态环境系统耦合发展水平在不断提高，但系统耦合协调度较低，生态环境比较脆弱，贵州省系统或各因素之间耦合协调度等级水平还有一定的提升空间。因此，贵州省需要进一步协调可持续生计与生态环境系统二者之间的关系，提高耦合协调度，进一步促进其经济社会低碳绿色可持续发展。

第 20 章 贵州省可持续生计与生态环境耦合协调发展实证研究
——以毕节试验区为例

毕节试验区属于典型的喀斯特石漠化山区，是生态环境相对脆弱、环境承载压力比较大的地区，可持续生计发展过程中必须注重生态环境的保护。2016年辖区面积为 26 853km²，人口为 738 万，少数民族人口占总人口的 28%，地区生产总值为 1461.3 亿元，人均生产总值为 22 230 元。随着毕节试验区人口增长、工业化、城镇化以及经济的迅速发展，资源环境所承受的压力越来越大，人地矛盾逐渐突出、资源环境承载能力日趋减弱、环境污染日趋严重等问题，已制约和影响了毕节试验区可持续生计的实现。因此，在实现可持续生计发展的同时，必需综合考虑人类经济、生态环境以及社会发展之间的相互作用关系，使三者达到一个平衡且合理的发展状态。本章综合运用已构建的评价指标体系、耦合度与耦合协调度模型，对毕节试验区 2006~2016 年可持续生计与生态环境耦合协调发展的动态演变情况进行实证研究，从时间维度上对毕节试验区可持续生计与生态环境系统耦合协调发展响应机制进行实证检验。研究的开展为实现该区资源环境可持续利用和经济社会低碳绿色发展相关政策、措施的研究与实施提供依据。

20.1 数据来源及处理方法

20.1.1 数据来源

本章指标所用到的原始数据主要来源于 2007~2009 年《贵州省毕节地区统计年鉴》、2010~2017 年《毕节统计年鉴》、2007~2017 年《贵州统计年鉴》，2006~2009 年《毕节地区国民经济和社会发展统计公报》和《毕节地区环境状况公报》，2010~2017 年《毕节市国民经济和社会发展统计公报》和《毕节市环境状况公报》等。特别需要说明的是环境污染治理投资占 GDP 的比例、全社会固定资产投资增长率和教育经费占 GDP 的比例是通过对原始数据进行计算得到的。

20.1.2 处理方法

本章的原始数据主要运用软件 SPSS 20.0 及 Excel 2010 进行处理。

20.2 毕节试验区可持续生计与生态环境质量现状

20.2.1 可持续生计现状

本研究选择人均地区生产总值、森林覆盖面积、义务教育普及率、农村居民人均住房面积、新型农村合作医疗参合率及农村居民人均纯收入6个指标来反映研究区可持续生计状况。2006~2016年毕节试验区可持续生计状况统计分析结果见表20-1。

表20-1 2006~2016年毕节试验区可持续生计状况

年份	人均地区生产总值（元）	森林覆盖面积（$10^3 hm^2$）	义务教育普及率（%）	农村居民人均住房面积（m^2）	新型农村合作医疗参合率（%）	农村居民人均纯收入（元）
2006	3 711.00	937.74	98.35	21.01	29.91	2 044.00
2007	4 580.00	964.60	98.14	21.52	82.85	2 458.00
2008	5 761.00	1 000.58	99.30	21.54	92.60	2 756.00
2009	8 140.00	1 040.59	98.66	22.26	93.37	3 109.00
2010	10 550.00	1 074.97	99.35	23.00	95.28	3 354.00
2011	11 295.00	1 114.44	99.36	24.03	98.99	4 210.00
2012	13 598.79	1 157.41	99.38	24.76	99.53	4 926.00
2013	15 953.24	1 183.19	99.40	28.01	99.65	5 645.00
2014	19 369.00	1 241.46	99.41	32.12	99.70	6 223.00
2015	22 230.00	1 288.99	99.29	34.13	99.76	6 945.00
2016	24 515.00	1 350.22	99.53	35.28	99.78	7 668.00

从表20-1可以看出，2006~2016年毕节试验区可持续生计发展呈现出不断上升的趋势，人均地区生产总值、森林覆盖面积、义务教育普及率、农村居民人均住房面积、新型农村合作医疗参合率及农村居民人均纯收入上升幅度分别为

560.60%、43.99%、1.20%、67.92%、233.60%及275.15%，年均上升幅度分别为56.06%、4.40%、0.12%、6.79%、23.36%及27.52%，其中人均地区生产总值上升幅度最大，新型农村合作医疗参合率上升幅度最小，表明GDP的增长速度最快。综合分析结果表明，毕节试验区可持续生计发展水平逐步上升，整体发展态势较好。

20.2.2 毕节试验区生态环境质量现状

本研究选择工业废水排放量、二氧化硫排放量、工业固体废弃物产生量、森林覆盖率、固体废弃物综合利用率、生活垃圾无害化处理率6个指标来反映研究区生态环境发展状况。2006~2016年毕节试验区生态环境发展状况统计分析结果见表20-2。

表20-2 2006~2016年毕节试验区生态环境发展状况

年份	工业废水排放量（万t）	二氧化硫排放量（万t）	工业固体废弃物产生量（万t）	森林覆盖率（%）	固体废弃物综合利用率（%）	生活垃圾无害化处理率（%）
2006	834.79	25.14	524.21	34.92	34.00	21.20
2007	779.38	23.74	692.48	35.92	38.00	21.20
2008	1 221.54	17.99	675.54	37.26	37.88	21.20
2009	2 012.97	16.74	993.16	38.75	39.09	20.21
2010	2 053.89	22.95	1 275.95	40.03	46.00	20.93
2011	3 915.00	21.32	1 721.00	41.50	53.17	39.87
2012	5 465.80	18.44	1 669.03	43.10	66.47	65.99
2013	6 197.50	18.13	1 790.45	44.06	64.00	87.42
2014	9 852.00	15.30	1 653.32	46.23	67.80	85.60
2015	10 918.00	14.23	1 044.90	48.00	76.17	89.75
2016	11 913.02	12.67	1 220.79	50.28	88.17	91.43

从表20-2可以看出，2006~2016年毕节试验区的工业废水排放量、工业固体废弃物产生量、固体废弃物综合利用率、森林覆盖率、生活垃圾无害化处理率呈现出不断上升的趋势，上升幅度分别为1327.07%、132.88%、159.32%、43.99%及331.27%，年均上升幅度分别为132.71%、13.29%、15.93%、4.40%及33.13%；同期二氧化硫排放量呈现出波动下降的趋势，下降幅度为

49.60%，年均下降幅度为 4.96%。统计分析结果表明，毕节试验区在可持续生计发展过程中大量开发利用资源，工业环境污染废弃物的排放量在不断增加，环境污染日趋严重。但随着科技水平的提高、人口控制和生态环境建设战略的实施，毕节试验区固体废弃物综合利用率、森林覆盖率、生活垃圾无害化处理率呈现出快速上升的趋势，表明毕节试验区高度重视环境生态环境的治理、生态环境建设取得了一定的成效。

20.3 毕节试验区可持续生计与生态环境耦合协调发展评价

20.3.1 评价指标体系的构建

毕节试验区可持续生计与生态环境耦合协调发展实证研究的指标体系根据已构建的贵州省可持续生计与生态环境耦合协调发展评价的指标体系，结合研究区数据的可获得性，可持续生计系统、生态环境系统分别选取 14 个评价指标，共 28 个指标，具体指标构建见表 20-3。

表 20-3 毕节试验区生态环境与可持续生计耦合协调性综合评价指标体系

目标层	系统层	分类层	指标层	性质
可持续生计与生态环境耦合协调系统	可持续生计系统（X）	金融资本（X_1）	人均 GDP（x_1）	正向指标
			农村居民人均纯收入（x_2）	正向指标
			农村恩格尔系数（x_3）	正向指标
		自然资本（X_2）	森林面积（x_4）	正向指标
			年平均降水量（x_5）	正向指标
			人均耕地面积（x_6）	正向指标
		人力资本（X_3）	高中、中专及以上学历占总人口的比例（x_7）	正向指标
			农村劳动力人口的平均受教育年限（x_8）	正向指标
			义务教育普及率（x_9）	正向指标
		物质资本（X_4）	农村人均用电量（x_{10}）	正向指标
			农村居民人均住房面积（x_{11}）	正向指标
		社会资本（X_5）	农村与城镇居民收入之比（x_{13}）	正向指标
			新型农村合作医疗参合率（x_{14}）	正向指标
			享受农村最低生活保障人口所占比例（x_{15}）	正向指标

续表

目标层	系统层	分类层	指标层	性质
可持续生计与生态环境耦合协调系统	生态环境系统（Y）	生态环境容量（Y_1）	森林覆盖率（y_1）	正向指标
			人均公园绿地面积（y_2）	正向指标
			人均水资源量（y_3）	正向指标
		生态环境压力（Y_2）	工业废水排放量（y_4）	负向指标
			COD 排放量（y_5）	负向指标
			二氧化硫排放量（y_6）	负向指标
			烟尘排放总量（y_7）	负向指标
			工业固体废弃物产生量（y_8）	负向指标
			农用化肥施用折纯量（y_9）	负向指标
			人口自然增长率（y_{10}）	负向指标
		生态环境保护（Y_3）	环境污染治理投资占 GDP 的比例（y_{11}）	正向指标
			固体废弃物综合利用率（y_{12}）	正向指标
			环境污染治理投资总额（y_{13}）	正向指标
			生活垃圾无害化处理率（y_{14}）	正向指标

20.3.2　评价指标标准化

本研究选取标准化法对指标数据进行标准化处理（方法同第 5 章），使数据具有相同量纲数值，便于比较分析。毕节试验区可持续生计系统与生态环境系统各指标标准化值的结果见表 20-4。

表 20-4　毕节试验区可持续生计系统与生态环境系统各指标标准化值

指标	2006 年	2007 年	2008 年	2009 年	2010 年	2011 年	2012 年	2013 年	2014 年	2015 年	2016 年
x_1	0.00	0.04	0.10	0.15	0.23	0.37	0.47	0.59	0.75	0.88	1.00
x_2	0.00	0.07	0.13	0.19	0.23	0.39	0.51	0.64	0.74	0.87	1.00
x_3	0.83	1.00	0.96	0.75	0.54	0.38	0.29	0.25	0.17	0.00	0.14
x_4	0.00	0.07	0.15	0.25	0.33	0.43	0.53	0.60	0.74	0.85	1.00
x_5	0.30	0.76	1.00	0.24	0.15	0.72	0.36	0.88	0.74	0.72	
x_6	1.00	0.85	0.62	0.46	0.31	0.23	0.23	0.92	0.69	0.15	0.00
x_7	0.00	0.11	0.27	0.38	0.41	0.51	0.56	0.61	0.76	0.79	1.00

续表

指标	2006年	2007年	2008年	2009年	2010年	2011年	2012年	2013年	2014年	2015年	2016年
x_8	0.00	0.11	0.21	0.32	0.42	0.55	0.66	0.71	0.81	0.88	1.00
x_9	0.15	0.00	0.83	0.37	0.87	0.88	0.89	0.91	0.91	0.83	1.00
x_{10}	0.00	0.01	0.09	0.11	0.26	0.35	0.51	0.66	0.78	0.90	1.00
x_{11}	0.00	0.04	0.04	0.09	0.14	0.21	0.26	0.49	0.78	0.92	1.00
x_{12}	0.59	0.06	0.08	0.09	0.00	0.28	0.20	0.66	0.79	0.91	1.00
x_{13}	0.00	0.76	0.90	0.91	0.94	0.99	1.00	1.00	1.00	1.00	1.00
x_{14}	0.00	0.46	0.76	0.65	0.73	1.00	0.87	0.86	0.90	0.79	0.79
y_1	0.00	0.07	0.15	0.25	0.33	0.43	0.53	0.60	0.74	0.85	1.00
y_2	0.00	0.04	0.08	0.23	0.25	0.51	0.59	0.84	0.91	0.93	1.00
y_3	0.00	0.64	0.76	0.45	0.41	0.03	0.87	0.55	0.54	0.91	1.00
y_4	1.00	1.00	0.96	0.89	0.89	0.72	0.58	0.51	0.19	0.09	0.00
y_5	0.87	0.85	0.82	0.81	1.00	0.06	0.06	0.05	0.00	0.10	0.06
y_6	0.00	0.11	0.57	0.67	0.18	0.31	0.54	0.56	0.79	0.87	1.00
y_7	0.00	0.14	0.62	0.56	0.24	1.00	0.27	0.28	0.32	0.28	0.41
y_8	1.00	0.87	0.88	0.63	0.41	0.05	0.10	0.00	0.11	0.59	0.45
y_9	1.00	0.95	0.87	0.65	0.52	0.50	0.32	0.27	0.25	0.13	0.00
y_{10}	0.44	0.00	0.64	0.75	0.92	0.71	0.71	0.71	0.84	1.00	0.84
y_{11}	0.00	0.02	0.21	0.70	0.99	1.00	0.89	0.54	0.43	0.63	0.74
y_{12}	0.00	0.07	0.07	0.09	0.22	0.35	0.60	0.55	0.62	0.78	1.00
y_{13}	0.00	0.01	0.07	0.24	0.41	0.51	0.57	0.46	0.46	0.75	1.00
y_{14}	0.01	0.01	0.01	0.00	0.01	0.28	0.64	0.94	0.92	0.98	1.00

20.3.3 指标权重的确定及计算

本节确定指标权重的方法采用变异系数法（详见第5章），根据2006~2016年各指标标准值及权重计算公式，得出毕节试验区可持续生计系统与生态环境系统各指标权重值见表20-5。

表 20-5　毕节试验区可持续生计系统与生态环境系统各指标权重值

系统层	分类层	指标层	权重
可持续生计系统	金融资本（0.2444）	人均 GDP	0.0871
		农村居民人均纯收入	0.0817
		农村恩格尔系数	0.0756
	自然资本（0.2106）	森林面积	0.0753
		年平均降水量	0.0645
		人均耕地面积	0.0708
	人力资本（0.1811）	高中、中专及以上学历占总人口的比例	0.0629
		农村劳动力人口的平均受教育年限	0.0664
		义务教育普及率	0.0518
	物质资本（0.1968）	农村人均用电量	0.0889
		农村居民人均住房面积	0.1079
	社会资本（0.1671）	农村与城镇居民收入之比	0.0916
		新型农村合作医疗参合率	0.0355
		享受农村最低生活保障人口所占比例	0.0400
生态环境系统	生态环境容量（0.2052）	森林覆盖率	0.0708
		人均公园绿地面积	0.0771
		人均水资源量	0.0573
	生态环境压力（0.4738）	工业废水排放量	0.0593
		COD 排放量	0.1008
		二氧化硫排放量	0.0621
		烟尘排放总量	0.0702
		工业固体废弃物产生量	0.0764
		农用化肥施用折纯量	0.0665
		人口自然增长率	0.0385
	生态环境保护（0.3210）	环境污染治理投资占 GDP 的比例	0.0625
		固体废弃物综合利用率	0.0820
		环境污染治理投资总额	0.0750
		生活垃圾无害化处理率	0.1015

从表 20-5 可以看出，在可持续生计系统中，人均地区生产总值、农村居民人均纯收入、农村恩格尔系数、森林面积、农村人均用电量、农村居民人均住房面积及农村与城镇居民收入之比的权重值大于可持续生计系统的平均权重值

(0.0714),对可持续生计的贡献度较大。在生态环境系统中,人均公园绿地面积、COD排放量、工业固体废弃物产生量、环境污染治理投资总额、固体废弃物综合利用率和生活垃圾无害化处理率的权重值大于生态环境系统的平均权重值(0.0714),对生态环境有较大影响。

20.3.4 模型构建与计算

（1）发展指数模型构建与计算分析

本章主要运用构建的贵州省可持续生计系统发展指数、生态环境系统发展指数及系统综合发展指数的评价函数［式（5-3）~式（5-5）］分别在毕节试验区进行实证研究。2006~2016 年毕节试验区可持续生计系统发展指数、生态环境系统发展指数及系统综合发展指数的动态变化分析结果如图 20-1 ~ 图 20-3 所示。

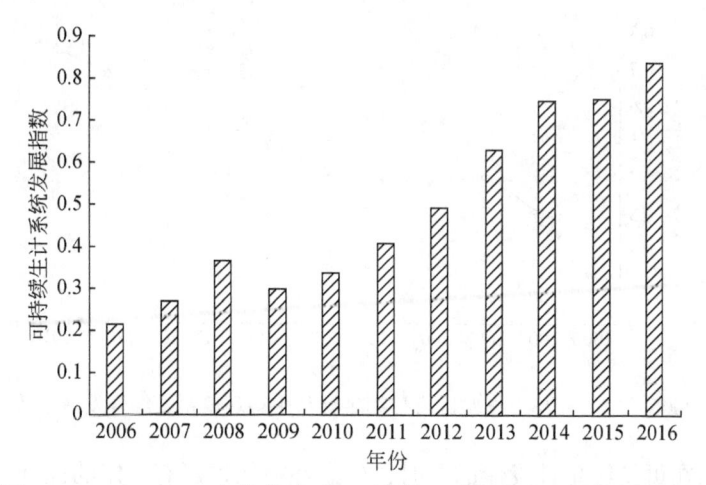

图 20-1　2006~2016 年毕节试验区可持续生计系统发展指数动态变化

从图 20-1 可以看出,2006~2016 年毕节试验区可持续生计系统发展指数呈现出逐年上升的趋势,上升幅度为 290.86%,年均上升幅度为 29.09%,最低值为 2006 年的 0.21,最高值出现在 2016 年,为 0.84。说明近年来随着毕节试验区工业化、城镇化、农业现代化的快速推进,可持续生计发展取得了一定的成效。

从图 20-2 可以看出,2006~2016 年毕节试验区生态环境系统发展指数呈现出波动上升的趋势,总体上升幅度为 116.13%。生态环境系统发展指数 2006 年的值最低,为 0.31,2016 年的值最高,达到 0.67,为 2006 年 2.16 倍。研究结果表明毕节试验区加大了对生态环境保护和建设资金的投入力度,生态环境质量逐年改善,取得了一定的成效。但生态环境系统发展指数最高值仅为 0.76,揭示

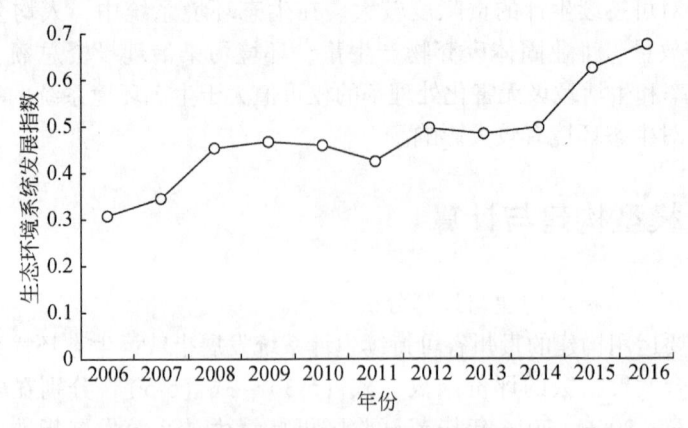

图 20-2　2006~2016 年毕节试验区生态环境系统发展指数动态变化

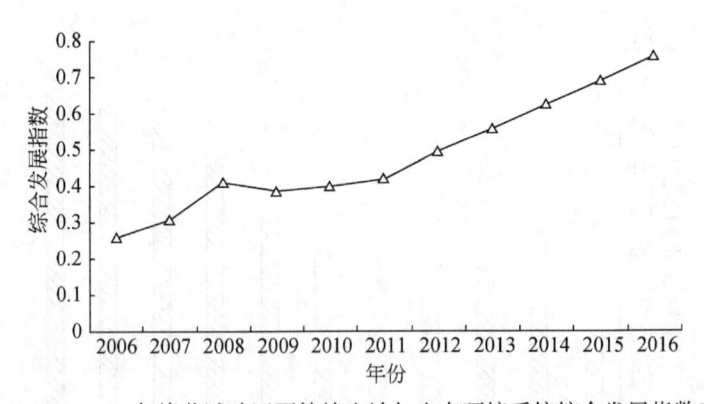

图 20-3　2006~2016 年毕节试验区可持续生计与生态环境系统综合发展指数动态变化

毕节试验区在可持续生计发展的同时，生态环境保护还有一定的提升空间。

从图 20-3 可以得出，2006~2016 年毕节试验区可持续生计与生态环境系统综合发展指数总体呈现出上升的趋势，为 0.26~0.76，由 2006 年的 0.26 上升到 2016 年的 0.76，上升幅度为 192.31%，年均上升幅度为 19.23%。研究结果表明研究区可持续生计与生态环境系统综合发展能力整体稳定状态在不断增强。这主要体现在可持续生计发展过程中生态环境建设力度的不断加强。

（2）耦合度模型构建与计算分析

在本节中，主要运用构建的贵州省可持续生计与生态环境系统耦合度模型[式（5-6）]在毕节试验区进行实证研究，2006~2016 年毕节试验区可持续生计与生态环境系统耦合度的动态变化分析结果如图 20-4 所示。

第20章 贵州省可持续生计与生态环境耦合协调发展实证研究——以毕节试验区为例

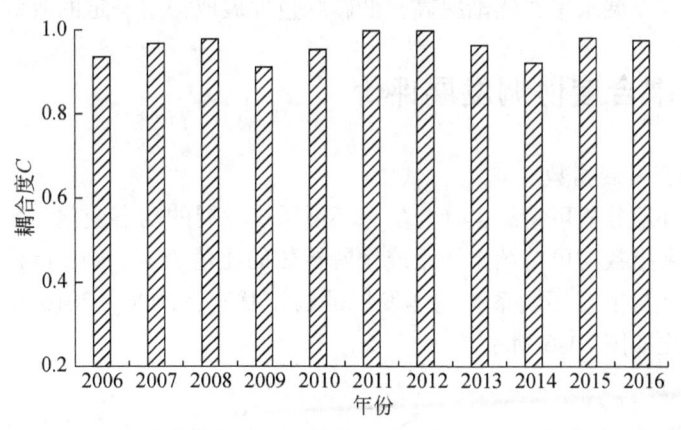

图 20-4　2006~2016 年毕节试验区可持续生计与生态环境系统耦合度的动态变化

从图 20-4 可以看出，2006~2016 年毕节试验区可持续生计与生态环境系统耦合度呈现出波动上升的趋势，上升幅度为 4.30%，年均上升幅度为 0.43%。表明 2006~2016 年毕节试验区可持续生计与生态环境之间的具有一定的耦合性。

（3）耦合协调度模型构建与计算分析

为了更好地评价毕节试验区可持续生计与生态环境交互耦合协调程度发展水平的高低，本节主要运用构建的贵州省可持续生计与生态环境系统耦合协调度模型［式（5-7）］在毕节试验区进行实证研究，2006~2016 年毕节试验区可持续生计与生态环境系统耦合协调度的动态变化分析结果如图 20-5 所示。

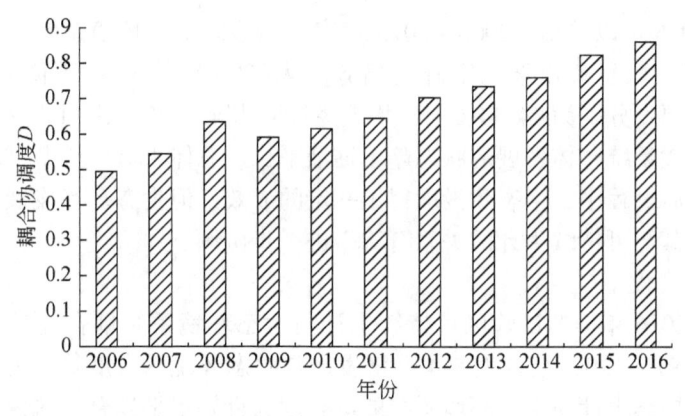

图 20-5　2006~2016 年毕节试验区可持续生计与生态环境系统耦合协调度的动态变化

从图 20-5 可以看出，2006~2016 年毕节试验区经济系统和环境系统耦合协调度呈现出不断上升的趋势，从 2006 年的 0.49 上升到 2016 年的 0.86，上升幅度为 73.71%，年均上升幅度为 7.37%。表明毕节试验区可持续生计与生态环境系统耦合协调发展水平在逐渐提高，低碳绿色发展取得了一定的成效。

20.3.5 耦合度协调发展评价

（1）综合发展指数

为了更好地分析可持续生计与生态环境系统发展的动态变化，本节运用生态环境系统发展指数与可持续生计系统发展指数的比值 $f(y)/f(x)$ 指标进一步的分析可持续生计与生态环境系统整体发展的稳定状态，2006~2016 年其统计分析结果动态变化如图 20-6 所示。

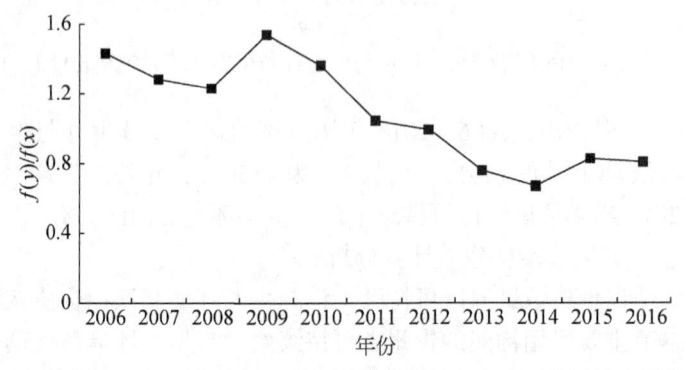

图 20-6　2006~2016 年毕节试验区可持续生计与生态环境系统发展指数的比值动态变化

从图 20-6 可以看出，2006~2016 年毕节试验区生态环境系统发展指数与经济系统发展指数呈现出波动下降的趋势。从 2006 年的 1.44 下降到 2016 年的 0.80，下降幅度分别为 44.44%，年均下降幅度为 4.44%。说明研究区可持续生计与生态环境系统整体发展的状态趋于逐渐平稳。总体来看，毕节试验区在可持续生计的发展过程中，生态建设取得了一定的成效，但生态环境发展还有一定的提升空间，其与可持续生计的关系有待于进一步协调。

（2）耦合度

2006~2016 年毕节试验区可持续生计与生态环境系统耦合度呈现出上升的趋势，为 0.91~1.0，结合表 5-4 经济发展与生态环境耦合度等级划分得出，毕节试验区可持续生计与生态环境系统的耦合度为良好水平耦合，这说明可持续生计与生态环境系统耦合度较高，研究区在可持续生计发展的同时注重对生态环境的保护，森林覆盖率由 2006 年的 34.92% 增加到 2016 年的 50.28%，同时环保投入在不断加大，这在很大程度上减少了可持续生计过程对生态环境的污染。但毕节试验区可持续生计与环境系统耦合度整体上还没有达到优质耦合水平，且不稳

第20章 贵州省可持续生计与生态环境耦合协调发展实证研究——以毕节试验区为例

定。因此，研究区在可持续生计的过程中需进一步加强生态环境建设，促进经济发展与生态环境系统优质耦合稳定发展。

（3）耦合度协调度

2006~2016年，毕节试验区可持续生计与生态环境系统耦合协调度总体呈现出不断上升的趋势，为0.49~0.86，结合表5-5耦合协调度等级划分得出，毕节试验区可持续生计与生态环境系统耦合协调发展从濒临失调衰退型依次发展为勉强协调发展型、初级协调发展型及良好协调发展型，说明可持续生计与生态环境系统耦合发展水平在不断提高。这表明毕节试验区三大主题建设取得了一定的成效，但耦合协调度还没有达到优质协调发展型水平，因此毕节试验区需要进一步协调可持续生计与生态环境系统二者的关系，提高耦合协调度。

20.4 本章小结

本章主要对前述的理论研究成果在毕节试验区从时间维度上进行2006~2016年可持续生计与生态环境系统耦合协调性动态演变机理实证研究。根据数据的可获得性，从构建的评价指标体系中选择28个指标进行数据收集与处理，并运用构建的理论模型进行耦合协调性定量计算与分析。研究主要结论如下：①毕节试验区可持续生计系统发展指数、生态环境系统发展指数及系统综合发展指数均呈现出上升的趋势，分别由2006年的0.21、0.31及0.26上升至2016年的0.84、0.67及0.76，上升幅度分别为300.00%、116.13%及192.31%，表明毕节试验区在可持续生计发展过程中，生态环境建设取得了一定的成效，但可持续生计系统上升幅度明显高于生态环境系统，揭示可持续生计与生态环境有待协调。②2006~2016年毕节试验区可持续生计与生态环境系统动态耦合度呈现出上升的趋势，为0.91~1.0，整体处于良好水平耦合状态，这说明可持续生计与生态环境系统之间耦合度较高，但整体上还没有达到优质耦合水平，且不稳定。③2006~2016年毕节试验区可持续生计与生态环境系统耦合协调度总体呈现出不断上升的趋势，为0.49~0.86，整体处于从濒临失调衰退型依次发展为勉强协调发展型、初级协调发展型及良好协调发展型的演变状态，但系统耦合协调度不高，生态环境整体比较脆弱。因此，毕节试验区在可持续生计发展过程中需进一步加强生态环境建设，进一步协调可持续生计与生态环境系统二者之间的关系，提高其耦合协调度，促进可持续生计与生态环境系统优质耦合协调稳定发展。

第 21 章 研究结论与对策建议

21.1 研究结论

本研究在可持续生计与生态环境协调发展相关理论的指导下，通过对典型喀斯特生态脆弱区贵州省可持续生计现状及特征，生态环境建设、保护现状及特征进行深入分析；在此基础上，运用 DPSIR 模型，从驱动力、压力、状态、影响、响应五个方面进行贵州省可持续生计与生态环境耦合协调发展机理研究；并构建了贵州省可持续生计与生态环境系统的评价指标体系，运用变异系数法计算各指标权重，构建了系统综合发展指数、耦合度和耦合协调度模型，评价了贵州省 2006~2016 年可持续生计与生态环境系统耦合协调性发展机理和响应机制。同时，科学有效地运用前期理论研究成果，在毕节试验区进行系统的实证研究与应用检验，探索贵州省可持续生计与环境系统耦合协调发展的响应机制和对策措施，为推动区域可持续生计与生态环境系统耦合协调发展，加快贵州省绿色脱贫，推动 2020 年建成全面小康社会重大战略目标的深入实施提供理论依据、实践指导与决策参考。研究得出的主要结论如下。

1) 贵州省可持续生计、生态环境建设、保护现状及特征研究结果表明，2006~2016 年，贵州省经济发展水平稳步上升，农村居民人均纯收入在不断增加、生态环境容量逐渐提高，但人均自然资源存量在逐渐减少；知识、技能水平以及健康状况在不断提高，但与全国相比还存在一定的差距；基础设施和生产资料条件逐渐完善、家庭追求生计过程中所利用的社会资源越来越好，家庭的社会网络覆盖面大。但经济快速发展的过程随着资源的不断开发利用、废弃物的排放，资源短缺和环境污染等问题日趋突显。从生态环境状况分析来看，2006~2016 年贵州省森林覆盖率、人均公园绿地面积、人均水资源量总体呈现出上升的趋势，表明生态环境容量在不断地提高、但还有一定的差距，需要进一步协调环境保护与经济增长之间的关系。2006~2016 年工业"三废"排放量、人口自然增长率总体呈现出下降的趋势，表明贵州省近年来加大了对环境治理的投入，固体废弃物产生量有所减少，生态环境压力得到一定的缓解，但资源综合利用率较低，成效相对迟缓，需要大力发展循环经济、低碳经济。2006~2016 年环境污染治理投资占 GDP 的比例、固体废弃物综合利用率及生活垃圾无害化处理率、生态环境保护状况总体呈现出逐年上升的趋势，表明生态环境保护力度进一步加强，但环境污染治理投资占 GDP 的比例提高低于 2%，贵州省应增加环境污染治理投资占 GDP 的比例，同时进一步提升固体废弃物综合利用率及生活垃圾无害化处理率、城市污染处理率，使生态环境改善得以进一步加强，实现可持续生计与生态环境系统协调发展。

2）可持续生计与生态环境耦合协调发展机理研究结果表明：2006~2016 年贵州省可持续生计与生态环境耦合关系的 5 个指数测度中，驱动力指数、状态指数、响应指数总体均呈现出上升的趋势。压力指数总体呈现出波动上升的趋势，说明人类相关生计活动对生态环境造成了潜在影响、生态环境自然状态受人类相关活动的影响发生变化及人类在促进可持续生计发展过程中采取的回应措施在不断的加大。影响指数总体呈现出先升后降再上升的趋势，分为三个阶段，2006~2009 年呈现出上升的趋势，2009~2014 年呈现出下降的趋势，2014~2016 年回升，这主要是因为随着经济的快速发展，生态环境系统在驱动力以及压力的作用下状态发生变化，生态环境的状态对可持续生计发展、公众生活、人类健康的影响呈现出波动的趋势。2006~2016 年贵州省综合评价指数总体呈现出持续上升的趋势。说明随着贵州省经济快速发展，可持续生计与生态环境保护之间矛盾逐渐得到缓解，揭示贵州省在国家相关政策扶持和引导下，不仅经济取得了快速发展，有序推进了城市化进程，而且还积极制定了生态环境建设相关措施，以促进可持续生计与生态环境耦合协调发展。总体上来说，2006~2016 年贵州省可持续生计与生态环境耦合关系总体呈现出上升的趋势，在可持续生计发展的驱动之下，资源开发利用对生态环境产生了压力，这种压力导致在可持续生计发展模式下，当前的经济社会、生态环境状态对可持续生计、生态环境保护产生影响。贵州省通过采取制定积极的环境保护政策、增加环保投资、提高资源循环利用效率、增强污染物的处理能力、减少污染物的排放、保护耕地等措施促进可持续生计与生态环境耦合协调可持续发展。

3）根据指标体系构建的原则，结合贵州省的实际，构建了贵州省可持续生计与生态环境系统耦合协调发展评价指标体系，共 30 个指标。指标标准化和权重分析结果表明：在可持续生计系统中，森林面积的权重最大（0.1052），新型农村合作医疗参合率权重最小（0.0372），其中农村居民人均住房面积，人均 GDP，农村与城镇居民收入之比，安全饮用水行政村比例，高中、中专及以上学历占总人口的比例，农村劳动力人口的平均受教育年限，农村居民人均纯收入以及森林面积的权重值大于可持续生计系统的平均权重值（0.0667），这 8 个指标对可持续生计的贡献度较大。在生态环境系统中，人均公园绿地面积、固体废弃物综合利用率、工业固体废弃物产生量、COD 排放量、环境污染治理投资占 GDP 的比例、农用化肥施用折纯量和二氧化硫排放量的权重值大于生态环境系统的平均权重值（0.0667），这 7 个指标对生态环境有较大影响。人均公园绿地面积的权重最大（0.0888），工业二氧化硫去除率的权重最小（0.0430）。

4) 运用构建的指标体系和耦合协同理论模型对贵州省耦合协调发展状况进行评价分析。研究结果表明：①贵州省可持续生计发展指数、生态环境系统发展指数及系统综合发展指数均呈现出上升的趋势；2006~2016 年贵州省生态环境系统发展指数与可持续生计系统发展指数的比值大幅度下降，且 2006~2010 年比值大于 1，表明可持续生计发展水平较低，生态环境质量相对较好。2011~2016 年比值小于 1，表明生态环境质量逐渐落后于可持续生计发展水平。总体来看，贵州省经济在快速发展的过程中，生态环境保护取得了一定的成效，但可持续生计发展过程中生态环境质量提高的速度较慢，揭示可持续生计发展与生态环境质量有待于进一步协调。②2006~2016 年贵州省可持续生计与生态环境系统动态耦合度总体呈现出波动上升的趋势，为 0.57~0.92，系统之间的耦合度从中等水平耦合发展为良好水平耦合，这说明可持续生计与生态环境系统之间耦合度较高，贵州省在可持续生计发展的同时注重对生态环境的保护，但贵州省可持续生计与生态环境系统之间耦合度整体上还没有达到 1，没有达到优质耦合水平，且不稳定。③2006~2016 年贵州省可持续生计与生态环境系统耦合协调度总体呈现出不断跃升的趋势，为 0.36~0.73，系统耦合协调发展从轻度失调衰退型发展为中级协调发展型，说明贵州省可持续生计与生态环境系统耦合发展水平在不断提高，但系统耦合协调度较低，生态环境比较脆弱，贵州省系统或各因素之间耦合协调度等级水平还有一定的提升空间。因此，贵州省需要进一步协调可持续生计与生态环境系统二者之间的关系，提高耦合协调度，进一步促进其经济社会低碳绿色可持续发展。

5) 从毕节试验区可持续生计与生态环境系统 28 个指标所占权重可以看出，在可持续生计系统和生态环境系统中，不同指标对两系统的影响各异，大于系统权重的平均权重（0.0714）对系统有较大影响。

6) 毕节试验区的实证研究与应用检验的研究结果表明：①毕节试验区经济系统发展指数、生态环境系统发展指数及系统综合发展指数均呈现出上升的趋势，表明毕节试验区经济在可持续生计发展的过程中，生态环境建设取得了一定的成效，但可持续生计系统上升幅度明显高于生态环境系统，揭示可持续生计与生态环境有待协调。②2006~2016 年毕节试验区可持续生计与生态环境系统动态耦合度呈现出波动上升的趋势，为 0.91~1.0，整体良好水平耦合态，这说明可持续生计与生态环境系统之间耦合度较高，但整体上还没有达到优质耦合水平,且不稳定。③2006~2016年毕节试验区可持续生计与生态环境保护系统耦合协调度总体呈现出不断上升的趋势,为0.49~0.86,整体处于从濒临失调衰退型依次发展为勉强协调发展型、初级协调发展型及良好协调发展型的演变状态,且系统耦合协调度不高,生态环境整体比较脆弱。因此,毕节试验区在可持续生计的过程中需进一步加强生态环境建设,进一步协调可持续生计与生态环境系统二者之间的关系,提高其耦合协调度,促进可持续生计与生态环境系统优质耦合协调稳定发展,促进绿色可持续发展目标的实现。

21.2 对策建议

贵州地区少数民族聚集、经济欠发达、贫困程度深,贫困面广,农村发展内生动力不足,是我国贫困地区之一。区域内多为喀斯特地貌,石漠化程度比较严重,生态环境脆弱。在国家扶贫政策的帮助下,贵州少数民族地区贫困农民为实现如期脱贫,大力发展农村产业,但大多数产业仍然以高耗能、低端化、低附加值、劳动密集型为主,既占用了大量土地资源,同时也有破坏环境的风险。鉴于贵州少数民族地区可持续生计与生态环境保护的矛盾,必须有针对性地采取合理有效的措施使二者协调发展。

(1)加大生态保护补偿力度,协调可持续生计与生态环境的关系

当前,生态保护补偿的标准过低,区域补偿差距过大。例如,黔东南自治州公益林每亩每年补助8元,雷公山自然保护区的森林每亩每年补助可达120元,后者的补偿标准是前者的15倍,但日常管理和要求都是一样的。因此,建议加快建立生态保护补偿标准体系,根据区域特点,以生态产品的产出能力为基础,加强生态保护补偿效益评估,并根据评估结果分别制定补偿标准,同时参照经济发展和物价水平,提高生态补偿标准。在保护生态环境的同时,推动少数民族地区农民实现可持续发展。

(2)加大环保投入,推动产业结构调整,着力保护生态环境

贵州省的环保投入占地区生产总值的比例较低。政府应该在公共资源配置中发挥主体作用,在产业的选择上,对高污染、高耗能、低附加值的产业要说不,对绿色、高科技、高附加值的产业要有激励措施;在产业建设过程中,对环保设施的投入一定要到位,政府可以用公共财政资金去引导企业加大环保的投入。同时,提高环境保护技术、有效控制企业"三废"排放,采取排污收费的方式,从源头解决污染问题,保护生态环境。

(3)完善自然资源资产核算制度、严守生态保护红线

完善山、水、林、田、湖、草等自然资源资产的科学核算体系,对领导干部

实行自然资源资产离任审计、建立生态环境损害责任终生追究、环境污染第三方治理等生态文明建设新机制，建立健全排污权交易、水权交易、碳排放权、土地资源占补平衡交易等制度，以推进生态文明建设进程，严守生态保护红线，实现可持续生计与生态环境保护"双赢"的发展模式。

(4) 大力发展生态农业，着力提高农业环境质量

贵州省有其特殊的地缘地域优势，可以大力发展特色农产品，利用互联网的方式确保农产品的供应和需求，引导农业产业合理生产。此外，贵州是一个少数民族聚集的省份，将各民族的风俗习惯作为一项旅游资源予以开发，不仅可以宣传地方特色，也能增加就业机会，带动可持续生计。同时，良好的旅游资源也给贵州省发展带来重大商机，地方政府可以在充分考虑旅游景区承载力的条件下，合理规划旅游，增加景区效益。可持续的生态农业开发是保证农产品安全和提高农村居民收入的基础。首先，要从源头上控制化肥使用量，通过给农民发放或优惠购买有机肥等措施减少化肥的使用，从而降低农药产生的污染；其次，生产技术的提高非常关键，严格监督生产过程，确保农产品源头安全；最后，通过以点带面的形式在有条件的区域内创建有机绿色食品生产基地，不仅降低土壤的伤害程度，提高周转率，也能增加农村居民的人均收入，提高生活水平。

(5) 加大教育投入，提高环保意识

自然资本和人力资本中可持续生计框架中的两个重要组成部分。提高人力资本需要增加教育投入，让人们充分了解到环境污染或退化的危害，促进其对资源能源的合理开发和高效利用，提高自然资本。因此，应重视教育和科技投入，提高整个社会环境保护意识，协调可持续生计与生态环境之间的关系，为绿色低经济发展奠定坚实的基础。

21.3 本篇小结

本篇根据构建的可持续生计与生态环境系统的评价指标体系和耦合协调度模型评价了贵州省 2006~2016 年可持续生计与生态环境系统耦合协调性，并在毕节试验区进行实证检验研究，得出以下研究结论：生态环境系统发展指数动态变化在整体上落后于可持续生计系统发展指数，这也说明了贵州省环境治理的投入力度有待进一步加强；可持续生计与生态环境系统的综合动态指标变化值趋于降低，说明二者的综合发展指数差距逐渐变小，但是生态环境建设速度低于可持续生计发展速度；贵州省可持续生计与生态环境系统耦合协调性不断上升，耦合协调度也由低水平逐渐上升进入了较高水平。贵州省可持续生计与生态环境系统耦合协调评价的理论研究成果在毕节试验区进行实证检验研究得出相似的结论。说

明研究的理论成果可以在贵州省生态脆弱区进行推广应用。根据前述研究结果探讨了促进贵州省生态脆弱区实现可持续生计与生态环境耦合协调发展的对策建议，提出了建立生态补偿激励机制，协调可持续生计与生态环境的关系；加大环保资金投入，着力保护生态环境；完善自然资源负债表编制、严守生态保护红线；倡导绿色消费模式，推动生活方式绿色化；大力发展生态农业，着力提高农业环境质量及加大教育投入，提高人口素质等方面的措施。同时，贵州省生态脆弱区可以从构建和完善绿色低碳可持续生计支撑体系，调整优化产业结构、节约高效利用资源、增加碳汇、减少碳源，加强经济管理，建立生态补偿激励机制，创新大数据技术等途径，从而提高生态经济系统固碳减排功能，推进经济低碳绿色发展，协调可持续生计与生态环境之间的关系，集贵州省可持续生计发展过程中经济效益、生态效益和社会效益于一体，以促进其可持续生计发展的实现。

第六篇

总　论

第 22 章　总结与展望

生态环境是人类生存与发展必不可少的物质基础，也是经济发展必要的前提条件。随着工业化和城市化进程的加快、科学技术的进步和人们生活水平的提高，人类社会的生产和生活活动对生态环境造成了严重的负面影响，环境问题成为制约我国经济发展的瓶颈，同时也成为危及整个人类生存与发展的全球性根本问题。经济发展关系人们的生活水平，而环境状况却决定着人们的生存条件。当前，环境污染和生态破坏已经阻碍了经济社会的可持续发展，威胁到广大公民的身体健康。要想实现经济的可持续发展，环境保护起着至关重要的作用。只有发展绿色经济，有效地保护生态环境和治理污染，推进环境保护与经济发展的协调融合，才能顺应绿色发展的世界潮流。本书从新时期低碳绿色发展的视角，针对喀斯特生态脆弱区经济发展、低碳发展、土地利用、可持续生计与生态环境耦合协调发展机制进行理论和实证研究，探讨并提出实现喀斯特生态脆弱区经济绿色低碳可持续发展的对策建议。从而更有效地推动喀斯特生态脆弱区经济发展、低碳发展、土地利用、可持续生计与生态环境耦合协调发展实践，从绿色发展的视角和思维出发使经济发展、低碳发展、土地利用、可持续生计与生态环境耦合协调发展的研究实践效果都得到有效和显著提升。

22.1　研究的主要内容和成果

以喀斯特生态脆弱区经济发展与生态环境保护为切入点，研究和探索了喀斯特生态脆弱区在五大发展理念的引领下如何培育绿色低碳和生态高效的经济发展模式、土地利用模式问题。通过对喀斯特生态脆弱区经济发展、低碳发展、土地利用、可持续生计与生态环境耦合协调发展的理论和实证研究，重点研究了如何实现喀斯特生态脆弱区经济发展的低碳化、绿色化、高效化和生态化。针对喀斯特生态脆弱区的具体实际，提出了促进喀斯特生态脆弱区经济发展向绿色低碳化和生态高效化的对策建议，以期实现经济发展与生态环境保护"双赢"的发展模式。

22.1.1 研究的主要内容

针对喀斯特生态脆弱区经济发展、低碳发展、土地利用、可持续生计与生态环境状况，以及喀斯特山区新时期经济发展、低碳发展、土地利用、可持续生计与生态环境面临的各种问题，探索经济发展、低碳发展、土地利用、可持续生计对喀斯特生态脆弱区生态环境的作用和影响，寻找影响喀斯特生态脆弱区经济社会发展与土地利用的绿色低碳高效的问题，从理论和实证两个方面来剖析深层次的原因，探寻解决路径。理论方面主要探讨了经济发展、低碳发展、土地利用、可持续生计与生态环境的关系及其耦合协调发展机理和机制。掌握喀斯特生态脆弱区经济发展、低碳发展、土地利用、可持续生计与生态环境的特征、变化规律、不合理利用开发利用资源对生态环境的影响等。在此基础上，重点对典型喀斯特生态脆弱区贵州省、贵阳市和毕节试验区进行实证研究。探寻喀斯特生态脆弱区绿色低碳高效经济社会发展和土地利用的思路与途径。根据喀斯特生态脆弱区经济社会发展与土地利用的实际，提出促进喀斯特生态脆弱区经济社会绿色低碳高效发展和土地资源可持续利用的对策建议，本书研究的重点内容主要体现在以下几个方面。

1) 对喀斯特生态脆弱区经济发展、低碳发展、土地利用、可持续生计与生态环境耦合协调发展评价的相关理论进行了系统的梳理和深入研究。在对喀斯特生态脆弱区的相关概念进行界定的基础上，主要对一些核心理论等进行梳理和分析，提出了经济社会发展不仅要考虑其快速性，还要考虑其高效性和生态性的观点，并根据喀斯特生态脆弱区经济发展和生态环境保护的实际，对相关理论进行了补充完善。在此基础上，论述了经济发展、低碳发展、土地利用、可持续生计与生态环境的现状、特点，揭示其内在联系，总结分析其耦合协调发展的评价方法、掌握其耦合协调发展的评价方法，充分了解喀斯特生态脆弱区经济发展与土地利用的特征、变化规律、不合理经济发展方式和土地利用方式对生态环境的影响。论证了在经济发展与土地利用过程中按生态经济学原理进行结构调理和功能优化，作为实现绿色低碳高效的经济发展与土地利用模式培育的一条重要路径。

2) 对喀斯特生态脆弱区经济发展、低碳发展、土地利用、可持续生计与生态环境耦合协调发展评价进行了系统调研和实证分析。通过对经济发展、低碳发展、土地利用、可持续生计与生态环境进行系统调研，在相关评价指标体系及耦合协同理论模型构建的基础上，运用统计分析和相关的计量方法对其经济发展、低碳发展、土地利用、可持续生计与生态环境耦合协调发展评价进行实证研究，探寻了在新的历史发展时期，喀斯特生态脆弱区要实现经济社会绿色低碳高效发展、土地绿色低碳高效利用,在经济发展与土地利用方面存在经济结构、土地利用结构不够合理,表现出高碳低效、生态化较低等主要问题,通过对喀斯特生态脆弱区经济发展与土地利用的高碳低效状况及原因进行深入剖析,借鉴国内外经济社会绿色低碳高效发展及土地绿色低碳高效利用的成功经验,结合喀斯特生态脆弱区实际,从绿色低碳生态化的视角,探索如何调整优化经济结构和土地利用结构,降低生态足迹、经济发展及土地利用过程中的碳排放,提高生态承载力、经济发展效率及土地资源利用效率,促进经济发展与土地利用的低碳高效绿色生态化,探索经济发展与土地利用保护生态环境的思路和路径。

3)对促进喀斯特生态脆弱区经济发展与土地利用向绿色低碳和生态高效方向发展,实现绿色可持续发展的对策建议进行系统研究。针对喀斯特生态脆弱区经济发展与土地利用的粗放、效率低、碳排放高、污染严重,对生态环境影响较重的特点,结合喀斯特生态脆弱区实际,提出了基于经济发展与土地利用生态化的低碳绿色高效发展和开发利用对策。在整个喀斯特生态脆弱区提出促进经济发展、低碳发展、土地利用、可持续生计与生态环境耦合协调发展的对策建议,为低碳绿色的经济发展模式和土地利用模式的培育、喀斯特生态脆弱区的绿色脱贫和可持续发展的实现提供一定的参考依据。

22.1.2 研究取得的成果与结论

党的十九大报告强调,加快生态文明体制改革,建设美丽中国,要像对待生命一样对待生态环境。党的十八大报告提出,我国在2020年全面建成小康社会的奋斗目标,并把生态文明建设放在促进全面建成小康社会更加突出的战略地位。绿色低碳发展已成为学术界关注的热点话题之一。在新一轮西部大开发这一历史阶段,喀斯特生态脆弱区在经济发展的过程中既考虑增长速度,又考虑与生态环境相互协调这一困境,培育绿色低碳的土地利用模式,集经济效益、生态效益和社会效益于一体,才能确保生态安全及2020年贫困人口全部脱贫宏伟目标的实现,与全国同步建成小康社会。本研究根据喀斯特生态脆弱区经济发展、低碳发展、土地利用、可持续生计与生态环境状况,围绕新时期喀斯特生态脆弱区经济社会发展、土地利用与生态环境相互协调所需要的条件,分析喀斯特生态脆弱区经济发展、低碳发展、土地利用、可持续生计与生态环境协调发展过程中存在的主要问题及其原因分析,并重点对喀斯特生态脆弱区经济发展与土地利用的绿色低碳化和生态高效化进行深入研究,并在理论研究、实证研究、对策研究方面得出一些有价值的成果和重要结论,归纳总结为以下几方面。

1)在理论研究方面。通过对相关文献的梳理和相关理论的总结,界定了土地低碳集约利用、可持续生计、耦合度、耦合协调性、协调发展等相关概念，对低碳经济理论、绿色发展理论、协同发展理论、可持续发展理论、环境经济价值理论等进行梳理和分析；从多学科的视角系统地分析和研究经济发展、低碳发展、土地利用、可持续生计与生态环境的关系，掌握喀斯特生态脆弱区经济发展与土地利用的现状、特征、变化规律、不合理的经济结构和土地利用对生态环境的影响，深入分析喀斯特生态脆弱区经济发展与土地利用过程中存在的问题及影响因素，系统研究了经济发展与土地利用的合理化、低碳化、生态化和高效化问题。研究表明喀斯特生态脆弱区经济发展与土地利用过程中存在高碳低效及污染严重等问题，科技水平、资金投入、气候、地形、土壤等自然因素以及人口、经济社会、城市化、政策等人文因素是影响喀斯特生态脆弱区经济发展与土地利用的主要驱动力。在新的历史时期，应将绿色低碳和生态高效思想理论融入绿色生产、绿色消费及土地利用优化与生态环境保护的理论中，从高效化和生态化方面考虑经济结构与土地利用结构的优化，在经济发展与土地利用过程中按生态经济学原理进行结构调理和功能优化，能够形成绿色低碳高效的经济发展与土地利用模式，从而实现经济发展与土地利用的经济效益、社会效益与生态环境效益的有机统一。

2）在实证研究方面。在对喀斯特生态脆弱区经济发展与土地利用总体状况分析的基础上，以典型喀斯特生态脆弱区贵州省和贵阳市为例，通过对其经济发展、低碳发展、土地利用、可持续生计与生态环境现状进行系统调研，运用统计分析和相关的计量方法对其经济发展、低碳发展、土地利用、可持续生计与生态环境耦合协调发展进行实证研究。研究结果表明：喀斯特生态脆弱区在经济发展与土地利用方面存在土地利用结构不够合理，表现出高碳低效、生态化较低等主要问题。新的历史时期喀斯特生态脆弱区要实现经济发展、土地利用的绿色低碳高效，须对其经济发展与土地利用高碳低效状况及原因进行深入剖析，借鉴国内外土地绿色低碳高效利用的成功经验并结合喀斯特生态脆弱区实际，从绿色低碳高效生态化的视角，调整优化经济结构和土地利用结构，降低生态足迹、经济发展和土地利用过程中碳排放，提高生态承载力和经济社会发展效率、土地资源利用效率，促进经济发展和土地资源利用的低碳高效生态化，促进经济发展、低碳发展、土地利用、可持续生计与生态环境耦合协调发展。

3）在对策研究方面。针对喀斯特生态脆弱区经济发展与土地利用过程中存在的问题及原因分析，结合喀斯特生态脆弱区经济发展、低碳发展、土地利用、可持续生计现状与生态环境保护状况实际，借鉴国内外相关研究和实践的成功经验，提出了喀斯特生态脆弱区经济发展与土地利用方面存在结构不够合理，表现出高碳低效、生态化较低等主要问题的破解思路，以及培育绿色低碳高效的经济发展和土地利用模式的可操作路径。以绿色低碳生态化为视角，提出了促进喀斯特生态脆弱区经济发展、低碳发展、土地利用、可持续生计与生态环境耦合协调发展的对策建议，为低碳绿色的经济发展模式和土地利用模式的培育提供一定的参考依据，以促进喀斯特生态脆弱区的绿色脱贫和可持续发展的实现。

22.2 研究的创新和价值

随着贵州省经济的快速发展，资源日趋短缺、环境质量逐渐下降、生态系统退化等问题日渐凸显，这逐渐成为制约贵州省经济可持续发展的重要因素。党的十九大报告强调，坚持人与自然和谐共生，必须树立和践行绿水青山就是金山银山的理念，坚持节约资源和保护环境的基本国策，像对待生命一样对待生态环境，统筹山水林田湖草系统治理，实行最严格的生态环境保护制度，形成绿色发展方式和生活方式，坚定走生产发展、生活富裕、生态良好的文明发展道路，建设美丽中国，为人民创造良好生产生活环境，为全球生态安全做出贡献。十八报告指出，坚持节约资源和保护环境的基本国策，坚持节约优先、保护优先、自然恢复为主的方针，着力推进绿色发展、循环发展、低碳发展，形成节约资源和保护环境的空间格局、产业结构、生产方式、生活方式，从源头上扭转生态环境恶化趋势，为人民创造良好生产生活环境，为全球生态安全做出贡献。绿色发展、循环发展、低碳发展既是十八大、十八届五中全会以及"十三五"期间对我国经济发展的基本要求，也是未来经济发展的方向和目标。2015年6月，习总书记在贵州省调研时再次强调要守住发展和生态两条底线，正确处理发展和生态环境保护的关系，把提出的行动计划扎扎实实落实到行动上，实现经济发展和生态环境保护协同推进。对于喀斯特生态脆弱区贵州省来说，绿色发展之路是经济增长与生态环境从矛盾冲突走向协调共进的必然选择。喀斯特生态脆弱区经济欠发达，且生态环境脆弱，贫困人口众多，是我国西部典型的喀斯特生态脆弱地区，该地区发展经济不仅要考虑增长速度，而且还要与生态环境相互协调，最终实现绿色发展。因此，研究喀斯特生态脆弱经济发展、低碳发展、土地利用、可持续生计与生态环境的现状、相互影响关系，揭示两者相互作用规律，探讨如何实现既发展经济，又保护好环境的对策，为促进喀斯特生态脆弱区经济发展与生态环境耦合协调发展有着重大意义。

本书通过对喀斯特生态脆弱区经济发展、低碳发展、土地利用、可持续生计与生态环境协调发展评价深入的分析和研究，取得了一些具有理论和实践应用价值和研究成果，对于指导喀斯特生态脆弱区在区实现低碳绿色可持续发展具有重要的现实意义。研究成果的价值主体体现在主要创新点、学术理论价值和实践应用价值三方面。

22.2.1 主要创新点

经济发展、土地利用、可持续生计与生态环境存在着对立统一的关系，这就需要我们协调好关系，促进其矛盾关系由制约性向促进性转化，实现其与生态环境系统整体协调。对于脆弱喀斯特生态脆弱区贵州省来说，绿色低碳发展是实现经济增长与生态环境从矛盾冲突走向协调共进的必然之路。因此，贵州省紧紧围绕守底线、走新路、奔小康的总要求，坚持加速发展、加快转型、推动新跨越主基调，深入实施工业强省和城镇化带动主战略，加快新型工业化、新型城镇化道路的步伐，在经济发展的同时进一步高度重视生态环境建设，正确处理经济发展、土地利用、可持续生计与生态环境的关系，加大生态环境投资力度，促进经济绿色发展，实现 2020 年与全国同步小康的目标。根据研究目标、研究内容，本书整个研究按照理论研究—实证研究—对策建议三大板块进行研究。研究成果的创新点主要表现在对喀斯特生态脆弱区经济发展、土地利用、可持续生计与生态环境耦合协调发展评价理论的深入研究，对理论研究成果进行实证研究，探索实现喀斯特生态脆弱区低碳绿色的经济发展模式和土地利用模式的培育，促进绿色脱贫的对策建议。

1）在经济发展、土地利用、可持续生计与生态环境协调发展评价理论的深入研究方面。喀斯特生态脆弱区经济发展、低碳经济、土地利用、可持续生计与生态环境耦合协调发展评价指标体系具有鲜明的独特性、融合性和导向性，本研究在评价框架、指标选择、评价导向上均有喀斯特生态脆弱区的特色。在理论上将经济发展与土地利用优化的相关理论进行充实和扩展。从传统观点看，经济发展、土地利用及其结构优化的目的是提高生产效率，因此其优化上主要考虑合理化和高度化，不能实现经济发展与土地利用的经济社会效益和生态效益最大化。从现代观点看，经济发展、土地利用及其结构的优化不但追求生产效率的提高，而且追求资源环境效益的提升，因此，经济发展、土地利用及其结构的优化更应该从高效化和生态化方面考虑，将绿色低碳和生态高效思想理论融入经济发展、土地利用、可持续生计与生态环境协调发展评价理论中，论证了在经济发展与土地利用过程中按生态经济学原理进行结构调理和功能优化，能够形成绿色低碳高效的经济发展模式和土地利用模式，从而实现经济发展与土地利用的经济效益与生态效益的有机统一。

2）在经济发展、土地利用、可持续生计与生态环境协调发展评价的实证研究方面。从绿色发展的视角对喀斯特生态脆弱区经济发展、低碳经济、土地利用、可持续生计与生态环境耦合协调发展计量关系进行系统研究，并将喀斯特生态脆弱区低碳绿色可持续发展机理、机制等理论在典型喀斯特生态脆弱区进行实证研究。在研究过程中将原来国内经济发展、低碳经济、土地利用、可持续生计与生态环境耦合协调发展评价的实证研究拓展到典型喀斯特生态脆弱区层面，国内相关内容的实证研究主要集中于发达区域，且主要从高度化和合理化方面进行，本书从绿色低碳的视角出发，对典型喀斯特生态脆弱区层面进行实证研究，探索经济发展与土地利用及其优化真正实现生态化和高效化路径，这是对原有经济发展、低碳经济、土地利用、可持续生计与生态环境耦合协调发展评价实证研究的重要拓展。

3）在经济发展、土地利用、可持续生计与生态环境协调发展评价的对策建议研究方面。充分运用管理学、经济学、计量经济学、生态经济学、低碳经济学、环境经济学、土地资源管理学、土地经济学、统计学、系统科学等多学科交叉的思维与方法，结合喀斯特生态脆弱区经济发展、低碳经济、土地利用、可持续生计与生态环境的现状和基本特征，将喀斯特生态脆弱区经济发展、土地利用与生态环境耦合协调发展评价结合研究、引入耦合协调理论模型、关联度模型评价喀斯特生态脆弱区的经济发展与土地利用进行耦合协调发展评价研究，借鉴国内外成功经验，针对喀斯特生态脆弱区经济发展与土地利用过程中存在高碳、低效等生态安全问题，从经济发展、低碳经济、土地利用、可持续生计与生态环境协调可持续发展的角度，调整优化经济结构和土地利用结构，探讨绿色低碳经济发展模式和土地利用模式，提出具有可操作性的促进喀斯特生态脆弱区经济绿色低碳发展和土地资源可持续利用的对策建议。

22.2.2 学术理论价值

对新时期绿色低碳导向下喀斯特生态脆弱区土经济发展、低碳经济、土地利用、可持续生计与生态环境协调评价问题进行深入系统研究，以及所取得的系列成果，对充实和丰富喀斯特生态脆弱区经济发展和土地利用绿色低碳化及生态化发展理论理具有重要意义；对制定喀斯特生态脆弱区绿色低碳经济发展和土地生态化利用政策具有参考价值。成果的学术理论价值主要体现在以下几个方面。

1）对充实和丰富喀斯特生态脆弱区经济发展与土地利用绿色低碳及生态化发展理论理具有重要意义。随着经济社会的不断发展，人们越来越清醒地认识到绿色低碳生态化发展对人类生存和发展的重要性。本研究在传统经济发展与土地利用合理化和结构优化的基础上，引入绿色低碳化和生态化的思想，并强调经济发展与土地利用的高效化和生态化，以实现喀斯特生态脆弱区经济发展与土地利用的绿色低碳和生态高效，这对充实和完善现代经济发展与土地利用理论体系具有重要的学术价值和积极的理论意义。

2) 对制定喀斯特生态脆弱区经济发展与土地利用生态化政策具有参考价值。本研究从绿色低碳发展的视角来研究喀斯特生态脆弱区的经济发展与土地利用的生态化和可持续问题,为决策者制定经济发展与土地利用的绿色低碳生态化政策提供理论依据。研究重点从传统经济发展与土地利用过程中只注重经济效益转向经济效益、生态效益和社会效益并重,研究结果为各级政府实施区域经济发展与土地利用的绿色生态化战略,培育绿色低碳的经济发展模式与土地利用模式,制定相关经济发展绿色化与土地利用生态化政策等方面具有理论参考价值。

22.2.3 实践应用价值

1) 对喀斯特生态脆弱区制定生态高效化发展的相关经济发展和土地利用政策提供参考。本书通过对经济发展、低碳经济、土地利用、可持续生计与生态环境协调评价的研究,深入系统分析其关系,掌握经济发展、低碳经济、土地利用、可持续生计与生态环境保护现状及其变化和发展趋势,从而进行经济发展与土地利用有效的调控,保障其生态环境的安全,带动喀斯特生态脆弱区绿色低碳可持续发展。研究的开展为决策者制定促进区域实现绿色、低碳、高效及生态化发展的经济发展与土地利用政策提供参考。

2) 对促进喀斯特生态脆弱区绿色低碳生态高效的经济发展与土地利用模式的培育具有现实指导意义。经济发展、低碳经济、土地利用、可持续生计是生态环境状态改变的最主要的驱动因素,深入研究经济发展、低碳经济、土地利用、可持续生计对生态环境的影响及其相互之间的关系,揭示其相互作用的耦合协调发展机理,有利于采用适宜的现代经济发展与土地管理方式,并进行科学的经济发展和培育绿色低碳生态高效的经济发展模式与土地利用模式。

22.3 研究的深入与展望

从绿色低碳发展的视角,研究喀斯特生态脆弱区在新时期经济发展与土地利用的低碳高效安全中所面临的经济和土地利用结构优化问题,这一庞大的系统工程涉及区域生态经济、低碳经济、土地经济、土地生态、土地资源管理、绿色经济、可持续发展等多个研究领域。本书的研究已基本上形成了喀斯特生态脆弱区经济发展、低碳经济、土地利用、可持续生计与生态环境耦合协调性评价的理论框架,虽然取得了一些有意义的研究成果,但由于指标体系数据的可获得性和时间精力的限制,本书的研究相对于整个研究视角和领域来说,还存在需要进一步充实和完善之处，很多问题还有待于深入研究。

22.3.1 有待于深入研究的问题

在喀斯特生态脆弱区进行经济发展、低碳经济、土地利用、可持续生计与生态环境耦合与协调发展评价研究是一个庞大复杂的系统工程，涉及区域生态经济发展、资源与环境发展、土地经济发展、低碳绿色经济发展、经济发展与生态环境保护协调发展、生态文明建设等方面的问题，涵盖了区域经济社会发展、土地利用与生态环境建设等各个方面。本书侧重于喀斯特生态脆弱区经济发展、低碳经济、土地利用、可持续生计与生态环境耦合及协调发展评价的理论研究，在此基础上以典型喀斯特生态脆弱区贵州省、贵阳市、毕节试验区为例进行实证研究，并从经济发展与土地利用生态化的视角，提出了以经济发展土地利用结构优化为载体来构建和培育绿色低碳高效的经济发展模式与土地利用模式，实现喀斯特生态脆弱区经济社会的可持续利用，促进生态文明建设的政策建议，研究成果对喀斯特生态脆弱区的经济发展绿色低碳高效生态化利用有着普适性的指导意义和参考价值。然而由于每个喀斯特生态脆弱区都有其各自独特的经济发展特点和资源生态环境，不同区域的低碳高效经济发展与土地利用及生态环境保护均会有一定的特殊性，要形成更为全面和完善的绿色低碳安全经济发展理论，还有许多问题需要进一步深入研究。

1）对于喀斯特生态脆弱区经济发展与土地利用的低碳高效安全模式培育的研究。本研究提出了喀斯特生态脆弱区可以通过调整优化经济和土地利用结构，节约高效利用资源，促进碳源地向碳汇地转换，建立生态补偿激励机制，创新大数据技术，完善自然资源资产负债表等途径，从而提高生态系统碳汇功能，降低碳排放风险程度，促进生态系统固碳减排，推进经济发展与土地利用低碳绿色发展，协调经济发展、低碳经济、土地利用、可持续生计与生态环境的关系，培育低碳高效的经济发展模式与土地利用模式，带动整个区域实现经济发展与土地利用协调可持续发展。研究成果对于喀斯特生态脆弱区的经济发展与土地利用低碳高效生态化有着普适性的指导意义和参考价值。然而对于某个具体的区域来说，绿色低碳高效的经济发展与土地利用模式的培育，还有许多问题需要进一步深入研究。例如，对于整个喀斯特生态脆弱区的经济发展与土地利用的经济效益、生态效益和社会效益指标评价方面；整个喀斯特生态脆弱区土经济发展、低碳经济、土地利用、可持续生计与生态环境耦合协调发展评价研究；整个喀斯特生态脆弱区绿色低碳高效的经济发展模式与土地利用模式的培育研究等。

2）对于喀斯特生态脆弱区经济发展、低碳经济、土地利用、可持续生计协调发展机理研究。本书对运用 DPSIR 模型喀斯特生态脆弱区经济发展、土地利用、可持续生计进行协调发展机理研究，提出了相应的对策建议，研究结果对于探索经济发展、土地利用、可持续生计与生态环境保护整个相互作用机理，实现区域经济发展的生态安全有重要的意义和参考价值。对于整个喀斯特生态脆弱区如何利用现有定量分析方法评价经济发展、土地利用、可持续生计的驱动力、压力、状态、影响和响应的协调发展机理以及其实证方面，低碳经济与生态环境耦合协调发展机理等方面还有待于进一步探索。

3) 对于喀斯特生态脆弱区经济发展、低碳经济、土地利用、可持续生计协调发展机制研究。本书对运用耦合发展模型对喀斯特生态脆弱区经济发展、低碳经济、土地利用、可持续生计与生态环境保护进行耦合协调发展机制的评价研究，提出了相应的对策建议，研究结果对于探索区域经济发展与土地利用的绿色低碳高效生态化有着重要的意义和参考价值。对于整个喀斯特生态脆弱区如何构建具有区域特色的评价指标体系和利用现有定量分析方法评价经济发展、低碳经济、土地利用、可持续生计与生态环境保护协调发展机理还有待于进一步探索。

4) 对喀斯特生态脆弱区土地低碳集约利用评价研究。对于生态环境保护方面，本书在对低碳经济、土地集约利用、土地低碳集约利用等相关概念和理论提出理解的基础上，结合 2005~2016 年贵州省实际的经济、社会、土地和生态状况，通过测度贵州省土地利用方式变化与碳排放量之间的灰色关联度，确定其间关系，然后构建低碳经济视角下贵州省土地集约利用评价指标体系，运用熵值法和障碍因子分析法对 2005~2016 年贵州省影响土地低碳集约利用度进行评价并分析其影响因素，最后提出促进贵州省土地低碳集约利用的建议和对策。但对整个喀斯特生态脆弱区或选择多个典型的喀斯特生态脆弱区范围内进行土地低碳高效生态化集约利用方面有待于进一步深入研究。

22.3.2 发展与展望

保护和改善自然环境，是人类维护生存与发展的前提。随着工业化和城市化的加速发展与科学技术的进步，环境问题已经成为制约经济发展的瓶颈，并危及整个人类的生存、安全与发展。在我国，环境状况亦呈现出日益恶化的趋势，大气、水污染严重，野生动植物的生存环境恶化，许多物种濒临灭绝。森林的过度砍伐和矿产资源的过度开采给人类的生存与发展带来了潜在威胁。当前，环境污染和生态破坏已经成为阻碍经济社会可持续发展，危及人类生存的重因素和关键问题。经济发展关系人们的生活水平，环境状况决定人们的生存条件。随着经济社会的不断发展，公民的需求层次也在不断提高。在良好的生态环境中生产生活，成为广大公民的普遍追求。促进经济发展与生态环境保护的协调，既能保证经济的可持续增长，又能治理环境并保护生态系统。生态环境的日趋恶化使人们越来越关注自身的生存环境，保护生态环境已成为全球的共识。生态系统的保护是经济发展的前提和基础，而良好的生态系统能够为发展经济打下坚实的基础，本身也会有直接的经济效益。而如何在促进经济社会快速发展、土地合理开发利用过程中，有效改善生态环境，促进经济发展、低碳发展、土地利用、可持续生计与生态环境两者间的协调发展，走一条良性循环、可持续发展的绿色生态之路，成为人类关注和研究的重要课题。

在新的历史时期，经济社会低碳绿色发展、土地资源低碳可持续利用已成为学术界关注的热点话题之一，党的十八大报告提出我国在2020年全面建成小康社会的奋斗目标，并把生态文明建设放在促进全面建成小康社会更加突出的战略地位。喀斯特生态脆弱区经济社会快速低碳绿色发展，土地资源利用高效化、低碳化、生态化利用等问题备受关注。从多学科的视角系统地分析和研究了喀斯特生态脆弱区经济发展、土地利用、可持续生计与生态环境现状、特征进行分析，研究阐明经济发展、土地利用、可持续生计与生态环境耦合协调发展机理，揭示其耦合协调发展的有关条件与影响因素，探讨其耦合协调响应机制与方法途径，在充分了解贵州省经济发展、土地利用、可持续生计与生态环境耦合协调响应机理的基础上，以毕节试验区为例，对研究区经济发展、土地利用、可持续生计与生态环境保护协调发展状况进行实证研究，探讨并提出实现喀斯特生态脆弱区经济绿色低碳可持续发展的对策建议，研究的开展对构建低碳绿色经济社会发展模式与土地利用模式具有重要的理论意义和现实意义。本研究已初步形成了经济发展、土地利用、可持续生计与生态环境耦合协调发展评价的理论和实证研究框架，但对于整个理论体系的进一步完善、理论体系的实践应用有待于进一步深入研究。随着经济发展、低碳发展、土地利用、可持续生计与生态环境耦合协调发展评价的理论体系的不断完善和具体实践应用，必将有力推动低碳绿色的经济发展模式和土地利用模式的培育，促进喀斯特生态脆弱区绿色脱贫和可持续发展。

1）经济发展、低碳发展、土地利用、可持续生计与生态环境耦合协调发展评价理论体系不断完善。我们将继续努力，针对该理论体系存在的不足进行深入研究，特别是对经济发展、低碳发展、土地利用、可持续生计对生态环境的影响机理和机制及其耦合协调发展评价指标体系的构建等方面有待于深入研究和不断完善。对于喀斯特生态脆弱区经济社会发展及土地利用的生态化问题、绿色低碳经济社会发展模式、土地利用模式的培育问题进行更为深入地探讨，以提升理论体系的可行性、可操作性和适用性。同时也希望得到更多相关领专家关注、指导和帮助，为经济社会发展及土地利用的低碳化、生态化和高效化奠定基础。在多学科领域专家学者的指导、帮助和共同努力下,经济发展、低碳发展、土地利用、可持续生计与生态环境保护协调发展评价理论体系一定能够尽快地得到完善,并对喀斯特生态脆弱区的绿色低碳经济社会发展模式与土地利用模式培育及绿色脱贫提供一定理论依据。

2)经济发展、低碳发展、土地利用、可持续生计与生态环境耦合协调发展评价理论实践不断加强。喀斯特生态脆弱区已经有了一定的绿色低碳经济社会发展模式与土地利用模式培育的基础,部分地区生态经济、生态农业的发展,以及一些生态县和生态文明城市的建设也取得了一些明显的成效,使喀斯特生态脆弱区已初步具备了培育绿色低碳经济社会发展模式与土地利用模式的条件。根据本研究低碳化、高效化和生态化的经济社会及土地利用的形成及发展规律,结合喀斯特生态脆弱区经济发展、低碳发展、土地利用、可持续生计与生态环境现状和绿色低碳发展的具体实际,加上各级政府和相关企业的支持,对经济发展与土地资源利用进行科学合理的设计,采取有力措施,利用各种有利因素,营造绿色低碳的经济社会发展模式与土地利用模式形成和发展所需要的各种环境条件,通过体制机制的创新,建立和完善相关的政策支持体系,充分调动人们的积极性,促进经济发展与土地利用低碳化、高效化和生态化纵深发展,培育出喀斯特生态脆弱区的绿色低碳经济发展与土地利用模式。

3)加快喀斯特生态脆弱区的绿色脱贫。喀斯特生态脆弱区生态环境脆弱、经济发展落后,2020年要与全国一道实现全面建成小康社会的奋斗目标,加快绿色脱贫的步伐迫在眉睫。在新一轮西部大开发时期,喀斯特生态脆弱区既要加快发展,又要保护生态环境。为此必须创新经济发展模式与土地利用模式,研发并运用具有低碳绿色快速发展功能的经济发展模式与土地利用模式。只要喀斯特生态脆弱区能够发展和培育出低碳绿色的经济发展模式与土地利用模式,在其快速绿色发展研究模式的有力带动下,喀斯特生态脆弱区一定能够实现经济发展、低碳发展、土地利用、可持续生计与生态环境耦合协调可持续发展,在经济发展的同时保护生态环境,走出一条集经济效益、社会效益与生态效益于一体的发展道路,在新时期实现绿色低碳经济的可持续发展。

参考文献

鲍健强, 苗阳, 陈锋. 2008. 低碳经济: 人类经济发展方式的新变革 [J]. 中国工业经济, (4): 153-160.

蔡葵, 陈邦杰. 2016. 生态保护语境下滇西北多民族聚居区社区可持续生计研究 [J]. 西南边疆民族研究, (2): 91-101.

蔡林海. 2009. 低碳经济: 绿色革命与全球创新竞争大格局 [M]. 北京: 经济科学出版社.

蔡宁. 1998. 国外环境与经济协调发展理论研究 [J]. 环境科学进展, (2): 66-72.

蔡平. 2005. 经济与生态环境协调发展的模式选择 [J]. 齐鲁学刊, 25 (4): 154-157.

蔡绍洪, 魏媛. 2018. 喀斯特贫困山区低碳经济与环境系统耦合协调发展研究——以贵州省为例 [J]. 贵州财经大学学报, (4): 90-98.

曹洪华. 2014. 生态文明视角下流域生态——经济系统耦合模式研究 [D]. 东北师范大学博士学位论文.

常娴. 2015. 贵州低碳经济发展模式研究 [D]. 贵州大学硕士学位论文.

陈百明, 张凤荣. 2001. 中国土地可持续利用指标体系的理论与方法 [J]. 自然资源学报, 16 (3): 197-200.

陈龙高, 陈龙乾, 杨小艳. 2009. 土地利用规划环境影响评价指标体系构建的研究 [J]. 农业技术与装备, (14): 6-7, 9.

陈晓春, 张喜辉. 2009. 浅谈低碳经济下的消费引导 [J]. 消费经济, (2): 73-76.

陈轩萱, 李玛璠, 郑雅婷. 2017. 农村脱贫人口可持续生计研究 [J]. 农村经济与科技, 28 (11): 141-144.

陈英, 张仁陟, 张军. 2012. 土地利用可持续发展位理论构建与应用 [J]. 中国沙漠, 32 (2): 574-579.

陈迎, 潘家华. 2008. 对斯特恩新报告的要点评述和解读 [J]. 气候变化研究进展, 4 (5): 266-271.

丁润超. 2013. 黑龙江城市土地利用与生态环境耦合关系评价研究 [D]. 东北农业大学硕士学位论文.

丁文强, 李平, 尹燕亭, 等. 2017. 可持续生计视角下中国北方草原区牧户脆弱性评价研究 [J]. 草业学报, 26 (8): 1-11.

杜官印. 2010. 建设用地对碳排放的影响关系研究 [J]. 中国土地科学, 24 (5): 32-36.

方创琳, 李广东, 张蔷. 2017. 中国城市建设用地的动态变化态势与调控 [J]. 自然资源学报, 32 (3): 363-376.

方精云, 郭兆迪, 朴世龙, 等. 2007. 1981-2000 年中国陆地植被碳汇的估算 [J]. 中国科学 (D 辑: 地球科学), 37 (6): 804-812.

付加锋, 庄贵阳, 高庆先. 2010. 低碳经济的概念辨识及评价指标体系构建 [J]. 中国人口·资源与环境, 20 (8): 38-43.

付允, 马永欢, 刘怡君, 等. 2008. 低碳经济的发展模式研究 [J]. 中国人口·资源与环境, (3): 14-19.

傅斌, 王玉宽, 徐佩, 等. 2017. 农户生计与生态系统服务耦合关系研究进展 [J]. 生态经济, 33 (1): 142-145.

盖美, 胡杭爱, 柯丽娜. 2013. 长江三角洲地区资源环境与经济增长脱钩分析 [J]. 自然资源学报, 28 (2): 185-198.

甘曦之. 2016. 低碳经济发展模式研究 [J]. 黑龙江工程学院学报, 30 (5): 70-72.

高国顺. 2004. 亚当·斯密的经济增长因素分析——亚当·斯密的经济增长理论研究之一 [J]. 湖北大学学报 (哲学社会科学版), 31 (1): 28-34.

高群. 2003. 国外生态–经济系统整合模型研究进展 [J]. 自然资源学报, 18 (3): 375-384.

关伟, 王宁. 2014. 沈阳经济区经济与环境耦合关联分析 [J]. 干旱区资源与环境, 33 (3): 43-48.

韩中合, 孙青琳. 2011. 基于能源–经济–环境的综合能效评价体系研究 [J]. 中国人口·资源与环境, 21 (5): 80-86.

何仁伟, 李光勤, 刘邵权, 等. 2017. 可持续生计视角下中国农村贫困治理研究综述 [J]. 中国人口·资源与环境, 27 (11): 69-85.

何勇, 等. 2006. 中国气候、陆地生态系统碳循环研究 [M]. 北京: 气象出版社.

侯军岐. 2010. 中国低碳经济发展模式研究 [J]. 调研世界, (8): 26-28.

侯培. 2014. 城镇化与生态环境的耦合协调发展研究 [D]. 西南大学硕士学位论文.

黄凤, 吴世新, 唐宏. 2012. 基于遥感与GIS的新疆近18a来LUCC的生态环境效应分析 [J]. 中国沙漠, 32 (5): 1486-1493.

黄会平, 王永兵, 冯小明. 2010. 基于RS和GIS的河谷型城市土地利用变化及生态环境效应研究 [J]. 水土保持通报, 30 (6): 229-232.

黄宁生, 匡耀求. 2000. 广东相对资源承载力与可持续发展问题 [J]. 经济地理, 20 (2): 52-56.

黄瑞芬, 李宁. 2013. 环渤海经济圈低碳经济发展与环境资源系统耦合的实证分析 [J]. 资源与产业, 15 (2): 92-95.

贾立江, 范德成, 武艳君. 2013. 低碳经济背景下我国产业结构调整研究 [J]. 环境保护, (2): 87-90.

蒋清海. 1995. 区域经济协调发展的若干理论问题 [J]. 财经问题研究, 6: 49-54.

金乐琴, 刘瑞. 2009. 低碳经济与中国经济发展模式转型 [J]. 经济问题探索, (1): 84-87.

况卫东. 2009. 巴音郭楞蒙古自治州生态环境与经济发展协调度研究 [D]. 新疆大学硕士学位论文.

雷洪成, 黄本胜, 邱静, 等. 2017. 基于协同学原理的水资源配置综合评价 [J]. 广东水利水电, (3): 1-5.

黎洁, 李亚莉, 邰秀军, 等. 2009. 可持续生计分析框架下西部贫困退耕山区农户生计状况分析 [J]. 中国农村观察, (5): 29-38.

黎孔清, 陈银蓉, 陈家荣. 2013. 基于ANP的城市土地低碳集约利用评价模型研究——以南京市为例 [J]. 经济地理, 33 (2): 156-161.

李龙熙. 2005. 对可持续发展理论的诠释与解析 [J]. 行政与法 (吉林省行政学院学报),

(1): 3-7.

李苒, 曹明明, 胡胜, 等. 2014. 基于耦合模型的生态环境与经济协调发展研究——以榆林市为例 [J]. 西北大学学报 (自然科学版), 44 (2): 285-291.

李胜, 陈晓春. 2009. 低碳经济: 内涵体系与政策创新 [J]. 科技管理研究, (10): 41-44.

李巍, 李贞, 李天威. 2006. 战略环境评价发展、经验与应用实践 [M]. 北京: 化学工业出版社.

李武军, 黄炳南. 2010. 中国低碳经济政策链范式研究 [J]. 中国人口·资源与环境, 20 (10): 19-22.

李晓冰. 2010. 生态工业园建设的环境保护与污染控制研究 [D]. 湖南农业大学硕士学位论文.

李欣欣. 2015. 低碳视角下的重庆市土地集约利用评价研究 [D]. 西南大学硕士学位论文.

李艳芳, 武奕成. 2011. 我国低碳经济法律与政策框架: 现状、不足及完善 [J]. 中国地质大学学报 (社会科学版), 11 (6): 18-24.

李悦, 张合兵, 张小虎, 等. 2015. 基于熵值法和灰色预测模型的城市土地生态安全评价 [J]. 环境科学与技术, 38 (12): 242-247.

李芝, 周兴, 阎广慧. 2008. 生态环境与经济协调发展研究综述 [J]. 广西社会科学, 152 (2): 190-193.

梁红梅, 刘卫东, 刘会平, 等. 2008. 深圳市土地利用社会经济效益与生态环境效益的耦合关系研究 [J]. 地理科学, 28 (5): 636-641.

廖重斌. 1999. 环境与经济协调发展的定量评判及其分类体系——以珠江三角洲城市群为例 [J]. 热带地理, 19 (2): 76-82.

林珍铭, 夏斌. 2013. 熵视角下的广州城市生态系统可持续发展能力分析 [J]. 地理学报, 68 (1): 45-57.

刘承良, 段德忠, 余瑞林, 等. 2014. 武汉城市圈社会经济与资源环境系统耦合作用的时空结构 [J]. 中国人口·资源与环境, 24 (5): 145-152.

刘芳, 张红旗. 2012. 我国农产品主产区土地可持续利用评价 [J]. 自然资源学报, 7: 1138-1153.

刘红梅. 2007. 区域生态建设与经济发展的互动双赢理论及实践 [D]. 中国海洋大学博士学位论文.

刘玲伶, 张丽琴. 2004. 城市化进程中的土地资源优化配置 [J]. 资源开发与市场, (1): 45-47.

刘胜. 2013. 低碳经济政策体系: 英国的经验与启示 [J]. 社会科学研究, (6): 32-37.

刘彦麟, 尚明瑞. 2017. 河南省新生代农民工可持续生计能力探析 [J]. 中国集体经济, (3): 39-40.

卢远, 华璀. 2004. 广西 1990—2002 年生态足迹动态分析 [J]. 中国人口·资源与环境, 14 (3): 49-53.

鲁敏, 张月华. 2002. 城市生态学与城市生态环境研究进展 [J]. 沈阳农业大学学报, 33 (1): 76-81.

鲁明月. 2014. 文化产业与旅游产业耦合协调度研究——以湘西州为例 [J]. 旅游纵览 (下半

月），（8）：93-96.

陆继霞.2018.土地流转农户的可持续生计探析［J］.贵州社会科学，（1）：154-160.

吕锋.1997.灰色系统关联度之分辨系数的研究［J］.系统工程理论与实践，17（6）：50-55.

罗华艳.2018.广西北部湾沿海地区耕地"三位一体"动态监测研究［J］.中国农业资源与区划，39（2）：139-145.

马传栋.1995.资源生态经济学［M］.山东：山东人民出版社.

马辉.2009.综合评价系统中的客观赋权方法［J］.合作经济与科技，（17）：50-51.

马靖忠.2011.基于AHP法的城市低碳经济评价指标体系构建［J］.商业经济研究，（21）：129-130.

马立平，张鹏，胡佩.2016.要素禀赋对中国地区经济发展影响的统计分析——基于30个省市的面板数据分位数回归［J］.贵州财经大学学报，（4）：94-102.

马云瑞，李婷.2018.加强生态保护修复，促进县域经济发展［J］.甘肃林业，169（4）：36-37.

孟展，张锐，刘友兆，等.2014.基于熵值法和灰色预测模型的土地生态系统健康评价［J］.水土保持通报，34（4）：226-231.

倪天麒，王伟.2000.城市环境容载力及其计量方法初探［J］.干旱区地理，23（4）：371-375.

倪外，曾刚.2010.国外低碳经济研究动向分析［J］.经济地理，30（8）：1240-1247.

宁泽逵.2017.农户可持续生计资本与精准扶贫［J］.华南农业大学学报（社会科学版），16（1）：86-94.

潘竟虎，赵宏宇，董磊磊.2018.基于DMSP-OLS数据和可持续生计的中国农村多维贫困空间识别［J］.生态学报，38（17）：202-215.

彭建，王仰麟，宋治清，等.2003.国内外土地持续利用评价研究进展［J］.资源科学，25（2）：85-90.

钱水祥.2017.自然资源资产负债表编制与应用探析［J］.水利经济，35（6）：12-18.

秦艳.2008.天山北坡经济带经济与生态环境耦合关系研究［D］.新疆大学硕士学位论文.

曲福田，卢娜，冯淑怡.2011.土地利用变化对碳排放的影响［J］.中国人口·资源与环境，21（10）：76-83.

曲福田.2000.可持续发展的理论与政策选择［M］.北京：中国经济出版社.

饶斌.2010.甘肃省生态环境与经济发展耦合关系的空间差异研究［D］.兰州大学硕士学位论文.

任偲怡，徐持平，陈运雄，等.2018.基于"可持续生计框架"的湖南武陵山片区反贫困策略优化［J］.湖南农业科学，391（4）：106-110，115.

任继周，贺达汉.1995.荒漠–绿洲草地农业系统的耦合与模型［J］.草业学报，4（2）：11-19.

宋德勇，卢忠宝.2009.我国发展低碳经济的政策工具创新［J］.华中科技大学学报（社会科学版），23（3）：85-91.

苏芳，徐中民，尚海洋.2009.可持续生计分析研究综述［J］.地理科学进展，24（1）：

61-69.

苏飞, 应蓉蓉, 曾佳苗. 2016. 可持续生计研究热点与前沿的可视化分析 [J]. 生态学报, 36 (7): 2091-2101.

苏永伟, 陈玉萍, 丁士军. 2015. 失地农户可持续生计研究新进展 [J]. 华中农业大学学报 (社会科学版), (6): 79-85.

孙雯雯, 梅昀, 陈银蓉, 等. 2015. 基于PSR模型的郑州市土地低碳集约利用评价研究 [J]. 湖北农业科学, 54 (3): 560-564.

孙玉刚. 2007. 灰色关联分析及其应用的研究 [D]. 南京航空航天硕士学位论文.

汤青. 2015. 可持续生计的研究现状及未来重点趋向 [J]. 地球科学进展, 30 (7): 823-833.

涂舒云. 2016. 休闲农业与美丽乡村协同发展的耦合度评价研究——以漳浦县为例 [D]. 福建农林大学硕士学位论文.

汪振双, 赵宁, 苏昊林. 2015. 能源-经济-环境耦合协调度研究——以山东省水泥行业为例 [J]. 软科学, 29 (2): 33-36.

王长征, 刘毅. 2002. 经济与环境协调研究综述 [J]. 中国人口·资源与环境, 12 (3): 32-36.

王进, 杨峻一. 2018. "一带一路" 背景下跨境电商协同机制研究 [J]. 中国经贸导刊 (理论版), (8): 10-12.

王军. 2009. 资源与生态环境经济学 [M]. 北京: 中国农业大学出版社.

王俊岭, 杨雅萍, 杨飞, 等. 2014. 郑州市土地可持续利用的模拟与评价 [J]. 水土保持研究, 21 (3): 84-89, 97.

王莉雯, 卫亚星. 2012. 基于RS和GIS的沈阳碳排放空间分布模拟 [J]. 资源科学, 34 (2): 328-336.

王丽芳, 苏建军, 黄解宇. 2013. 山西省森林公园旅游经济发展与生态环境耦合协调度分析 [J]. 农业技术经济, 8: 98-104.

王丽红, 贺可强. 2010. 山东半岛城市群地区地质生态环境与经济发展协调性评价研究 [J]. 资源调查与环境, 31 (4): 303-310.

王敏, 董金玮, 郑新奇. 2008. 土地规划环境影响评价指标体系的构建 [J]. 水土保持研究, (1): 142-144, 147.

王雪辉. 2014. 东北地区经济发展与生态环境时空耦合关系研究 [D]. 东北师范大学硕士学位论文.

王艳慧, 李静怡. 2015. 连片特困区生态环境质量与经济发展水平耦合协调性评价 [J]. 应用生态学报, 26 (5): 1519-1530.

魏媛, 蔡绍洪, 王名绍. 2016. 贵州喀斯特山地碳足迹和植被碳承载力动态研究 [J]. 生态经济, 32 (2): 172-176.

魏媛, 李儒童. 2016. 绿色发展视角下贵州经济发展与生态环境的关系研究 [J]. 资源节约与环保, (12): 155-156.

魏媛, 王晓颖, 吴长勇, 等. 2018. 喀斯特山区经济发展与生态环境耦合协调性评价——以贵州省为例 [J]. 生态经济, 34 (10): 69-75.

魏媛, 吴长勇. 2018a. 喀斯特生态脆弱区绿色发展现状及对策研究 [J]. 工业经济论坛, (1): 20-26.

魏媛, 吴长勇. 2018b. 喀斯特生态脆弱区土地利用碳排放效应及风险研究——以贵州省为例 [J]. 生态经济, 34 (3): 31-36.

魏媛. 2017. 贵州环境污染损失价值评估——绿色发展的视角 [J]. 社会科学家, (15): 80-85.

文华. 2011. 经济发展与经济增长的理论综述 [J]. 延边大学学报: 社会科学版, 44 (5): 62-68.

吴定伟. 2016. 广西石漠化地区贫困农户可持续生计状况探析 [J]. 经济研究参考, (70): 68-72.

吴建国, 张小全, 徐德应. 2003. 土地利用变化对生态系统碳汇功能影响的综合评价 [J]. 中国工程科学, 5 (9): 65-71, 77.

吴玉萍, 董锁成, 宋键峰. 2002. 北京市经济增长与环境污染水平计量模型研究 [J]. 地理研究, 21 (2): 239-246.

夏堃堡. 2008. 发展低碳经济实现城市可持续发展 [J]. 环境保护, (3): 33-35.

肖欢, 周晓波. 2014. 西北五省区域经济-环境系统耦合空间差异动态演化分析 [J]. 生态经济 (学术版), (1): 171-177.

肖继东, 王智, 师庆东, 等. 2011. 基于熵权法的土地覆被动态遥感监测与评价——以新疆伊犁地区和博州为例 [J]. 中国沙漠, 31 (5): 1286-1292.

徐珂. 2009. 关中地区城市化与生态环境协调发展度时空变化分析 [J]. 科技信息, (27): 127-129.

徐胜, 马振文. 2017. 基于 DPSIR 模型的海洋经济可持续发展评价研究——以环渤海地区为例 [J]. 海洋经济, 7 (4): 28-35.

徐锡广, 申鹏. 2018. 易地扶贫搬迁移民的可持续性生计研究——基于贵州省的调查分析 [J]. 贵州财经大学学报, (1): 103-110.

许妍谢. 2016. 欠发达地区生态环境与区域经济耦合协调发展分析——以浙江衢州为例 [J]. 生产力研究, (8): 70-72.

荀文会, 王雨晴, 李洪涛. 2014. 城乡接合部土地集约利用评价方法探讨与实证研究 [J]. 经济地理, 34 (10): 144-149.

鄢然, 雷国平, 孙丽娜, 等. 2012. 基于灰色关联法的哈尔滨市土地可持续利用评价研究 [J]. 水土保持研究, 19 (1): 154-158.

杨丹辉, 李伟. 2010. 低碳经济发展模式与全球机制: 文献综述 [J]. 经济管理, 32 (6): 164-171.

杨峰, 孙世群. 2010. 环境与经济协调发展定量评判及实例分析 [J]. 环境科学与管理, 35 (8): 140-143.

杨国安, 徐勇, 郭腾云. 2010. 基于脆弱性和可持续生计视角的黄土高原生态环境治理研究 [J]. 水土保持研究, 17 (2): 64-69.

杨景成, 韩兴国, 黄建辉, 等. 2003. 土地利用变化对陆地生态系统碳贮量的影响 [J]. 应用生态学报，（8）：1385-1390.

杨玲，辜琪瑶，孙佳昕，等.2017.贫困山区农户可持续生计研究——基于南部县的实证调查与理论分析［J］.农村经济与科技，28（14）：172-175.

杨庆媛.2010.土地利用变化与碳循环［J］.中国土地科学，24（10）：7-12.

杨士弘，廖重斌.1996.城市生态环境学［M］.北京：科学出版社.

杨淑霞，汤润明.2010.我国区域低碳经济发展模式选择［J］.国家行政学院学报，（10）：43-46.

杨衍.2018.可持续生计研究综述［J］.中国集体经济，（5）：73-75.

杨彦海.2015.土地利用与生态环境协调发展研究［J］.华北国土资源，（4）：93-95.

杨熠.2015.武汉市土地利用碳排放核算及其影响因素分析［D］.华中农业大学硕士学位论文.

游德才.2008.国内外对经济环境协调发展研究进展文献综述［J］.上海经济研究，（6）：3-14.

余凤鸣，周杜辉，杜忠潮，等.2012.陕西省经济发展与生态环境耦合关系研究［J］.水土保持通报，32（4）：292-297.

喻立，王建力，李昌晓，等.2014.基于DPSIR与AHP的宁夏沙湖湿地健康评价［J］.西南大学学报（自然科学版），36（2）：124-130.

曾昉.2017.城市土地利用生态冲突及协调机制研究［D］.贵州财经大学硕士学位论文.

曾好.2015.低碳视角下的武汉市土地集约利用研究［D］.华中师范大学硕士学位论文.

曾小梅.2009.金华市环境与经济协调发展研究［D］.浙江工业大学硕士学位论文.

张均，林珊，赵颖婕.2011.我国低碳经济发展模式研究——基于碳基金视角［J］.经济问题，（5）：65-68.

张芬昀.2018.可持续生计视域下的精准扶贫研究［J］.延安大学学报（社会科学版），40（1）：83-89.

张凤荣.1996.可持续土地利用管理的理论与实践［M］.北京：北京大学出版社.

张光宏，马艳.2014.城郊土地利用社会经济效益和生态环境效益的动态耦合关系——以武汉市远城区为例［J］.农业技术经济，（11）：14-20.

张浩.2016.生态与经济互动关系分析对生态经济耦合评价模型的应用［J］.生态经济，32（2）：70-74.

张锦高，李忠武.2004.可持续发展定量研究方法综述［J］.中国地质大学学报：社会科学版，3（6）：32-35.

张军以，王腊春，苏维词.2015.环境移民可持续生计研究进展［J］.生态环境学报，24（6）：1085-1092.

张莉，杨德平，张虹.2016.我国低碳经济政策系统构建研究［J］.生态经济，32（7）：50-55.

张权，郭帅旗.2018.安绣模式与中原农户可持续生计探析［J］.广西民族大学学报（哲学社会科学版），40（2）：70-74.

张蓉.2015.区域生态环境与经济耦合协调发展的评价研究［D］.西南大学硕士学位论文.

张锐，郑华伟，刘友兆.2013.基于PSR模型的耕地生态安全物元分析评价［J］.生态学报，

33（16）：5090-5100.

张瑞萍．2015．西部生态环境与经济增长协调发展研究［D］．兰州大学博士学位论文．

张未．2014．基于城市群视角的次级增长极的选择与发展研究［D］．西南财经大学硕士学位论文．

张晓东，池天河．2000．基于区域资源环境容量的产业结构分析——以北京怀柔县为例［J］．地理科学进展，2（4）：366-373.

张秀梅．2011．区域生态环境与经济协调发展评价研究——以镇江市为例［D］．南京大学硕士学位．

张学立，安静，杨立杰．2011．毕节试验区人口控制实践与可持续发展探析［J］．云南财经大学学报，41（6）：1097-1101.

张勇，张乐勤，汪应宏，等．2014．安徽省池州市土地利用碳排放演变及其影响因素［J］．中国农业大学学报，19（2）：216-223.

张志国．2018．中国农村家庭贫困脆弱性影响因素研究——基于可持续生计分析框架［J］．农村经济与科技，29（5）：144-147.

张志新，吴宗杰，薛翘．2014．低碳经济视域下中国产业结构调整与发展模式转变研究［J］．东岳论丛，35（1）：135-139.

赵磊，刘洪彬，于国锋，等．2012．基于熵权法土地资源可持续利用综合评价研究——以辽宁省葫芦岛市为例［J］．资源与产业，14（4）：63-69.

赵珊．2014．经济发展与生态保护耦合机制研究——以天津市滨海新区为例［D］．天津师范大学硕士学位论文．

赵雪雁．2017．地理学视角的可持续生计研究：现状、问题与领域［J］．地理研究，36（10）：1859-1872.

郑华伟，刘友兆，丑建立．2012．中国城市土地集约利用与生态环境协调发展评价研究［J］．水土保持通报，32（1）：227-232.

郑新奇，范纯增．2000．农业土地资源可持续利用水平评估研究——以山东省为例［J］．经济地理，20（4）：97-100.

钟世坚．2013．区域资源环境与经济协调发展研究——以珠海市为例［D］．吉林大学博士学位论文．

钟霞，刘毅华．2012．广东省旅游–经济–生态环境耦合协调发展分析［J］．热带地理，32（5）：568-574.

周刚，晏涵．2010．土地利用和生态环境建设的研究进展［J］．湖南农业大学学报（自然科学版），36（S1）：24-26.

周茜．2016．低碳经济研究现状与未来趋势［J］．马克思主义学刊，4（1）：198-204.

周伟，曹银贵，乔陆印．2012．基于全排列多边形图示指标法的西宁市土地集约利用评价［J］．中国土地科学，26（4）：84-90.

周舟．2014．深圳城市可持续发展研究［D］．华中师范大学硕士学位论文．

庄贵阳．2005．中国经济低碳发展的途径与潜力分析［J］．国际技术经济研究，18（3）：79-87.

庄贵阳．2007．低碳经济气候变化背景下中国的发展之路［M］．北京：气象出版社．

Azar C, Holmberg J, Lindgren K. 1996. Socio-ecological indicators for sustainability [J]. Ecological Economics, 18 (2): 851-874.

Blyth W, Bunn D, Kettunen J, et al. 2009. Policy interactions, risk and price formation in carbon markets [J]. Energy Policy, 37 (12): 5192-5207.

Boulding K E. 1996. The Economics of the Spaceship Earth [D]. New York: Freeman.

Braat L C, Lierop W F. 1986. Economic-ecological modeling: An introduction to methods and applications [J]. Ecological modeling, 31 (1): 33-44.

Bruvoll A, Larsen B M. 2004. Greenhouse gas emissions in Norway: Do carbon taxes work? [J]. Discussion Papers, 32 (4): 493-505.

Cai Z C, Kang G D, Tsuruta H, et al. 2005. Estimate of CH_4 Emissions from year-round flooded rice field during rice growing season in China [J]. Pedosphere, 15 (1): 66-71.

Campbell C A, Zentner R P, Liang B C, et al. 2000. Organic accumulation in soil over 30 years in semiarid southwestern Saskatchewan-Effect of crop rotations and fertilizers [J]. Canadian Journal of Soil Science, 80 (1): 179-192.

Carey D L. 1993. Development based on carrying capacity: A strategy for environmental protection [J]. Global Environment Change, 3 (2): 140-148.

Dixon R K, Solomon A M, Brown S, et al. 1994. Carbon pool sand flux of global forest ecosystem [J]. Science, 263: 185-190.

Ferrol-Schulte D, Ferse S C A, Glaser M. 2014. Patron – client relationships, livelihoods and natural resource management in tropical coastal communities [J]. Ocean and Coastal Management, 100: 63-73.

Foxon T J. 2011. A coevolutionary framework for analyzing a transition to a sustainable low carbon economy [J]. Ecological Economics, (70): 2258-2265.

Groenenberg H, Coninck H C D. 2008. Effective EU and Member State policies for stimulating CCS [J]. International Journal of Greenhouse Gas Control, 2 (4): 653-664.

Grossman G, Krueger A. 1995. Economic growth and the environment [J]. Quarterly Journal of Economics, (110): 353-377.

Henriques M F, Fabrício Dantas, Schaeffer R. 2010. Potential for reduction of CO_2 emissions and a low-carbon scenario for the Brazilian industrial sector [J]. Energy Policy, 38 (4): 1946-1961.

Hettelingh J P. 1985. Modelling and information system for environmental policy in the Netherlands [D]. Amsterdam: Free University.

Houghton R A, Hackler J L. 1999. Emissions of carbon from forestry and land-use change in tropical Asia [J]. Global Change Biology, 5 (4): 481-492.

Houghton R A. 2003. Revised estimates of the annual net flux of carbon to the atmosphere from changes in land use and land management 1850—2000 [J]. Tellus, 55 (2): 378-390.

John E, Tiffen M, Mortimore M. 1994. Land resource management in the Machakos district, Kenya 1930-1990 [J]. World Bank Environmet, 17 (3): 41-49.

Johnson D, Lowe R, Bell M. 2005. An exploration of the technical feasibility of achieving CO_2

emission reductions in excess of 60% within the UK housing stock by the year 2050 [J]. Energy Policy, (33): 1643-1659.

Johnson F R, Leinbach T R. 2010. Role of Knowledge in Assessing Nonuse Values for Natural Resource Damages [J]. Growth and Change, 32 (1): 43-68.

Kerr T, Havercroft I, Dixon T. 2009. Legal and regulatory developments associated with carbon dioxide capture and storage: A global update [J]. Energy Procedia, 1 (1): 4395-4402.

Koji S, Yoshitaka T, Kei G, et al. 2007. Developing a long-term local society design methodology towards a low-carbon economy: An application to Shiga prefecture in Japan. Energy Policy, (35): 4688-4703.

Limburg K E, O'Neill R V, Costanza R, et al. 2002. Complex systems and valuation [J]. Ecological economics, 41 (3): 409-420.

Liu J, Deng X. 2010. Progress of the research methodologies on the temporal and spatial process of LUCC [J]. Chinese Science Bulletin, 55 (14): 1354-1362.

Luken R A, Fraas A G. 1993. The US regulatory analysis framework: a review [J]. Oxford Review of Economic Policy, (4): 96-106.

Machado-Filho H. 2009. Brazilian low-carbon transportation policies: opportunities for international support [J]. Climate, (9): 495-508.

Martina J. 2005. The role of forestry projects in the clean development mechanism [J]. Environmental Science & Policy, 8 (2): 87-104.

Mishan E J. 1977. Economic Norms and Social Welfare-A Conservative Critique [J]. Review of Social Economy, 35 (3): 377-385.

Mishan F M. 2011. Whose learning is it anyway? Problem-based learning in language teacher development [J]. Innovation in Language Learning and Teaching, 5 (3): 253-272.

Norgaard R B. 1994. Development Betrayed: The end of progress and a coevolutionary revisioning of the future [M]. London: Routledge.

Nurwanda A, Zain A F, Rustiadi E, et al. 2016. Analysis of Land Cover Changes and Landscape Fragmentation in Batanghari Regency, Jambi Province [J]. Procedia-Social and Behavioral Sciences, 227: 87-94.

Opschoor H, Jan V D S. 1993. Sustainable development: An institutional approach [J]. Ecological Economics, 7 (3): 203-222.

Ostrom E. 1999. Coping With Tragedies of the Commons [J]. Annual Review of Political Science, 2 (1): 493-535.

Peace J, Juliani T. 2009. The coming carbon market and its impact on the American economy [J]. Policy and Society, 27 (4): 305-316.

Portela R, Rademacher I. 2001. A dynamic model of patterns of deforestation and their effect on the ability of the Brazilian Amazonia to provide ecosystem services [J]. Ecological Modeling, 143 (1): 115-146.

Rehan R, Nehdi M. 2005. Carbon dioxide emissions and climate change: policy implications for the cement industry [J]. Environmental Science and Policy, 8 (2): 105-114.

Roots O, Henkelmann B, Schramm K W. 2004. Concentrations of polychlorinated dibenzo-p-dioxins and polychlorinated dibenzofurans in soil in the vicinity of a landfill [J]. Chemosphere, 57 (5): 0-342.

Satterthwarte D. 2008. Cities' contribution to global warming: notes on the allocation of greenhouse gas emissions [J]. Environment and Urbanization, 20 (2): 539-549.

Scoones I, Toulmin C. 1998. Soil nutrient balances: what use for policy? [J]. Agriculture, Ecosystems and Environment, 71 (1): 255-267.

Scoones I. 2009. Livelihoods perspectives and rural development [J]. The Journal of Peasant Studies, 36 (1): 171-196.

Shimada K, Tanaka Y, Gomi K, et al. 2007. Developing a long-term local society design methodology towards a low-carbon economy: An application to Shiga Prefecture in Japan [J]. Energy Policy, 35 (9): 4688-4703.

Song X. 2016. Measuring the Evolution of China's Low Carbon Economy Performance [J]. Systems Engineering, 4: 434-451.

Sun L, Wei J, Duan D H, et al. 2016. Impact of Land-Use and Land-Cover Change on urban air quality in representative cities of China [J]. Journal of Atmospheric and Solar-Terrestrial Physics, 142: 43-54.

Sunikka M. 2006. Energy efficiency and low-carbon technologies in urban renewal [J]. Building Research and Information, (34): 521-533.

Tate K R, Scott N A, Ross D J, et al. 2000. Plant effects on soil carbon storage and turnover in a Montanan beech forest and adjacent tussock grassland in New Zealand [J]. Australian journal of soil research, 38 (5): 685-698.

Tezuka T, Okushima K, Sawa T. 2002. Carbon tax for subsidizing photovoltaic power generation systems and its effect on carbon dioxide emissions [J]. Applied Energy, 72 (3-4): 677-688.

Tilt B, Braun Y, He D. 2009. Social impacts of large dam projects: A comparison of international case studies and implications for best practice [J]. Journal of Environmental Management, 90: 249-257.

Treffers D J, Faaij A P C, Spakman J, et al. 2005. Exploring the possibilities for setting up sustainable energy systems for the long term: Two visions for the Dutch energy system in 2050 [J]. Energy Policy, 33 (13): 1723-1743.

Wang H W, Zhang X L. 2007. Analysis on the coupling law between economic development and the environment in Shanghai city [J]. Science China Earth Sciences, 50 (1): 149-158.

Yuan L, Li F, Dong S, et al. 2016. Coupling Relationship of Eco-environment and Economic Development in Xi'an City [J]. Areal Research and Development, 26 (1): 89-90.

后 记

本书是在贵州省高校优秀科技创新人才支持计划（黔教合 KY 字［2012］091 号研究成果的基础上，经过研究范围的扩展和研究理论的深入而逐渐形成的。整个研究过程历时两年多，曾先后得到 2012 年、2014 年贵州省教育厅高校人文社会科学研究基地项目（12JD100、JD2014102）、贵州省科技计划项目（软科学研究计划）黔科合基础［（2016）1521-1 号］、商务部国际贸易经济合作研究院与贵州财经大学联合基金项目（2016SWBZD12）、2018 年度贵州省理论创新联合课题（GZLCLH-2018-013 号）、贵州财经大学青年教师英才计划项目等研究经费的资助。整个研究团队以坚持不懈、持之以恒、团结努力、协作克难、不怕劳苦的精神，经过多次的文献查阅与梳理、实地调研、数据整理与分析、理论研讨、实证研究、思路探讨和对策分析，对整个书稿多次反复修改后定稿。在研究的整个过程中，本书研究团队先后发表了相关的研究论文 26 篇，其中 1 篇被 SCI 收录，21 篇被北大核心期刊收录，研究论文及观点被许多学者引用。

在本书撰写和出版的过程中，得到了贵州财经大学管理科学与工程学院、中国绿色发展研究院、贵州财经大学公共管理学院、贵州财经大学西部现代化研究中心、贵州省连片特困区贫困与发展协同创新中心等单位的大力支持。魏媛教授负责总体设计和主持研究，以及全书提纲的拟定和书稿的统撰工作；吴长勇高级经济师、周赟高级工程师在本书研究设计、可行性论证过程中做出了突出的贡献；研究生李儒童、王晓颖、杨园园、李静静、乔清亮在本书的资料收集、数据分析、模型处理、综合协调、成果整理、报告撰写和全书的整理出版等方面均做出了突出的贡献，在此，对上述单位给予的宝贵支持以及同事和同学付出的辛勤劳动表示衷心感谢！

在本书写作过程中，参阅了大量的文献资料和统计数据，在正文及参考文献中已尽可能地进行了标注和说明，如有缺漏深表歉意，在此一并致谢。由于作者的学识水平和数据收集的有限，书中难免存在不足之处，敬请各位专家和读者予以批评指正。

魏 媛
2018 年 12 月